中国社工·能力为本系列丛书

社会工作礼仪

周昌祥　田奇恒 ◎ 主审

王玉龙　余长惠 ◎ 主编

西南交通大学出版社

·成都·

图书在版编目（CIP）数据

社会工作礼仪 / 王玉龙，余长惠主编. 一成都：
西南交通大学出版社，2018.1（2023.7 重印）
ISBN 978-7-5643-5905-8

Ⅰ.①社… Ⅱ.①王… ②余… Ⅲ.①社会工作 – 礼
仪 – 教材 Ⅳ.①C916

中国版本图书馆 CIP 数据核字（2017）第 280303 号

Shehui Gongzuo Liyi

社会工作礼仪

主编　王玉龙　余长惠

责 任 编 辑	罗小红
特 邀 编 辑	王双叶
封 面 设 计	原谋书装
	西南交通大学出版社
出 版 发 行	（四川省成都市二环路北一段 111 号
	西南交通大学创新大厦 21 楼）
发行部电话	028-87600564　028-87600533
邮 政 编 码	610031
网　　　址	http://www.xnjdcbs.com
印　　　刷	四川森林印务有限责任公司
成 品 尺 寸	185 mm×230 mm
印　　　张	16.5
字　　　数	358 千
版　　　次	2018 年 1 月第 1 版
印　　　次	2023 年 7 月第 4 次（修订）
书　　　号	ISBN 978-7-5643-5905-8
定　　　价	39.00 元

前　言
PERFACE

礼仪是人类社会文明的标志。《晏子春秋》所说："凡人之所以贵于禽兽者，以有礼也。"礼仪属于历史范畴，随着人类社会的产生而产生，随着人类社会的发展而发展。我国素有"礼仪之邦"的美誉，儒家学派的代表人孔子曾经说过："不学礼，无以立。"礼仪是维护社会秩序，促进人际关系的调节器，《荀子》记载："人无礼则不生，事无礼则不成，国家无礼则不宁。"礼仪对于国家与社会发展起着重要作用。

社会工作是一门实践性非常强的学科，我国社会工作发展走专业化推进职业化发展的道路。2010 年 6 月，中共中央、国务院印发了《国家中长期人才发展规划纲要（2010—2020年）》，首次将社会工作者作为全国六大人才之一，进行中长期发展规划，以打造一支职业化专业化人才队伍。2011 年 11 月，18 部委联合发布《关于加强社会工作专业人才队伍建设意见》，对"社工专业人才"进行清晰界定。李克强总理在 2016 年十二届全国人大四次会议上作《政府工作报告》时提到"发展专业社会工作和支持专业社会工作、志愿服务和慈善事业的发展。每年都有高校开设社会工作专业"。在政府加强推进社会工作的背景下，社会工作发展面临职业化、专业化的瓶颈。从专业价值观的角度而言，社会工作是一个助人的专业，遵循"助人自助"的核心价值观。在实践过程中，人际活动是服务的主要内容。卡内基曾经说过："个人的成功=15%左右的才能+25%左右的机遇+60%左右的人际关系。"那么建立人际关系就非常关键了。社会工作礼仪能够帮助社会工作者更快地取得服务对象的信任，掌握服务对象的具体情况，开展专业服务。所以，学习社会工作礼仪，是社会服务的基本要求、沟通需要和必备素质，是个人成长的重要艺术，也是促进社会工作赢得认同的润滑剂，对促进社会工作专业化、职业化具有重要意义。而国内目前尚没有专门针对社会工作专业的礼仪教材。据调查，国内高校一直借用其他专业的礼仪课程来满足社会工作专业教学。但不同行业对礼仪的需求侧重点不同，其他专业的礼仪教学不能满足社会工作专业的价值和伦理需要。因此社会工作专业学生急需一本适合自身使用，且符合社会工作价值伦理的专业教材。

本书是国家示范性高等职业院校重点建设专业、重庆市高等职业院校骨干专业重点开发教材之一，由重庆城市管理职业学院王玉龙老师和余长惠老师共同担任主编，集中了重庆城市管理职业学院、商务职业技术学院教师与西南大学教师的集体智慧。主编除了编写本书的部分章节外，还负责全书总体框架及编写提纲的设计，并对各参编人员的初稿在文字和内容上进行适当的修改。

本书共分为十章，从形式到内容、从理论到实践形成一个有机的逻辑体系。编写工作的具体分工为：第一章由王玉龙、黄燕编写。这一部分主要探讨礼仪文化的释义，礼仪的起源和发展，讲述礼仪文化的种类。第二章由郑婷（西南大学）、王玉龙编写。本章主要讲述社会工作礼仪的内涵与特点，社会工作礼仪的规则与意义。第三章由王玉龙编写。本章讲述社会工作礼仪的理论，分别从沟通、人际关系与人际沟通三个方面梳理社会工作礼仪的理论。第四、五章由余长惠编写。第四章讲社工的仪容礼仪，首先界定社工的仪容礼仪，然后分别介绍社工的面容礼仪和妆容礼仪，介绍化妆品的分类以及化妆的步骤。第五章讲述社工的服饰礼仪，首先介绍服饰的起源及发展，然后界定服饰的内涵，讲述服饰的社会学意义，最后具体分析各种服饰的礼仪。第六章由李佳编写。本章讲社工的仪态礼仪，主要从姿态礼仪、表情神态礼仪、手势礼仪三个方面，以实践的方式，让学生掌握仪态礼仪要领。第七章由何方淑（商务职业技术学院）编写。本章对社工出行礼仪进行介绍，让学生认知社工出行礼仪，了解当前国内外社工出行的基本礼仪要求，掌握在不同情形下的礼仪适用。第八章由韩玲编写。这一章对社会工作语言沟通礼仪和社会工作非语言沟通礼仪进行介绍，讲述社会工作语言沟通礼仪的种类和社会工作非语言沟通的具体形式。第九章由姜雨君编写。本章讲述社会工作行政礼仪的内涵，从社会工作会议礼仪、公文礼仪、社会工作接待礼仪、社会工作宴请礼仪和社会工作办公氛围的营造五个方面详细介绍社会工作行政礼仪的具体内容。第十章由刘芳编写。为了在工作中有效解决实际问题，促进社会更加稳定发展，本章对不同民族的风俗和社会工作涉及民族宗教时的礼仪进行了详细介绍。

本书在编写的过程中特邀请中国社会工作协会副秘书长、重庆民悦社会工作服务中心理事长、重庆工商大学周昌祥教授，重庆城市管理职业学院田奇恒教授为本书审稿。他们为本书提供了大量的辅助资料，尤其是周昌祥教授，周教授在礼仪研究方面有很深的造诣，在本书拟定提纲、特别是构建框架阶段，周教授从百忙中抽出宝贵的时间，认真负责地给予我们深刻而仔细的指导，帮助我们拓展思路，在此十分感谢。另外还要感谢重庆城市管理职业学院田奇恒教授，田教授知识渊博，治学严谨，从本书的确定，一直到最后反复修改，田教授一直谆谆教导，不厌其烦地给我们指导，提出意见，令我们获益匪浅。正是由于两位教授的无私帮助和热忱鼓励，本书才得以圆满完成。同时在教材的编写过程中，编者注重用自己的框架集大家之成，参考了各学科的相关著作和论文，并尽可能在书中予以注明，在此一并感谢。同时，还要向为本书出版付出大量辛勤劳动的西南交通大学出版社表示衷心的感谢。

需要特别说明的是，本书的编写与出版，得到了重庆市高等职业院校专业能力建设（骨干专业）项目的经费支持，在此，表示衷心的感谢！

由于时间和水平有限，本书在编写过程中难免有不足之处，欢迎批评指正。

编 者

2016 年 12 月于重庆大学城

目 录
CONTENTS

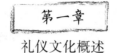

第一章

礼仪文化概述

003　讲题一　礼仪文化释义

007　讲题二　礼仪的起源与发展

016　讲题三　礼仪文化的历史类型

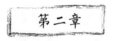

第二章

社会工作礼仪概述

025　讲题一　社会工作礼仪内涵、特点与功能

030　讲题二　社会工作礼仪的规则与意义

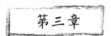

第三章

社会工作礼仪理论

038　讲题一　沟通理论

051　讲题二　人际关系与人际沟通

第四章

社会工作者的仪容礼仪

063　讲题一　社会工作者仪容的内涵

066　　讲题二　社会工作者的面容礼仪
074　　讲题三　社会工作者的妆容礼仪

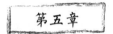

第五章

社会工作者的服饰礼仪

091　　讲题一　服饰的社会学意义
096　　讲题二　服饰选择的原则
100　　讲题三　服饰礼仪

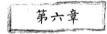

第六章

社会工作者的仪态礼仪

111　　讲题一　基本姿态
121　　讲题二　表情神态礼仪
128　　讲题三　手势礼仪

第七章

社会工作的沟通礼仪

138　　讲题一　社会工作语言沟通礼仪的释义
142　　讲题二　社会工作语言沟通礼仪的种类
162　　讲题三　社会工作的非语言沟通礼仪

第八章

社会工作者的出行礼仪

170　　讲题一　出行礼仪
173　　讲题二　行路礼仪
178　　讲题三　驾乘交通工具礼仪

189　讲题四　外出住宿的礼仪

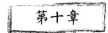

社会工作行政礼仪

195　讲题一　社会工作行政礼仪的内涵
198　讲题二　社会工作公文礼仪
206　讲题三　社会工作拜访礼仪
213　讲题四　社会工作会议礼仪
220　讲题五　社会工作接待礼仪
223　讲题六　社会工作宴请礼仪
230　讲题七　社会工作者办公氛围的营造

民俗、宗教与礼仪

239　讲题一　民俗与礼仪
250　讲题二　社会工作者在民族宗教工作中应遵守的价值理念

253　参考文献

第一章　礼仪文化概述

【学习（培训）目标】

通过本章学习（培训），你应该：

1. 了解礼仪文化释义。
2. 掌握礼仪的起源与发展。
3. 明晰中西方礼仪文化差异。
4. 了解礼仪文化的历史类型。

【核心概念】

礼仪文化

【本章概览】

本章主要的学习（培训）任务是礼仪的起源与发展。教师通过案例分析、知识讲授、分组讨论、读书指导等多种教学方法，对中外礼仪进行介绍，让学生（学员）认知中外礼仪，了解当前国际礼仪与国内礼仪的区别与联系，并掌握社会工作礼仪的内涵与特点。掌握社会工作礼仪的规则，明确社会工作礼仪的意义。具体内容包括：礼仪文化的释义、礼仪的起源与发展、礼仪文化的社会历史形态。

【导入案例】

唐朝贞观年间，回纥国是大唐的藩国。一次，回纥国为了表示对大唐的友好，便派使者缅伯高带了一批珍奇异宝去拜见唐王。在这批贡物中，最珍贵的要数一只罕见的珍禽——白天鹅。缅伯高最担心的也是这只白天鹅，万一有个三长两短，可怎么向国王交代呢？所以，一路上，他亲自喂水喂食，一刻也不敢怠慢。这天，缅伯高来到沔阳河边，只见白天鹅伸长脖子，张着嘴巴，吃力地喘息着，缅伯高心中不忍，便打开笼子，把白天鹅带到水边让它喝了个痛快。谁知白天鹅喝足了水，合颈一扇翅膀，"扑喇喇"一声飞上了天！缅伯高向前一扑，只拔下几根羽毛，却没能抓住白天鹅，只能眼睁睁看着它飞得无影无踪。缅伯高捧着几根雪白的鹅毛，直愣愣地发呆，脑子里来来回回地想着一个问题："怎么办？进贡吗？拿什么去见唐太宗呢？回去吗？又怎敢去见回纥国王呢！"思前想后，缅伯高决定继续东行，他拿出一块洁白的绸子，小心翼翼地把鹅毛包好，又在绸子上题了一首诗："天鹅贡唐朝，山重路更遥。沔阳河失宝，回纥情难抛。上奉唐天子，请罪缅伯高，礼轻情意重，千里送鹅毛！"

（案例来源：百度百科"千里送鹅毛 礼轻情意重"典故）

　　我国是一个礼仪之邦，拥有五千年的灿烂文化，中国人也以彬彬有礼的面貌著称于世。礼仪文明作为中国传统文化的一个重要组成部分，对中国社会历史发展产生了广泛而深远的影响，其内容十分丰富。本章希望通过对中国礼仪文化的学习，更好地继承和发扬优秀的传统文化。

讲题一　礼仪文化释义

礼仪文化起源于远古时代，是人类文明、进步的重要表现形式。礼仪文化属上层建筑的范畴，因此，在学习了解礼仪文化的过程中，要将礼仪与历史、文化等内容关联理解。同时，中西方由于历史发展的不同，礼仪文化也存在差异。

礼仪文化属于上层建筑的范畴，是一种特殊的社会意识形态。它是以"礼"为评价标准和价值导向的，是主要依靠约定俗成的准则和律己敬人的行为习惯来表达的良好的社会舆论、传统习俗、内心信念和行为习惯的总和。礼仪文化作为一种文化，具有广泛性和较强的人文意味，掌握礼仪文化的内涵，必须了解礼仪文化的起源、本质和历史发展。

一、礼仪文化的本质

自从有了文明开化，礼仪文化就开始形成了。因此，探寻礼仪文化的起源过程实际上就是探寻礼仪形成的过程。中国被誉为礼仪之邦，礼仪萌芽于原始社会，并在 100 多万年的原始社会中日渐成熟并形成制度。但是，礼仪究竟是怎么形成的呢？目前学术界有多种说法。一说礼仪是上天的规定，是天神授权，如"礼，履也。所以事神致福也"。二说礼为天地人的统一体，"夫礼，天之经也，地之义也，民之行也"（《左传》）。三说礼产生于人的自然本性，所以孔子认为"不学礼，无以立"。四说礼为人性和环境矛盾的产物，因此，才会有"夫礼，禁乱之所由生，犹坊止水之自来也。故以旧坊为无所用而去之者，必有水败；以旧礼而无所用而去之者，必有乱患"。五说礼生于理，起源于俗，"礼者，体也。人情有哀乐，五行有兴灭，故立乡饮之礼，终始之哀，婚姻之宜，朝聘之表，尊卑有序，上下有体"（《春秋说题辞》）。在我们日常生活中，说起礼仪，也一般指这种约定俗成的制度。

马克思主义伦理学认为礼仪形成于最原始的协作关系、人际关系，比如合群、互助、合作。随着生产力的发展，剩余产品出现并日益增多。少数人为了维护个人利益，占有更多的剩余价值，便开始形成一些风尚习俗和规范。这个过程里面，人类意识的发展是重要条件。只有意识发展到一定水平，人类才能思考，才能引进自身以外的物质的概念。人类意识的发展是随着生产力水平的发展、物质社会的变化而发展的。由此可以看出，礼仪以及礼仪文化的出现和发展是生产力发展的结果，这也符合马克思主义经济基础决定上层建筑的历史唯物主义观点。正如马克思所言："人们按照自己的物质生产的发展建立相应的社会关系，正是这些人又按照自己的社会关系创造了相应的原理、观念和范畴。"[1]因此，礼仪文化的本质是一种以社会舆论、传统习俗、内心信念和行为习惯表现出来的社会实践。

---

1 马克思恩格斯全集（第 4 卷）[M]. 北京：人民出版社，1995：148-149。

二、礼仪文化的内容

礼仪文化作为一种社会约定俗成的规范，在不同的社会、不同的国家，甚至不同的地域和领域都有不同的内容。一般而言，礼仪按性质分，可以分为个人礼仪、家庭礼仪、社交礼仪、公务礼仪、公关礼仪、商务礼仪、外事礼仪、旅游礼仪、求职礼仪、宗教礼仪等；按应用范围分，可以分为政务礼仪、商务礼仪、服务礼仪、社交礼仪和涉外礼仪等；按具体内容分，可以分为仪容礼仪、仪态礼仪、服装礼仪、礼貌用语等；按表现形式分，可以分为交谈礼仪、待客礼仪、书信礼仪、电话礼仪、交换名片礼仪等。总之，礼仪分类繁多，内容丰富，渗透在我们生活的方方面面。而礼仪文化涵盖礼仪的所有内容。

1981年2月25日，全国总工会、共青团中央、全国妇联、全国文联等9个单位联合发出《关于开展文明礼貌活动的倡议》，向全国人民特别是青少年倡议，开展以讲文明、讲礼貌、讲卫生、讲秩序、讲道德和心灵美、语言美、行为美、环境美为内容的"五讲四美"文明礼貌活动，使我国城乡的社会风气和道德面貌有一个根本改观。"五讲四美"成为我国礼仪文化的主要内容。2014年，习近平同志在主持中共中央政治局就培育和弘扬社会主义核心价值观、弘扬中华传统美德进行集体学习时指出："要建立和规范一些礼仪制度，组织开展形式多样的纪念庆典活动，传播主流价值，增强人们的认同感和归属感。要利用各种时机和场合，形成有利于培育和弘扬社会主义核心价值观的生活情景和社会氛围，使核心价值观的影响像空气一样无所不在、无时不有。"对此，有关部门出台了《建立和规范有社会主义核心价值观内涵的礼仪制度》的通知，对我国重大节庆礼仪制度和重要节日礼仪制度进行了规定。武汉大学陈伟平、程承坪在《光明日报》发表文章认为应该改造我国传统礼仪仪式，创新仪式形式和内涵，激活被遮蔽的仪式，同时从简化繁复礼仪、取缔落后非法仪式等方面入手，以社会主义核心价值观加以引导和规范，形成我国社会主义礼仪文化的主要内容。

三、礼仪与道德

礼仪作为一种意识，自然受到社会道德规范的制约。人们在社会交往中，之所以要讲究礼仪，是因为讲究礼仪符合道德的要求，符合真善美的要求。正如古人所云："凡人之所以贵于禽兽者，以有礼也。"可见，礼仪与道德有着内在的必然联系，现代人应通过加强道德修养来提高礼仪的应用水平。

首先，礼仪与道德存在三个层面的内在联系，一言以蔽之，礼仪与道德"形于外而诚于中"。第一，礼仪作为一种修养，是多层次的道德规范体系中最基本的行为规范之一，它属于道德体系中社会公德的内容。如文明举止、谦恭礼让、礼貌待人，这些既是礼仪规范的要求，又是中华民族的传统美德。礼仪不仅显示出人的道德情操和知识教养，也能帮助人们修身养性、完善自我。因而礼仪也是评价个人道德修养水平的标准之一。第二，道德是礼仪的基础，礼仪是道德的表现形式。任何一种礼仪都离不开道德，礼仪也是待人处世的规矩，是维系社会生活的纽带。它能帮助人们约束自我，正确处理个人与他人以及社会的关系，从而创造出和谐温暖的人际关系和社会环境。因为人们不是喜欢表面形式，而是看重其中所包含的道德内涵，即对彼此的真诚敬重。礼仪既依赖道德，又对培养良好的道德品质具有极为重要的作用。第三，礼仪是社会交往的润滑剂。法国启蒙思想家孟德斯鸠曾说："礼貌和必要的礼节是人际关系的润滑剂和人际矛盾的缓冲器。"这同孔子的"礼之为用，和为贵"的思想是相通的。尽管矛盾冲突不可能都通过礼貌或礼节来解决，但它确能帮助人们艺术而巧妙地处理各种复杂的关系，减少冲突，缓和气氛，化解矛盾，有利于问题的解决。

因此，道德礼仪是现代礼仪的发展方向。道德礼仪出自对交往对方的真诚敬意。道德信息与礼貌言行的表里一致是这种礼仪的特征。这正是我们应该大力倡导的社会主义的道德礼仪，只有这类道德礼仪才是现代礼仪发展的方向。

四、礼仪与法律

礼仪与法律同属于意识形态的范畴，都是调节人际关系、促进社会和谐的有力工具，但其解决问题的方式却有很大的不同，二者是辩证统一的关系。从统一的层面讲，二者具有以下关系：首先，两者有共同基础、目的和追求。法律和礼仪都着眼于人类活动，力求通过某种规范来达到人的自由，因此社会实践是其共同的基础，而满足自由需要、实现自由欲望、保护和扩大自由则是其共同的目的和追求。其次，两者相互联系，互相辅佐，具有历史和现实的必然性。法律是通过一种强制的手段来实现有序的秩序，礼仪是通过约定俗成的规定来实现有序秩序，前者属于法治的范畴，后者则更可理解为德治。在人类历史上，任何一种单一的治理方式都有缺陷，德治和法治相结合，才能达到良好的治理效果。因此，法律和礼仪在治理模式上相互辅佐，同时，法律的效果有利于礼仪的规范和贯彻，而人人有礼的社会也更有利于法律的实施。最后，两者可互相渗透，互相补充，在特定条件下可以互相转化。由于上面所讲，法律与礼仪在互相辅佐中也相互渗透和补充，一些礼仪上的规定可以升级为法律的强制，而一些法律的强制在历史变迁中也可以转化为礼仪。如奴隶社会"为父母守孝三年"在制定之初是强制的法律，人人都必须那样做，后来随着奴隶社会的瓦解，在封建社会，这只是一个礼仪的内容了。

当然，法律和礼仪也存在很大的区别。如上所述，最根本的区别就是治理方式的不同，进而引起接受度、产生效果、历史传承与发展变化的不同等。

【思考题】

1. 简述礼仪文化的内涵和外延。

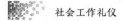

2. 简述我国礼仪文化的主要内容。

3. 谈谈礼仪与道德的关系。

4. 思考：礼仪与法律会冲突吗？如果冲突了，怎么办？

5. 讲一讲礼仪与道德互为促进的小故事。

讲题二　礼仪的起源与发展

一、礼仪的起源

礼仪是人们在社会交往活动中，为了相互尊重，在仪容、仪表、仪态、仪式、言谈举止方面约定俗成的，共同认可的行为规范。这是现代意义上的理解。追溯至礼仪的起源，很多学者理解不一，归纳起来，共有八种说法：祭祀活动说、饮食男女说、维护人伦秩序说、为止欲治乱制礼说、"三本""五礼"说、天神生理说、天经地义说、礼从民俗说等。总的来说，与礼相关的要素大概有五个："神、天地、自然、人、理"。人类在实践经验中逐步发展转化，通过认识自然、改造自然来认识世界。

从礼仪形式上来讲，礼仪起源于祭祀中。《礼记·祭统》中记载："凡治人之道，莫急于礼。礼有五经，莫重于祭。"原始社会的人们，生产力低下，对自然的认识度不高，无法解释变幻莫测的自然现象。在这种情况下，原始人创造了神灵，认为鬼神、祖先是唯一能对人类生活进行干预的超自然的力量，因此以鬼神作为崇拜的偶像，奉神灵为无上的命令，希望通过神灵的保佑来获得心灵的安慰和寄托，以规避自然的灾祸。于是，原始人为了有效地与神灵通话，创造了"祭祀"。那时的礼仪也都是与祭鬼神、祭祀祖先相联系的，其主要形式是用礼器举行祭祀仪式，以表示氏族成员对神灵和祖先的敬献和祈求。慢慢地，祭祀发展成一种仪式，因此有"礼立于敬而源于祭"之说。《礼记》中的《礼运》篇曾对礼的起源作了概括性描述："夫礼之初，始诸饮食，其燔黍捭豚，污尊而抔饮，蒉桴而土鼓，犹若可以致其敬于鬼神。"这段话所描写的是远古原始社会的人们，把黍米和劈开的猪肉块放在烧石上烤炙而食，在地上凿坑作为酒樽用手掬捧而饮，并且用茅草茎捆扎成鼓槌敲击筑地而成的土鼓，以此来表示对鬼神的祭祀。这也就是当时的礼。后来，人类开始探索是否可以控制"神灵"的方法，创造了"巫师"，通过"巫师"控制神灵来控制自然，从而获得心灵的极大满足。其实，原始人已经萌生"灵魂不死"的观念，据调查，山顶洞人已经出现原始人类的土葬方式，当时人们实行土葬主要是为了防止死者被野兽吃掉，同时也是为了使死者的灵魂得到永恒的安息。

"饮食男女说"是礼仪起源的另一种形式，《礼记·礼运》记载："夫礼之初，始诸饮食。"人活着要吃饭，《史记》有云："民以食为天"。原始社会物质生产低下，为了能够顺应自然，繁衍后代，原始人创造了吃饭的规矩，从而保护弱者，代代相传，形成最初的礼仪，这是人类顺应自然生态的结果。《礼记·昏义》记载："夫礼，始于冠，本于婚，重于丧祭，和于乡射，此礼之大体"，意思是礼的实行，要从男子加冠开始，把成婚当作根本，最重在于丧葬祭祀，讲究与乡里和睦相处，这些就是礼的大体情况。所以，礼仪起源于"饮食男女"，也不无道理。后来，人类的发展经历了原始的平等探索过程，出现阶级的分化。

从自然发展的角度说，人们通过广袤土地和广阔的天空获得赖以生存的自然基础，产生"敬天地"的思想，逐步将天地神话，创造"天神"，发展出"天神生礼说"。这是人们还没有认识到礼仪的真正起源时的一种信仰说教，是神崇拜的反映，代表了人类崇拜时期对原始礼仪的一种认识。《左传》记载："礼以顺天，天之道也。"意思说，礼是用来顺乎天意的，而顺乎天意的礼就合乎"天道"。"天神生礼说"虽然不科学，但却反映了礼仪起源的某些历史现象。

从维护人类与自然关系角度讲，礼仪存在是为了维护社会的稳定，正确处理人、自然与天地的关系，所以出现"天经地义说"。《左传·昭公二十五年》记载："夫礼，天之经也，地之义也，民之行也。"晋国的赵鞅向郑国的游吉请教什么叫"礼"。游吉回答说："我国的子产大夫在世时曾经说过，礼就是天之经，地之义，也就是老天规定的原则，大地施行的正理。它是百姓行动的依据，不能改变，也不容怀疑。"这种观点是春秋以后兴起的一股思潮。它认为，天地与人既有制约关系和统一性，又具有高于人事的主宰性。把礼引进到人际关系中来讨论，比单纯的"天神生礼说"有了很大进步，但仍没有摆脱原始信仰，所以仍是不科学的。在群体生活中，男女有别，老少有异，既是一种天然的人伦秩序，又是一种需要被所有成员共同认定、保证和维护的社会秩序。人类为了维护种族权威、族群繁衍、维护群体生活的自然人伦秩序，逐步积累和自然约定出一系列"人伦秩序"，这就是最初的礼。人类区别于其他动物在于其独具文化属性，伦理问题发生具有"生物与文化"双重进化之根源。"伦"乃"秩序"，"理"乃"规则"，"生命伦理"即为"生命在其数十亿年进化过程中所形成的秩序及该秩序存在的道理和运动规则"。任何生命形式若背离其固有的秩序规则，伦理问题便会发生。与其他动物相比，人类的生物进化已然与众不同。约 500 万年前，人类远祖先于其他灵长类从树栖进化为陆栖，为直立行走、解放上肢、利用和制造工具以及大脑的高度进化奠定了基础。此外，优于其他灵长类的结群行为和协作秩序，是人类原始道德文明产生的重要前提，同时也增进了对信息交流的需求，为人类语言的产生打下了不可或缺的进化基础。人类生物进化的优越最终体现在脑量及其结构上的高度进化。人类"加速度"式的生物进化"承上启下"，为人类文化进化的起源和"超速发展"打下了进化生物学基础。

从人性角度讲，礼仪的产生源于对人性的认识。《荀子·性恶》记载："礼义者，圣人之所生也，人之所学而能，所事而成者。不可学，不可事而在天者，谓之性；可学而能，可事而成之在人者，谓之伪；是性伪之分也。"他认为人性为自然属性，是"性""情""欲"的统一。人生而即有趋暖避寒、求逸恶劳等本然因素，而对本身欲望的放纵即为恶。所以，《荀子·礼论》记载："人生而有欲；欲而不得，则不能无求；求而无度量分界，则不能不争；争则乱，乱则穷。"荀子认为人性恶，需要建立礼仪规范人们的行为。而儒家学派把礼和人性结合起来，认为礼起源于人的天性。孔子"以仁释礼"，一方面把"礼"作为处理人际关系的总则，另一方面把"仁"当作"礼"的心理依据。克己以爱人，就是"仁"；用"仁爱人之心"处理好人际关系，就是"礼"。后来，荀子还发展了"三本"，即"礼有三本：天地者，生之本也；先祖者，类之本也；君师者，治之本也。无天地，恶生？无先祖，恶出？无君师，恶治？三者偏亡，焉无安人。故礼，上事天，下事地，尊先祖而隆君师。是礼之三本也"。后来，周公制礼，创造了"五礼"，即吉礼：祭祀典礼；凶礼：吊唁之礼；军礼：操演、征伐之礼；宾礼：待客之礼；嘉礼：社交类场合之礼。故而礼仪的起源也有"三本""五礼"说。

从人类理性角度讲，礼起源于俗。"礼从民俗说"是对礼仪起源的更深入的探讨。人类为了更好地适应社会生活，根据面临的生存条件，制定出合乎人类生存发展必然性和道理的行为规范，就是"礼"。"礼"是理性认识的结果。将礼操作化，使之与社会习俗相关，所以又有了礼起源于俗的说法。《荀子·大略》记载："礼以顺人心为本，故亡于《礼经》而顺于人心者，皆礼也。"从"理"和"俗"上说明礼的起源。

综上所述，礼仪的起源说法不一，无论是对鬼神的笃信还是对自然、人性的探索，礼仪起源于仪式，最终目的是获得心灵寄托、规范人类行为、适应社会生活。

二、礼仪的发展

（一）中国礼仪的发展

从"寄托神力，外化天地"到"反省自身，趋于理性"，从祭天祀神到维系宗法统治再到敬人遵己，礼仪在其传承沿袭的过程中不断发生着变革。从历史发展的角度来看，其演变过程可以分七个阶段。

1. 礼仪萌芽期

礼仪起源于原始社会，在原始社会中、晚期（约旧石器时代）出现了早期礼仪的萌芽。人们对火山、地震、电闪雷鸣等自然现象无法解释，认为天地间有神的力量、有鬼的存在。出于对天地鬼神的惧怕、敬仰，人们就会举行一些形式，用物品来祭拜。从礼字的繁体"禮"可以看出，豊，甲骨文，像豆形器皿里装满玉串，表示用最美好的物品敬拜神灵。当"豊"作为单纯字件后，晚期金文再加"示"（祭祀）另造"禮"，强调"礼"的"祭拜"含义，即通过献玉的隆重仪式向神灵表示虔敬。整个原始社会是礼仪的萌芽时期，礼仪较为简单和虔诚，还不具有阶级性，内容包括：制定了明确血缘关系的婚嫁礼仪；区别部族内部尊卑等级的礼制；为祭天敬神而确定的一些祭典仪式；制定一些在人们的相互交往中表示礼节和表示恭敬的动作。

2. 礼仪形成期

人类进入奴隶社会，统治阶级为了巩固自己的统治地位把原始的宗教礼仪发展成符合奴隶社会政治需要的礼制，礼被打上了阶级的烙印。在这个阶段，中国第一次形成了比较完整的国家礼仪与制度。后来经过夏、商、周的朝代更迭，逐步形成了基本的礼仪制度。《夏礼》比较简朴，《诗经》《礼记》记载当时忠孝之道已基本形成。商人喜欢占卜，对占卜之术情有独钟，对"鬼道"崇拜，所以殷商巫祀之礼发达，礼器复杂多样、肃穆神秘，用于礼乐的乐器也十分发达。《周礼》《仪礼》是我国奴隶社会最严谨、最庞大、最文明的礼仪制度。历史上有名的"周公制礼"就发生在这一时期。《周礼》对礼法和礼义做了权威的记载和解释，并制定礼仪制度的基本结构，将礼划分为五类，称为"五礼"。后世修订礼典，大都依据"吉礼、凶礼、军礼、宾礼、嘉礼"为纲，对历代礼制有深远影响。周朝的另外一个飞跃是从商朝的听天命向顺民意转变，提出了"人无于水监，当于民监"（《尚书》）的理念，也实现了人类史上最早从鬼道向人道的发展。

3. 礼仪发展期

这一时期，学术界形成了百家争鸣的局面，以孔子、孟子、荀子为代表的诸子百家研究并发展了礼教，对礼仪的起源、本质和功能进行了系统阐述，第一次在理论上全面而深刻地论述了社会等级秩序划分及其意义。管仲把礼、义、廉、耻称为国之"四维"。他认为"礼"就是不能越出应有的节度，即思想行为不能超出贵族等级制的道德规范。他把"礼"看作人生的指导思想和维持国家的第一支柱，认为礼关系到国家的生死存亡。孔子对礼仪非常重视，把"礼"看成是治国安邦、平定天下的基础。他认为"不学礼，无以立"，"质胜文则野，文胜质则史。文质彬彬，然后君子"。他要求人们用礼的规范来约束自己的行为，要做到"非礼勿视，非礼勿听，非礼勿言，非礼勿动"。倡导"仁者爱人"，强调人与人之间要有同情心，要相互关心，彼此尊重。孔子将周公的"德"外化为"仁"，建立儒学思想体系。孟子把礼解释为对尊长和宾客严肃而有礼貌，即"恭敬之心，礼也"，并把"礼"看作人的善性的发端之一。孟子提出"王道""仁政""民贵君轻"的思想，主张"以德服人""舍生取义"，把封建人际关系概括为"五伦"，《孟子·滕文公上》记载："使契为司徒，教以人伦：父子有亲，君臣有义，夫妇有别，长幼有序，朋友有信。"荀子是法家的代表人物，其"援法入儒、寓法于礼、以礼为主、礼法统一"的主张，调和了儒法两家的冲突，形成礼学体系，包括理论形态、典章制度、行为规范以及修身养性。荀子把"礼"作为人生哲学思想的核心，把"礼"看作做人的根本目的和最高理想，"礼者，人道之极也"。他认为"礼"既是目标、理想，又是行为过程。"人无礼则不生，事无礼则不成，国无礼则不宁。"

4. 礼仪强化期

到了汉代，礼仪逐步成为社会成员的行为规范。叔孙通协助汉高祖刘邦制定朝仪之礼，史称"叔孙通制礼"，"汉礼"的雏形形成。西汉思想家董仲舒把封建专制制度的理论系统化，提出"唯天子受命于天，天下受命于天子"的"天人感应"说。他把儒家礼仪概括为"三纲五常"，即"君为臣纲，父为子纲，夫为妻纲""仁义礼智信"。汉武帝刘彻采纳董仲舒的建议"罢黜百家，独尊儒术"，使儒家礼教成为定制，"儒礼"从此一统天下。唐朝贞观时期关于讳礼、婚礼、尊亲礼等的改革，直至《贞观礼》的颁布，不仅使传统的礼制更加完善和进步，而且对贞观之治的形成也起到了重要的作用。贞观礼制改革后的礼的世俗化，使礼摆脱了"礼不下庶人"的桎梏,成为社会上人与人交往中所应遵循的准则。[1]《开元礼》提出以"改撰"《礼记》为目标。在《开元礼》撰写前,"礼仪使"的设立和在此之后举行的一系列礼仪活动,为《开元礼》的创作进行了礼仪实践和理论准备。《开元礼》最后以"折衷"《贞观礼》《显庆礼》,解决和协调对《礼记》经传认识的矛盾,实现对于唐朝新礼的吸收,体现了唐朝礼制的时代化和创新精神[2]。《开元礼》以其系统性和完整性,成为封建礼制的最高典范。

5. 礼仪变质期

宋代理学的兴起,以儒家思想为基础,兼容道学、佛学思想,提出了"存天理,灭人欲"的口号,维护三纲五常,不惜一切代价灭绝人欲;提出"父子君臣,天下之定理,无所逃乎天地之间""礼即是理也"等思想。代表人物有程颐、程颖、朱熹。朱熹进一步指出,"仁莫大于父子,义莫大于君臣,是谓三纲之要,五常之本。人伦天理之至,无所逃于天地间。"朱熹的论述使二程"天理"说更加严密、精致。这一时期的礼仪的重要特点是尊君抑臣、尊夫抑妇、尊父抑子、尊神抑人。在漫长的历史演变过程中,它逐渐成为妨碍人类个性自由发展、阻挠人类平等交往、窒息思想自由的精神枷锁。例如贞节牌坊、女性裹脚等都是这一阶段发展的产物。陆九渊后来在理学基础上发展了"心学",提出"心即理也"。王守仁发展了"心学",提出人心是世界万物的本源,学以至圣的修养关键在于"致良知""知行合一"。

满族入关后,逐渐接受了汉族的礼制,并且使其复杂化,导致一些礼仪显得虚浮、烦琐。例如清朝针对旗袍的"放哇哈"成为礼节中的一个规定动作,即官员入朝谒见皇上或其他王公大臣,都得先将旗袍的马蹄袖弹下,然后再两手伏地跪拜行礼。清代的品官相见礼,当品级低者向品级高者行拜礼时,动辄一跪三叩,重则三跪九叩。清后期,古代礼仪盛极而衰。

6. 礼仪改革期

辛亥革命以后,受西方资产阶级"自由、平等、民主、博爱"等思想的影响,孙中山先生和战友们破旧立新,用民权代替君权,用自由、平等取代宗法等级制;普及教育,废除祭孔读经;改易陋俗,剪辫子、禁缠足等,从而正式拉开现代礼仪的帷幕[3]。中国的传统礼仪规范、制度,受到强烈冲击。著名的中山装就是在这一时期形成的。新文化运动对腐朽、落后的礼教进行了清算,符合时代要求的礼仪被继承、完善、流传,那些繁文缛节逐渐被抛弃,同时接受了一些国际上通用的礼仪形式。例如,民国时期,西方传入中国的握手礼开始流行于上层社会,后逐渐普及。新的礼仪标准、价值观念得到推广和传播。中华人民共和国成立后,逐渐确立以平等相处、友好往来、相互帮助、团结友爱为主要原则的具有中国特色的新

---

1 雷庆,郑显文. 贞观礼制度改革[J]. 松辽学刊(社会科学版),1993(2).

2 大唐开元礼[EB/OL]. http://baike.baidu.com/link?url=eFNdol6Tfj6IpUzo5DE9Nh57Gza8WF9Yf0Ovw KW k8VCLHm36KRORwFcDRF4hT1hraZMm9zvCW8n_xkYuBAqSta.

3 林春. 礼仪文化与大学生礼仪修养[M]. 北京:中国社会科学出版社,2011.

型社会关系和人际关系。虽然经历了"文化大革命"的曲折期，但礼仪总体上在我国取得变革性发展。

7. 礼仪现代化期

说到礼仪现代化，就要谈社会制度对礼仪的影响。我国走社会主义发展道路，社会主义社会是共产主义社会的过渡阶段，当人类社会进入社会主义以来，礼仪文化呈现出了新的特征。首先，以公有制为基础的社会主义社会中，人们的价值观、道德观都具有明显的公有制特点，因此在礼仪文化中也表现为对公共文化、公共道德、公共利益的尊重。如在沟通礼仪中，社会主义社会礼仪文化倡导服从组织安排，向组织汇报等。其次，社会主义社会强调要以现实的人即人民群众为目的，要肯定人的价值，尊重人的尊严，充分肯定、满足和发展人民群众正当合理的利益，因此礼仪文化也更加凸显人与人之间的互助互爱，如和谐社会倡导诚信友爱，即全社会互帮互助、诚实守信，全体人民平等友爱、融洽相处。最后，以儒家礼仪文化为主要内容的传统礼仪文化仍然是社会主义社会礼仪文化的主要内容。中华人民共和国成立以来，党和国家力图建立一种积极向上的礼仪制度。在经历了一系列除糟粕取精华的萃取之后，儒家礼仪文化仍然在我们日常生活中存在，只是更加趋于理性和和谐。

改革开放以来，随着我国经济的发展，社会的变迁，西方的先进文化融入中国，我国秉持费孝通先生"各美其美，美人之美，美美与共，天下大同"的思想，在继承和发扬传统优秀礼节的同时，摒弃繁文缛节，汲取先进文化，与世界接轨。许多礼仪从形式到内容都在不断变革，现代礼仪的发展进入了全新的发展时期。

（二）西方礼仪的发展

西方文明发源于爱琴海地区和古希腊，早在公元前 6000 年，爱琴海诸岛居民开始从事农业生产，此后，相继产生了克里特文化和迈锡尼文化。西方礼仪思想发展经历了古希腊罗马时代、中世纪神学统治时代、近现代资产阶级时代，在其经济等物质性的决定因素影响下，在同各个国家的历史、不同民族的道德、社会秩序、风俗等因素交互作用中，礼仪文明思想具有较大的共性及兼容性，能在更大的范围、更久远的层面上影响整个社会及历史，影响人们行为方式及交际方式。近现代西方资本主义的礼仪中的自由、平等、自尊等人性文化，则是诸种现实关系矛盾运动的必然产物和最充分的体现[1]。

西方礼仪最早起源于古希腊罗马时期，首先，美德与礼仪结合，美德即是一种和谐与秩序，通过培养道德观念教育人们要待人以礼。例如毕达哥拉斯率先提出了"美德即是一种和谐与秩序"的观点。苏格拉底认为，哲学的任务不在于谈天说地，而在于认识人的内心世界，培植人的道德观念。柏拉图强调教育的重要性，指出理想的四大道德目标即智慧、勇敢、节

1　王福山. 论西方礼仪文明思想的发展[J]. 常州大学学报（社会科学版），2015(4)：14-17.

制、公正。亚里士多德说"人类由于志趣善良而有所成就，成为最优良的动物，如果不讲礼法、违背正义，他就堕落为最恶劣的动物"，强调德行就是公正。[1]罗马帝国统治西欧时期，教育理论家昆体良撰写《雄辩术原理》中提到一个人的道德、礼仪教育应从幼儿期开始。诗人奥维德作诗《爱的艺术》告诫青年朋友不要贪杯，用餐不可狼吞虎咽。

到了中世纪时期，神学统治社会，教会君主是上帝的代表来统治人间。欧洲形成的封建等级制，以土地关系为纽带，将封建主与附庸联系在一起。通过土地分配来分离社会阶层，形成阶级国王、贵族、骑士、农民。而神学的建立就是为了维护阶级统治，带有明显的歧视和不平等。这一时期逐步形成了"皇家宫廷礼""臣服礼""骑士礼"等。例如冰岛诗集《埃达》就详尽地叙述了当时用餐的规矩，嘉宾贵客居上座，举杯祝酒有讲究等。其中，"骑士精神"影响深远，它限制暴躁，约束暴力和伤人的欲望。自骑士时代以来，法国人便成了礼仪方面的专家，他们把自己对礼仪的建议和阐述传播到其他国家。这些传统从法国传到欧洲其他国家，又从欧洲传播到美洲，现在许多已经成为国际礼仪通则。如今，大量关于服饰、言行和举止的礼仪书籍，实际上源自中世纪和文艺复兴时期的西欧宫廷礼仪。到了近代，随着文艺复兴的兴起和自由民主的思想的出现，传统神学体系被打破。这期间，涌现一大批文人学者。加斯梯良在《朝臣》中论述了从政的成功之道和礼仪规范及其重要性。尼德兰人文主义者伊拉斯谟撰写《礼貌》着重论述了个人礼仪和进餐礼仪等，提醒人们讲究道德、清洁卫生和外表美。英国哲学家弗兰西斯·培根指出："一个人若有好的仪容，那对他的名声大有裨益，并且，正如女王伊莎伯拉所说，那就好像一封永久的推荐书一样。"[2]随着资本主义制度的确立，符合资产阶级关系的礼仪规范逐步形成。首先从内容上，资本主义礼仪规范主张自由主义，人生而平等，解放人性，个人的价值通过个人的努力来实现。另外，这一阶段礼仪强调男女平等、女士优先的原则，并且简化了很多封建时期的烦琐礼节，让礼仪更为实用。西方国家重视礼仪和道德教育，如美国注重热爱国家、对国家忠诚的教育，注重"责任公民"的教育和个人基本道德品质的教育；英国注重按英国社会传统、用贵族的道德规范和行为举止要求来教育学生，偏重日常言行和服饰礼仪方面的内容，注重个人品德的培养教育，提倡培养一种有德性、有礼仪、有学问的绅士风度的人；德国教育家鲍勒夫提出了"朴素道德"的新观念，主张重视人格教育，提倡负责任、坦诚、正直、同情他人、乐于助人、尊重他人、举止端正等个人品德方面的教育；法国通过开设公民与道德课来进行道德教育。

西方现代学者也编撰、出版了不少礼仪书籍，其中比较著名的有：法国学者让·赛尔著的《西方礼节与习俗》，英国学者埃尔西·伯奇·唐纳德编的《现代西方礼仪》，德国作家卡尔·斯莫卡尔著的《请注意您的风度》，美国礼仪专家伊丽莎白·波斯特编的《西方礼仪集萃》

1　柯彪. 亚里士多德与《政治学》[M]. 北京：人民出版社，2010.
2　弗兰西斯·培根. 培根论说文集[M]. 南京：译林出版社，2012(52)：189.

以及美国教育家卡耐基编撰的《成功之路丛书》等。

三、中西方礼仪文化差异

礼仪是一个民族在特定的历史条件和地理环境中发展和承袭下来的礼节文明规范，在很大程度上反映一个国家或民族的历史传统、精神面貌和社会风尚。人们言辞中、举手投足之间往往反映出不同的文化特性。它是一种思维习惯，也是一种生活方式和行为模式，在与作为异己文化的载体——外国人的交往中，又不可避免地会发生价值取向上的比较、碰撞或融合。[1]改革开放让我们逐步融入世界，网络化、信息化拉近了世界各国的距离，世界逐步向地球村迈进，不同文化的冲突与融合不断发生。为了更好地学习国外的先进知识与技术，就需要尊重不同民族的文化，求同存异。下面，我们就中西方礼仪文化的差异及其根源进行了梳理。中西礼仪文化差异主要表现在称呼、见面礼、宴饮礼、风俗习惯、性别取向等五个方面，究其根源与不同民族的思维方式和价值观念差异分不开。

1．"群体主义"与"个体主义"的价值差异

群体意识是中国人的基本观念，力不若牛，走不若马，而牛马却能为人所用，为何？人能群，而彼不能群。所以，中国人在群体生活中总结出了一套约束个体的道德体系和价值观念。在群体观念下，个人的行为需要符合公众的道德期望和价值准则，所以中国人重视人际关系的发展，追求"人情—关系"下的和谐统一。例如，西方的个案工作追求社工与案主之间的价值中立，反对社工与案主之间建立深厚感情，而在本土社会工作，社工与案主的接触不可避免需要建立基于中国文化的"人际关系"，产生感情"纽带"。西方社会崇尚自由、民主、平等、人权，追求个人独立自主的个人主义。"以个人为中心的个体文化是个体自主、利益均衡、互不侵犯、避免冲突，而且将交际规则视为处理人际关系的一种策略。"[2]所以，西方人特别注重个人的隐私，关于个体年龄、财产收入等信息不能鲁莽询问。

2．"天人合一"与"天人分离"的思想差异

从汉朝起，儒家文化在我国社会长期占据统治地位，中国人"敬天拜神"，认为上天有一种不可抗拒的力量主宰宇宙万物。将上天看作自然，人们不思改造自然，反而谋求顺应自然，认为生命的意义在于追求天地人的和谐统一，即"天人合一"。而西方人受基督教"原罪说"的影响，认为人活于世就是为了赎罪，主张将个体与自然分离开来，要不断努力去应对自然挑战，改造自然。就算没有群体的依靠，也可以通过个人的努力达成目标。所以，从社会工作的目标角度来讲，西方社会工作最终目标是追求个体的增能赋权，而中国的社会工作则是追求个体借助群体的力量追求自我与自然的统一。

---

1 吴爱宁. 中西礼仪文化差异探析[J]. 理论导刊，2007(8)：43-45.
2 吴爱宁. 中西礼仪文化差异探析[J]. 理论导刊，2007(8)：43-45.

【思考题】

1. 谈谈你对礼仪的认识。
2. 中国传统礼仪的发展经历了几个阶段?
3. 简述西方礼仪的发展过程。
4. 思考中西方礼仪文化的差异。

讲题三　礼仪文化的历史类型

礼仪文化分类众多，我们常见的礼仪文化主要分为宗教礼仪、官方制礼和民间民俗礼仪。每种礼仪形式都有很多对礼仪的具体规定，本讲将选择一些有代表性的礼仪做特别分析和讲解，便于学生更深入地了解礼仪文化。

一、宗教礼仪

宗教礼仪是人类为了适应超自然领域的一种象征性的技术行为，主要用于处理人与神之间的关系、使人同信仰对象接近或合二为一，具有超越个人的重要社会价值。具体而言，它是指宗教信仰者对其崇拜对象表示崇拜与恭敬所举行的各种例行的仪式、活动，以及与宗教密切相关的禁忌与规定。世界上存在着多种宗教，自然也就存在着多种宗教礼仪。

宗教礼仪根据与神灵沟通方式的不同，可以分为三种形态，从低到高分别是物象礼仪、示象礼仪和意向礼仪。物象礼仪，即向神佛供献各类供物以表达情感，几乎所有宗教都有这样的礼仪。示象礼仪是较高层次的宗教礼仪，指在表达对神佛的崇拜、敬畏和祈祷等感情时，将一些宗教礼仪规范化、符号化、象征化，以增加宗教礼仪的崇高性和神圣性。世界上各大宗教礼仪多为这类礼仪，它是宗教生活的重要组成部分。意象礼仪，是超越了一般形式的礼仪，是最高层次的宗教礼仪，是一种心灵的礼仪，是信教者发自内心深处的对宗教的理性认可。宗教礼仪既可以加强信仰者与他所信仰的神之间的联系，巩固和强化信仰，也能够满足信徒的心理需要，使他们获得信心、希望和安全感，同时，宗教礼仪能够维持集团的社会确证性，加强个人和他所从属的社会之间的联系，维持信仰形态的永续性。因此，宗教礼仪在社会生活中广泛存在，是礼仪文化中的重要组成部分。

二、官方制礼

郭沫若说："大概礼之起源于祀神，故其字后来从示，其后扩展而为对人，更其后扩展而为吉、凶、军、宾、嘉的各种仪制。"（《十批判书·孔墨的批判》）从考古资料来看，在辽宁喀左发现的距今五千年的红山文化遗址中，有大型的祭坛、神庙、积石冢等，是举行大规模祭祀活动的场所；有裸体怀孕的妇女陶塑像，可能是受先民膜拜的生育女神。更早的仰韶文化彩陶上的人面虫身图像，墓葬中死者头颅西向而卧，也都透露出远古时代礼仪制度的若干信息。在古代文献方面，有"自伏羲以来，五礼始彰；尧舜之时，五礼咸备"的说法。

长期以来，由于礼学家们各种不同的学术派别，对古代文献各有不同的理解，加之历代当权派出于各自不同的政治需要、文化背景，他们制定的礼仪制度也各有不同。由儒家学者整理成书的礼学专著"三礼"——《周礼》《仪礼》《礼记》中，记录、保存了许多周代的礼仪。在汉以后两千多年中，它们一直是国家制定礼仪制度的经典著作，因此被称为"礼经"。今天"三礼"仍用于研究探讨古代主要适用于贵族的礼制。以此为基础编制的"五礼"被认为是古代最系统的官方礼仪制度，具体如下：以祭祀之事为吉礼，丧葬之事为凶礼，军旅之事为军礼，宾客之事为宾礼，冠婚之事为嘉礼，合称"五礼"。

（1）吉礼，即祭祀天神、地祇、人鬼等的礼仪活动，如郊天、大雩、大享明堂、祭日月、大蜡、祭社稷、祭山川、籍田、先蚕、祭天子宗庙、祫禘、功臣配享、上陵、释奠、祀先代帝王、祀孔子、巡狩封禅、祭高禖等。吉礼历代兴革不一，但极为统治阶级所重视。《周礼·春官·大宗伯》："大宗伯之职，掌建邦之天神、人鬼、地祇之礼，以佐王建保邦国，以吉礼事邦国之鬼神祇。以禋祀祀昊天上帝，以实柴祀日月星辰，以血祭祭社稷五祀五岳，以狸沉祭山林川泽，以祠春享先生，以尝秋享先王，以烝冬享先王。"《通典·礼六六》："大唐开元年之制五礼，其仪百五十有二。一曰吉礼，其仪五十有五：一，冬至祀昊天于圆丘；二，正月上辛祈谷于圆丘；三，孟夏雩祀于圆丘；四，季秋大享于明堂；五，立春祀青帝于东郊……五十五，王公以下拜扫、寒食拜扫。"

（2）凶礼，指哀悯吊唁忧患之礼，包括丧葬礼、荒礼、吊礼、恤礼、禬礼等，后多特指丧葬、持服、谥号等礼仪。《周礼·春官·大宗伯》载："大宗伯……以凶礼哀邦国之忧，以丧礼哀死亡，以荒礼哀凶札，以吊礼哀祸灾，以禬礼哀围败，以恤礼哀寇乱。"《通典·礼六六》载："大唐开元年之制五礼……五曰凶礼，其仪十有八：一，凶年振（赈）抚；二，劳问疾患；三，中宫劳问；四，皇太子劳问；五，服（丧服）制度；六，皇帝为小功以上举哀；七，敕使吊；八，会丧；九，册赠；十，会葬；十一，致奠；十二，皇后举哀吊祭；十三，皇帝太子举哀吊祭；十四，皇太子妃举哀吊祭；十五，三品已上丧；十六，五品已上丧；十七，六品已下丧；十八，五公已下丧。"

（3）军礼，即国家有关军事方面的礼仪活动，如《周礼》所举大师（召集和整顿军队）、大均（校正户口，调节赋征）、大田（检阅车马人众，亲行田猎）、大役（因建筑城邑征集徒役）、大封（整修疆界、道路、沟渠）以及《开元礼》的告太庙、命将、出师、宣露布、大射、马祭、大傩等。《周礼·春官·大宗伯》载："大宗伯……以军礼同邦国。大师之礼，用众也；大均之礼，恤众也；大田之礼，简众也；大役之礼，任众也；大封之礼，合众也。"《通典·礼六六》载："大唐开元之制五礼……四曰军礼，其仪二十有三：一，亲征类于上帝；二，宜于太社；三，告于太庙；四，祃于所征之地；五，軷于国门；六，广告所过山川；七，宣露布；八，劳军将；九，讲武；十，田狩；十一，射宫；十二，观射；十三，遣将出征宜于太社；十四，遣将告太庙；十五，遣将告齐太公庙；十六，祀马祖；十七，享先牧，十八，祭马社；十九，祭马步；二十，合州伐鼓；二十一，合朔诸州伐鼓；二十二，大傩；二十三，诸州县傩。"

（4）宾礼，即邦国间的外交往来及接待宾客的礼仪活动，如天子受诸侯朝觐、天子受诸侯遣使来聘、天子遣使迎劳诸侯、天子受诸侯国使者表币贡物、宴诸侯或诸侯使者。此外，内阁王公以下直至士人相见礼仪，也属宾礼。《周礼·春官·大宗伯》载："大宗伯……以宾礼亲邦，春见曰朝，夏见曰宗，秋见曰觐，冬见曰遇，时见曰会，殷见曰同，时聘曰问，殷覜曰视。"《仪礼·士相见礼》郑玄注："士相见于五礼属宾礼。"《通典·礼六六》载："大唐开元年之制五礼……三曰宾礼，其仪有六：一，番国主来朝；二，戒番国主见；三，番主奉见；四，受番使表及币；五，宴番国主；六，宴番国使。"番，使西方边境各国。《新唐书·礼乐志六》："二曰宾礼，以待四夷之君长作与其使者。"《清史稿·礼志二》载："宾礼：藩国通礼，山海诸国朝贡礼，敕封藩服礼，外国公使觐见礼，内外王公相见礼，京官相见礼，直省官相见礼，士庶相见礼。"

（5）嘉礼，即国家具有喜庆意义及一部分用于亲近人际关系、联络感情的礼仪活动，如君主登基、册皇太子、策拜王侯、节日受朝贺、天子纳后妃、太子纳妃、公侯士大夫婚礼、冠礼、宴飨、乡饮酒等，有时特指婚礼。《周礼·春官·大宗伯》载："大宗伯……以嘉礼亲万民，以饮食之礼亲宗族兄弟，以昏冠之礼亲成男女，以宾射之礼亲故旧朋友，以飨燕之礼亲四方之宾客，以贺庆之礼亲异姓之国。"《清史稿·礼志六三》载："二曰嘉礼。属于天子者，曰朝会、燕飨、册命、经筵诸典。行于庶人者，曰乡饮酒礼。而婚嫁之礼，则上与下同也。"

三、民间民俗礼仪

民间礼仪文化是中国传统礼仪文化的重要内容，以红、白、喜事为三大主要类别，有不同的礼仪内容，但都代表美好的愿望和期许。

1. 白事礼仪

白事礼仪即丧葬礼仪，是人生的最后阶段，各地都有着各种各样具有特色的风俗习惯，特别是农村，尤为重视葬礼中的各项规矩。

（1）丧仪。丧仪是指人死之后到下葬之前的礼仪。无论男女病逝，先停尸中堂一侧，后在中堂正中合棺。凡家有丧事外出者，遇有人问起，答曰：家某"过身"或"过后"或"睡觉了"或"老去了"等称谓。首先，停尸：正常情况换完冥衣后只停尸一两昼夜即合棺，如因远方子女未赶回或"后头"[1]才到，只能寄棺（棺盖不钉死），以便让子女或"后头"赶到时见一面后再合棺。其次，择穴（选墓葬地）：多由风水先生选定，有的地方由阴阳先生兼之。富豪之家多半生前均已找到"风水"好的地穴，个别的已修好待用。一般人家多在死后请先生算一家人的生庚和死者死时的时辰，确定埋葬的朝向山地，继而到确定方向的山地寻找适合的地穴。选定后用罗盘定中轴线并插上竹竿标记，待到确定出殡的前一天，由土公和帮工若干人前往开穴，同时准备好封穴用的砖石等物。再次，超度：（道场，俗称做功德）设孝堂、挂挽联，视经济条件可繁可简，延道念经拜忏做法事的时间长短也不一，最少的也要做一夜，

---

1 后头：方言，指晚些时候。

多的三五夜不等，时间越长花样越多。最后，还要转棺串丧、烧纸船等。吊丧期间，有女儿的尚需设祭坛。小辈在早、中、晚、深夜四次哭丧，请死者用饭和安寝。

（2）葬仪。葬仪是指下葬过程中的礼仪。首先，出殡：时间多选卯时（早上六至七时），起棺前，先由孝男孝女祭奠（拜棺）后跪伏在棺椁两旁，以示陪奠。然后，亲友祭奠，全部结束后起棺。一般人家多为八人抬棺（俗称"八仙"），葬地较远者则要另加四人以备途中轮换（因起棺后不得在途中停歇），富家有十六人至三十二人抬者。一般鸣锣开道，唢呐前导（集镇现今则有洋鼓或哀乐前导），再是挽联（现代加花圈），接着是棺椁，孝子赤脚草鞋，披麻戴孝，腰系草绳，一手执丧棒，一手扶棺。沿途如遇分岔路，孝子则需赶前至岔路跪伏，谓之不让走错路。棺后为女亲哭送，再是一般男亲友队列，均头戴白帽，腰扎白带。沿途凡遇分岔路需燃放鞭炮，谓之"拦路"，与孝子跪伏同义。接着，入土：按选好的时辰入土、封穴、上碑、筑供台，再点烛上香、焚纸鸣炮，至此安葬完毕。孝子要向在场者赏发"福地"吉利钱，俗称"满山红"。最后，接风水：发完"满山红"后，孝子换上干净衣鞋，点燃火把，提上"银袋"（红布缝成四角翘檐小袋，内装米蛋）和酒瓶（内装清水）及风灯等，由唢呐伴奏返回，沿途边走边洒滴酒瓶中水直至到家、鸣炮、放置供桌为止，谓之接引德福返家，俗称"接风水"。

2. 红事礼仪

红事礼仪即婚庆礼仪。旧社会，婚嫁礼俗繁琐，青年男女婚姻须听"父母之命，媒妁之言"，且多以"门当户对"为先决条件。一般先由男家委托媒人向女方提婚。经女方查明男方家庭情况，认为条件适合后，再将女儿生辰，所谓年、月、日、时"八字"（又称"年庚"）送至男方。男方再将双方"生庚"请算命先生进行推算，如算出"八字冲克"，男方即将"庚帖"退还女方，表示休止议婚；如无相克冲犯，男方即向女方议婚下聘。

（1）订婚。经选择吉日，男女双方家长各办酒席宴请亲友，以示子女婚姻已定。女方为午宴，未婚婿为主宾，余为女方的亲友陪席。未婚新郎到各桌向客人敬酒时，被敬者要有红包作为见面礼（数额不一）。男方为晚宴，未婚媳妇为主宾，礼节与女家同。

（2）婚"礼"。多选择民间历书中所定的"黄道吉日"举行婚礼。婚礼前一天为"定亲"日，男方需安排若干人（一般八至十人）同媒人一起，将活鸡、活鹅等酒席物品、红酒一坛（坛口用书有"双喜"字样的红纸扎口）、新娘饼、衣料、果品扛[长方形立柜式，有二至三层活动柜屉，内装五子果（因时令而定品种）、红蛋、部分猪蹄和干菜，上层尚需纸花盖果，放上写有"山盟"（内装茶叶少许）、"海誓"（内装食盐少许）两个长约二十公分，宽十公分的红纸包，寄寓爱情专一与白头偕老之意]，送往女家。同时送去"小礼"若干（名曰：柯敬、百子、千孙、正典、副典、宣书、试桩、煮汤、扫地、兜鞋、座位、拦门等十几个小红包，约一二百元）和"请舅帖"（四幅折叠长方形状，竖写，正面书："新舅正席"，二面书："谨择某年某月某日午刻敬治杯酌，奉攀"，三面书："台驾光临，谈笑兼伸，姻谊伏冀"，底面书："届期早临，蓬荜生辉"，"右启上"，"大英才尊姻舅某先生"，姻愚弟某某某鞠躬）。

（3）迎娶。男家备彩轿，吹鼓手与媒人前往女家迎接新娘。女家要煮太平面，请迎亲者吃点心。新娘换洗梳妆后蒙上红巾，由舅父或长兄抱上轿，意防新娘脚粘走娘家土而把好运带走。同时，安排若干人（因妆奁多寡定人数多少）抬嫁妆送亲。吉时到，即在祖先牌前燃烛点香，鸣炮送亲。此外，女家亦要"小礼"回送男家。"小礼"中与男方相同外，另加试桶、美容、月老、冰人、添丁等五个小包。送亲杠上还附吉书有"玉洁"、"冰清"（内装冰糖少许）、"山根"（蕨粉）、"麻林"（芝麻）、"豆园"（黄豆）五个红纸包（形状与男方同），意为品德贤淑，男家娶后即可发家添丁、子孙满堂。同时附去"请郎贴"，内容除改动个别字外，与请舅贴基本相同。富户有以婢女、田地房产契约、金银首饰陪嫁；中等人家则只陪送少量首饰及被帐衣物箱柜等；贫穷人家仅陪盆桶、衣箱、镜台及少量衣物。官僚富绅之家送亲队伍有双人扛灯笼，双人吹长号为前导，笙箫鼓乐列队伴行。

彩轿到达男家，大放喜炮相迎。新娘下轿时，经宣礼官唱念吉祥语后，由伴娘搀扶新娘至厅堂与新郎在堂中双双跪拜天地、祖先和祖父母、父母，谓之"拜堂"。尔后新人入新房，新郎新娘饮"交杯酒"。新房中，在新床各处放些糖果花生等，大开房门让孩童入房哄抢，增添热闹气氛。此时，不论男女老幼均可入新房看新娘、逗新娘，称"闹新房"。同时，择一聪明男童往新马桶中撒尿（试桶），寓新娘早生贵子之意，被选的男童可从新马桶中取得一份礼金。新房中点燃的喜烛，照亮通宵，谓之"洞房花烛"，又称"小登科"。次日，为新妇"庙见日"，敬拜公婆、亲属长辈。受拜者要给"见面礼"。然后，新妇进厨房参拜灶神，谓之"下厨"。婚后三日，新妇偕新婿备礼品返回娘家，参拜岳父母及诸亲属，俗称"三朝回门"。但于傍晚必须回归夫家，以示"月不空房"。至此，旧式嫁娶礼仪宣告结束。五四运动后，婚礼程序开始简化。男女在举行结婚仪式时，新娘新郎胸戴红花，敦请当地名流人士为证婚人，双方父母为主婚人，说媒者为介绍人，结婚仪式简单而隆重。

3. 喜庆礼仪

喜庆礼仪是指纪念重要节日或者家庭中的重要事情而形成的一些特殊礼仪。由于地域、民族的不同，喜庆礼仪具有很大的差别。这里仅罗列几项典型代表加以说明。

（1）寿庆。寿庆均以"十"为大庆，始自"五十岁"为"上寿"，方始庆贺。最为隆重的是六十大庆，谓之"花甲"。少数姓氏对"古稀"（七十大寿）倍加重视，有公产的宗祠，如遇本族老人年届"七十岁"生日时，要从族产中拨出若干担稻谷作为该人的生日费用，以表公贺。寿庆在贫富之间区别较大，普通人家办一两桌酒席已算不错；穷人则只杀只鸡鸭一家相聚；而富绅、官僚家庭则借此机会大发横财，他们在家设寿堂，张灯结彩，接受祝拜。设寿亦有沽名钓誉者，在祠堂内设宴，不论贫贱一概宴请，对少年拜寿者还发给赏钱。并派专人站在祠堂门口，拦请过往行人，即使乞讨者亦不例外，赠食面酒。

（2）分娩。新婚添丁为家中大喜，当天或第二天就要向外婆家"报喜"。如为男婴，则用锡茶壶内装糯米、龙眼（桂圆）、榛子、花生、瓜子等"五子果"；若是女婴，则用酒坛装酒抬到外婆家，谓之"报酒"，故沿途或邻居见之即知所生是男是女。添丁的礼仪可以持续一年，不同的时间又有不同的庆典。第一个庆典：三朝，指添丁的第三天，因籍贯不同庆祝有别，有的仅用炒黄豆与酒敬客；有的则用太平面敬点心。第二个庆典：满月。虽为满月，实则仅十来天就办酒席敬客。亲朋好友多馈送公鸡一只，蛋、面若干。而外婆家送小外孙（女）穿的衣物、摇篮与为数不少的线面、鸡和蛋，谓之"送瓶"。女婿对岳家来的客人，要给每人煮一碗鸡腿面当点心，尔后才就午宴。第三个庆典：周岁。一般人家较简，设宴一两桌以招待外婆家与至亲好友。富豪与文人墨客则繁，除大办酒席外，还需用米筛或捧盘，摆上书籍、文房四宝、算盘、账簿、金银首饰等物品，让周岁婴儿选玩以测其成年后的志向。

（3）建房。建房因涉及家族风水、家庭走势等，故禁忌很多，庆典也较繁。根据房屋建设的工期进度，依次有泽基礼、开工礼、上梁礼和乔迁礼。首先，择基。一般人家多自选宅基地，确定和办好契约后，选好"黄道吉日"即可动工兴建。富家则要请地理先生选"宝地"，定朝向。一切准备就绪后再选"黄道吉日"开工。接着，开工。按选好的"黄道吉日"开工时，东家要置"开工酒"，先供当坊"土地"，再宴工匠师傅与帮工亲友。随后，上梁。此乃建屋中的一项重要事件，东家都极为重视。一是正梁要在上梁的前一天从山上择好砍回，专人管护，不得让女人跨过以及无关人员碰触。二是必须在选好的吉辰（多半选在"卯初"时刻）进行。然后，装饰。在正梁中央贴上绘制有"八桂"图形的红纸；正柱横枋上贴"吉星高照"横批；中柱贴"立柱喜逢黄道日，上梁巧遇紫微星"对联。正梁上送时要燃放鞭炮；正位后，木匠师傅即将事先准备好的糍团或包子往下丢，让人哄抢，以示彩发；晚上设上梁酒待客，以表谢意。最后，乔迁。新屋落成，选好"黄道吉日"迁入新居，一般都选在吉日早晨"卯时"，全家大小同时离开旧居，离开时要点香燃烛放鞭炮以"谢居"。前往新居时，小孩要每人提一把燃着的火把，两人抬着用箩筐装着的"饭甑"与一床糕，并提灯笼或"马灯"。进入新居后，一把火把放入灶膛，并为灶神燃烛点香焚纸放鞭炮，以示接火种与安神。其余火把放置大门口，灯笼挂在大门正中，如用马灯者，则放置案桌上。家主即在厅堂案桌上点燃大红烛，点上大红香，然后焚纸鸣炮。至此乔迁仪式全部结束。接着准备午宴款请宾客，也有先迁入数天再宴请宾客。

【思考题】

1. 简述礼仪文化的主要分类。
2. 简述官方制礼中五大内容分别是什么？具体用在什么场合？
3. 演一演：请以小组为单位编排舞台剧，办一场中国式婚宴。

【本章小结】

1. 礼仪作为文化的范畴，对社会生活起着调节作用，能够促进社会和谐。虽然在具体应用中，礼仪、道德、法律有相互冲突的地方，但就整个人类历史而言，三者具有极大的一致性和相互促进性。

2. 礼仪的起源存在八种说法，分别是：祭祀活动说、饮食男女说、维护人伦秩序说、为止欲治乱制礼说、"三本""五礼"说、天神生理说、天经地义说、礼从民俗说等。中国礼仪从"寄托神力，外化天地"到"反省自身，趋于理性"，从祭天祀神到维系宗法统治再到敬人遵己，其演变过程可以分为礼仪萌芽期、礼仪形成期、礼仪发展期、礼仪强化期、礼仪变质期、礼仪改革期、礼仪现代化期七个阶段。中西方礼仪文化存在"群体主义"与"个体主义"的价值差异，"天人合一"与"天人分离"的思想差异等。

3. 礼仪在人类历史发展中，与宗教、政治和人民生活相结合，形成了不同风格和内容的礼仪，包括宗教礼仪、官方制礼、民间民俗礼仪。

【推荐阅读】

1. 尹雯：《礼仪文化概说》，云南大学出版社 2004 年版。
2. 刘青：《中国礼仪文化》，时事出版社 2009 年版。
3. 钟敬文等：《中国民俗史》，人民出版社 1998 年版。
4. 李兴国：《社交礼仪》，高等教育出版社 2006 年版。

第二章　社会工作礼仪概述

【学习（培训）目标】

通过本章学习（培训），你应该：

1. 掌握社会工作礼仪的内涵与特点。

2. 明确社会工作礼仪的规则与意义。

【核心概念】

礼仪　社会工作礼仪

【本章概览】

本章主要的学习（培训）任务是礼仪的起源与发展。教师通过运用案例分析、知识讲授、分组讨论、读书指导等多种教学方法，让学生掌握社会工作礼仪的内涵与特点，掌握社会工作礼仪的规则，明确社会工作礼仪的意义。具体内容包括：社会工作礼仪的内涵与特点、社会工作礼仪的规则与意义。

【导入案例】

小文，男，10岁，一个人居住。妈妈34岁的时候患直肠癌去世，爸爸在外打工。小文有一个姐姐（22岁），有一个哥哥（18岁），都在上大学。他很爱他的家人。即使在家遇到不能解决的困难，小文也不会找别人帮忙，最多打电话给爸爸。自从妈妈去世，小文就很黏爸爸。每一次爸爸打工回来，小文都会一直跟在父亲后面。小文觉得父亲是自己唯一的依靠。只要别人一提妈妈，小文就会哭泣。社会工作者根据长期的陪伴与观察，了解到小文在生理、安全、社交等方面都有所需要。第一，小文一个多月才会吃一顿肉，长期营养不良导致小文的个子比同龄人的矮小许多；第二，小文独自一人在家，且安全意识不强；第三，小文突然失去母爱，父亲和哥哥姐姐也在外面，独自一人在家，缺乏关爱，导致小文不自信；第四，小文很热爱学习，想考好的学校，但是因为缺乏监督辅导，小文的成绩很不理想，在学校表现平平。

社会工作者在与小文接触过程中，首先应接纳并尊重他，不用个人价值观来评判案主的习惯；其次，在会谈过程中，小文向社会工作者倾诉自己的不幸遭遇时，社会工作者需要耐心地倾听并积极地回应；最后，当小文谈到个人隐私时，社会工作者应为他保密。

[秀山"三区人才支持计划"案例汇编：陪伴是最长情的爱（文字有改动）]

讲题一　社会工作礼仪内涵、特点与功能

一、社会工作礼仪的内涵

（一）社会工作的内涵

我国社会工作主要指专业社会工作和行政社会工作。行政社会工作在中国由来已久，而专业社会工作起源于西方，最初以贵族妇女助人活动而开始，后经过专业教育确立专业性，最后经过政府认定推进制度化发展。我国专业社会工作发展也经历了一个漫长的过程，直到20世纪80年代末北京大学首次开办社会工作教育，推动社会工作教育迈向专业化。2010年6月，中共中央、国务院印发了《国家中长期人才发展规划纲要（2010—2020年）》，首次将社会工作专业人才作为全国六大人才之一，进行中长期发展规划，打造一支职业化专业化的人才队伍。在2016年十二届全国人大四次会议上李克强总理作《政府工作报告》时提到"发展专业社会工作和支持专业社会工作、志愿服务和慈善事业的发展"。

社会工作是什么？1957年格林伍德提出，社会工作专业的五项基本特征包括一套完整理论体系，具有专业的权威，有共同信守的伦理守则，得到社会或社区的认可，具有专业文化。从社会服务的角度来讲，广义的社会工作主要包括卫生服务、教育服务、住房服务、福利服务、就业服务等。狭义的社会工作主要指个人社会服务，针对那些由于年龄、贫困、健康状况和残疾等原因，在自我照料和他人照料等方面有困难，需要公共援助的，为改善这些人的生存状况、方便他们的日常生活、提高他们的生活质量所提供的社会支持服务和项目。

社会工作具有专业的价值观，尊重服务对象，尊重个体的独特性，相信人能改变。其核心价值观是"助人自助"，坚持"授人以鱼不如授人以渔"。社会工作有三大专业方法：个案工作、小组工作和社区工作。

综上所述，社会工作遵循专业伦理规范，坚持"助人自助"的宗旨，在社会服务、社会管理领域，综合运用专业知识、技能和方法，帮助有需要的个人、家庭、群体、组织和社区。通过整合社会资源，协调社会关系，预防和解决社会问题，恢复和发展社会功能，促进社会和谐的职业活动。

（二）"礼"与"仪"

"礼"产生于"仪"，"仪"指的是仪式。原始社会的人们敬天畏神，创造出祭祀的仪式来与神灵沟通，献上"礼"来表达对神灵的尊敬。所以，礼的本意为敬神，后引申为表示敬意。礼的含义比较丰富，既包括在社会生活中由于道德观念和风俗习惯而形成的礼节，也包括符合社会整体利益的行为准则，同时也有表示尊敬的态度和动作，表示庆贺、友好或敬意所赠

之物等。礼的本质是"诚",有敬重、友好、谦恭、关心、体贴之意。"礼"是人际乃至国际交往中,相互表示尊重、亲善和友好的行为。仪的含义有很多种,从最初的"仪式"衍生到仪容或按照程序进行的礼节等。所以,礼仪就是在人际交往中,以一定的约定俗成的程序方式来表现的律己敬人的过程。

(三)礼貌、礼节与礼仪

礼貌、礼节和礼仪是日常生活中表示对人尊敬的行为,三者相互联系但又互有区别。礼貌主要指在日常交往中为了表示尊敬和友好的行为,是一个人在待人接物时的外在表现,体现了个人的文化修养。不同的民族、地区表达礼貌的方式不同,但在尊重对方、与人为善、谦虚诚恳、友好相处这一点上却是一致的。如果一个人衣冠不整、出言不逊、冷漠自负、动作粗俗,对他人不尊重,那么他肯定是没有礼貌的。礼貌应该是个人内在品质与道德的外化真实体现,尊敬别人必须要发自内心,表里不一、虚伪恭维不是礼貌。礼节是指人们在日常生活中,特别是在交际场合中,相互表示问候、致意、祝愿、慰问以及给予必要的协助与照料的惯用形式。礼节是一种表示对人尊敬与友好的外在行为规范,是礼貌在语言、行为、仪容、仪态等方面的具体体现。例如初次见面为了表示欢迎,要"握手",学生见到老师要喊"老师好",获得帮助要"感谢",欣赏对方要"鼓掌",离别要"再见",进屋要"敲门"等都属于礼节的范畴。借助这些礼节,对他人的尊重与友好得到了表达。所以,礼节是礼貌的外在表达形式,也是个人内在品质的具体形式。而礼仪包括"礼"和"仪"两部分。"礼"代表礼貌、礼节,"仪"代表"仪容""仪态""仪式",是对礼节、仪式的统称。礼仪是人们在各种社会的具体交往中,为了相互尊重,在仪表、仪态、仪式、仪容、言谈举止等方面约定俗成的、共同认可的规范和程序[1]。

综上所述,社会工作礼仪就是在开展社会工作过程中,社会工作者由于受到历史传统、风俗习惯、宗教信仰、时代潮流等因素的影响而形成的,既为专业认同,又为人们所遵守,以建立专业关系、增强权能、解决现实问题为目的各种符合礼的精神及要求的行为准则或规范的总和。

二、社会工作礼仪的特点

(一)广泛性

社会工作是一门实用性很强的专业,属于服务行业。社会工作的服务领域越来越广泛,特别是针对各类弱势群体,已经形成了一套具有本土特色的服务内容和服务方法。目前,社工开展的服务领域主要有:家庭社会工作、青少年社会工作、司法社会工作、禁毒社会工作、学校社会工作、老年人社会工作、低保救助社会工作等。在开展专业服务的过程中,从社工

---

1 袁涤非. 现代礼仪[M]. 北京:高等教育出版社,2014.

介入、建立专业关系、搜集资料，到开展专业服务、结束服务等环节，社会工作礼仪贯穿整个社会工作活动的全过程。礼仪对于建立专业关系、开展专业服务至关重要，任何一个环节出现差错，都会影响专业关系的建立与服务目标的达成。

（二）实用性

社会工作礼仪直接服务于社会工作行业，是礼仪在社会工作活动中的具体应用，具有很强的实用性和针对性。社会工作服务的领域广泛，角色多样，其中一个重要的角色就是资源链接者。所以，社会工作者要学会同各行各业的人员打交道。不同的群体各有其特点，沟通模式、礼仪规范也不相同。与不同的单位和对象打交道，礼仪就有很强的针对性。例如，与政府部门、事业单位沟通协调和与私营企业协调具有明显不同。其次，个案工作中的个案探访与会谈、小组工作中的小组会谈、社区工作中的社区服务等都有特定的操作程序和规范，专业的礼仪操作显得格外重要。

（三）共同性

社会工作礼仪的共同性是指它的一些规范要求，是人们在社会工作服务过程中应该共同遵守的。尽管社会工作服务领域广泛，在不同的服务时间、对象和环境下有差异，但是社会工作服务礼仪的核心价值和内涵是一致的，都是秉持助人自助的价值观，与案主建立稳定的专业关系，并开展有效的专业服务活动。尊重和接纳案主的现实境况是社会工作者各领域都坚持的行为准则，也是社会工作的行业规范和社交准则。

（四）灵活性

社会工作礼仪的规范是具体的，但不是死板的教条，它是灵活的、可变的。社会工作者应该在不同的场合下，根据交往对象的不同特点、不同环境、不同种族，灵活地处理各种情况。同时社会工作者要特别注意了解来自不同国家、地区、民族的服务对象在文化背景、风俗习惯上的差异，充分尊重他们的礼俗禁忌，服务好每一位案主。

三、社会工作礼仪的功能

（一）尊重功能

礼仪本身具有"尊敬"的含义，社会工作礼仪的作用也是为了向互动对象表达尊敬和敬意。而对方也要以礼相待，表示相互尊敬。尊敬是礼尚往来的前提，只有相互尊重，社会工作者才能与互动对象建立平等信任的关系。

（二）约束功能

礼仪作为行为规范，对人们的社会行为具有很强的约束作用。礼仪是人们在实践探索过程中，为了更好地交流和交往所形成的约定俗成的行为规范，虽然不具有法律强制性，但生活在这个环境中的个体都必须要遵守，否则就会受到外在群体的压力。一个自觉遵守礼仪规范的人才是一个"成熟的社会人"，而不接受礼仪约束的人，社会就会以舆论或道德的手段来约束他。作为一名社会工作者，社会工作礼仪也是社会工作者的行为约束规范，行业人士都要遵守，不接受礼仪约束，不仅开展工作会遇到障碍，也会被业内人士冷眼相待。

（三）教育功能

社会工作礼仪本身集合了社会工作的价值观和传统文化，蕴涵着丰富的行为规范和文化内涵，体现社会工作接纳与尊重的价值理念。专业的社会工作者通过学习社会工作礼仪，能够更深地体验社会工作在开展服务中所秉持的操作原则，指导社会工作者按照合适的方式去接触案主，了解案主情况，开展专业服务，发掘案主潜能，恢复案主的社会功能。另外，从更广泛的意义上来说，礼仪"敬人"的观念也可以提高社会工作者的个人素质和修养。

（四）沟通功能

礼仪行为是一种信息性很强的行为，每一种礼仪行为都表达一种甚至多种信息。社会工作礼仪也不例外。在开展服务过程中，社工与案主只有尊重礼仪规范，才能尽快建立信任关系，促进案主积极表达个人需要，帮助社工更好地制订服务计划。在与案主交往过程中，礼仪作为一种语言符号可以让社工清楚地表达自己的尊重和善意，例如热情的问候、友善的目光、亲切的微笑、文雅的谈吐、得体的举止等，不仅会降低社工与案主之间的交流门槛，也能够打破案主心中的交流屏障，促进工作顺利开展。在资源链接方面，礼仪可以帮助社会工作者更好地与社会各阶层人员沟通交流，促进共识的达成。

（五）协调功能

在人际交往中，不论是何种关系，礼仪都起着十分重要的"润滑剂"作用。在服务过程中，社会工作礼仪的原则和规范，约束着社工与案主的动机，指导着人们立身处世的行为方式。例如当案主表达自己的内心情感的时候，社工按照礼仪规范应该要保持积极地倾听，如果社会工作者表现得不耐烦甚至厌倦，就不利于社工与案主建立专业关系，违背了社会工作者尊重服务对象的原则。此外，社工如果可以按照礼仪规范约束自己的行为和言语，不仅可以避免某些不必要的矛盾与冲突，还有助于建立和谐的人际关系。

（六）塑造功能

礼仪讲究内在修养、外在气质，重视内在美和外在美的统一。一个尊重礼仪规范的社工，无论在谈吐方面还是外在形象方面都给人以美的感受。社工的形象塑造强调"真、善、美"的统一。一个内心善良、行为友善、外在整洁大方的社工可以给服务对象以温暖的感受，可以快速赢得服务对象的信任。另外，礼仪在行为美学方面指导着社工不断充实和完善自我并潜移默化地熏陶着社工的心灵，社工的言谈文明，举止文雅，符合大众审美，能够体现出社会工作者的精神风貌。

（七）维护功能

社会工作礼仪作为一种行业的行为规范，对专业社会工作者具有很强的约束力。在维护专业关系方面，社会工作者坚持社会工作礼仪规范，无条件地积极接纳案主的一切，并尊重案主的价值观，有利于维护社工与案主之间的专业关系。此外，坚持社会工作礼仪，可以帮助建立同事之间的信任与合作，维护和谐的人际关系。

【思考题】

1. 谈谈社会工作礼仪的内涵。
2. 简述社会工作礼仪的特点。
3. 简述社会工作礼仪的功能。

讲题二　社会工作礼仪的规则与意义

一、社会工作礼仪的规则

社会工作礼仪在实践过程中，也需要原则约束，不能一意孤行。总的来说，社会工作礼仪有九大原则，分别是接纳与尊重的原则、非批判的原则、自决的原则、真诚的原则、适度的原则、从俗的原则、平等的原则、宽容自律的原则、遵守的原则。

（一）接纳与尊重的原则

现代意义上的礼仪核心内涵是"敬"，即尊重。孟子说："尊敬之心，礼也。"敬人之心要常存，处处不可失敬于人，不可伤害他人的尊严，更不能侮辱对方的人格。对于社会工作而言，礼仪外在表现为接纳。首先，社会工作者要接纳服务对象。这是指社会工作者真实地理解与看待案主，包括他的长处与弱点，适宜的和不适宜的品质，正面与负面的感受，建设性的与非建设性的态度与行为，完全保护案主的尊严。所以，接纳意味着尊重和接纳案主整个人，不管他是什么人，做了什么事。同时也意味着社会工作者必须忍受不同的、模糊不清的与不确定的行为、态度、感觉、情绪等，因为接纳案主并不等同于赞同案主。例如面对"同性恋"的案主前来求助，社会工作者首先要接纳他们是"同性恋"的现实，无论从语言到非语言表现都不能带有歧视性的行为。再比如，社会工作者的个人价值观与案主的价值观产生冲突，社会工作者是否要接纳案主价值观，不能先入为主帮助案主下结论。其次，社工要接纳自己，尊重自己。作为一名社会工作者，关注服务对象的同时也要关注自身的需求，接纳自己不完美的地方，客观认识自己所处的环境，明确自己想要什么，不想要什么，对自己有信心，正确认识自己与别人的差异。尤其是在为服务对象服务时，不能将自己的负面情绪带到服务过程中，影响案主的情绪，要学会自我调节。再者，社工要尊重职业。所谓"闻道有先后，术业有专攻"，社会工作作为一门专业助人的职业需要社会工作者的认同。诚然，社会工作在我国发展滞后，尤其是职业化道路发展曲折。社会工作职业普及比较高，但工资待遇相较于其他行业比较低。所以，很多专业社会工作人才流失。另外，社会工作专业的价值观是社会工作专业的灵魂，当一个人进入社会工作专业时，其首要义务就是承诺遵循专业的价值观。当专业价值观同个人价值观发生冲突时，社会工作者应优先考虑遵循社会工作专业价值观。例如，社会工作在介入家暴家庭调解家庭关系时，有可能会因为个人对弱者的同情而采取帮助弱势妻子反抗丈夫从而获得更多权益的行为，这就明显违背社会工作价值中立的原则。最后，社会工作者要尊重自己的工作单位，尊重领导与同事。社会工作机构也有其价值原则，反映在机构的政策声明、行政管理程序及方案内容中。当个人的价值观与机构的价值观相冲突，社会工作者要尊重机构的价值原则。

（二）非批判的原则

在社会工作者与案主互动的过程中，社会工作者的个人价值观必然渗透到工作中，有时一些工作者将自己的价值观强加于案主的身上，从而对案主造成了严重的伤害，并影响工作的效果。非批判原则要求社会工作者在开展专业服务过程中，尊重服务对象的观念和生活方式，保持价值中立，不要对服务对象进行个人批判，不要审视服务对象是否应该得到帮助等，不要将自己的价值观强加于人，不能强迫服务对象做决定。虽然不批判，但社会工作者要对服务对象的行为、价值观、态度等进行分析，做出评价。例如社会工作者在面对传统农村家庭中，女孩子很早辍学务农或外出打工，而男孩子却可以在好的学校就读的现象时，要认识到不平等的性别观念是根源。虽然这种性别歧视的观念会让社会工作者非常反感，但面对这样的案主我们需要摆正心态，学会换位思考，理解农村现实境况和男尊女卑的传统，要做出自己的分析与判断。也就是说，我们不对持有性别观念的个体进行批判，但要对其所持有的价值观做出判断，才能更好地为其服务。在这个过程中，社会工作者在语言、神态等方面要特别注意，避免先入为主，做出有损专业关系的行为。所以，社会工作者要尽早检验自己的价值体系是否与社会工作价值体系相融合。

（三）自决的原则

所谓自决的原则，即"案主自我决定"的原则。其理念是社会工作者要相信案主有能力成长与改变，并能负责地使用自由选择权。让案主自己抉择时，他们会更加投入，更有动机去做改变。社会工作者在为案主服务的过程中要尊重案主的权利，评估案主的自决能力，帮助他们采取建设性行动。从专业的角度讲，除非是法律限制，或者案主的行为可能会侵犯他人的权利，或者案主在生理上缺乏决定能力等，一般来说，社会工作者应给予案主最大的自由选择权。例如两个年轻人因为家庭矛盾闹离婚，男方向社工求助，希望介入调解。社会工作者在介入调解过程中，对女方要讲明他们婚姻的问题，明确婚姻矛盾，给出解决办法，但不能用道德绑架或价值强加等方式强迫女方不离婚。社会工作者要根据情况讲明离婚与不离婚所产生的后果，至于最终的结果，需要女方自己决定。在这样的过程中，社会工作者从语言对话和行为上都要尊重案主自决的权利，避免价值强加造成案主的反感情绪。

（四）真诚的原则

《中庸》记载："诚者，天之道也，诚之者，人之道也。"曾国藩也说过："诚于中，必能形于外。"真诚不仅仅是礼仪的原则，更是做人的行为准则。真诚就是在社会互动的过程中做到诚实守信，言行一致。真诚的眼睛是清澈的，真诚的声音是甜美的，真诚的态度是和缓的，真诚的行为是从容的，真诚的举止是涵养优雅的。社会工作者在助人的过程中，如果缺乏真诚的态度，信息就不能有效地传递，情感就不能完全地交流，思想不能充分地融合，助人就不能有效地进行。例如，在个案会谈过程中，案主向社会工作者倾诉自己的不幸遭遇，社会工作者需要耐心地倾听并积极地回应。这个过程中，言语最能表达自己的真诚态度。如果鼓励案主，不能单纯讲"你很棒"之类虚伪敷衍的话，需要鼓励案主的具体进步，这样更能够体现真诚的态度，案主才更愿意将自己心中所想的意思表露出来。

（五）适度的原则

《论语·庸也》记载："中庸之为德也，其至矣乎。"适度即中庸。适度是一种生活态度，掌握一个平衡，才能处理好各方面的关系。礼仪是一种程序规定，而程序自身就是一种"度"。礼仪使人们接近，礼仪也能使人们疏远，关键就在于适度。适度即为在服务过程中，无论是表示尊敬还是热情，都要与自己的角色相称，要注意把握分寸，认真得体。如果脱离了度，施礼就可能进入误区。例如，社会工作者在接待案主时，为了能够表示对案主问题的关注，交流时间过长，不给案主留一点私人空间，会导致案主身心疲惫。另外，还有社会工作者为了展示对案主的尊重，过于讲究和造作，反而显得不诚恳，容易让案主产生防备心理。所以，适度的原则是要求社会工作者在使用礼仪时一定要具体情况具体分析，因人、因事、因时、因地恰当处理。应用礼仪时特别要注意做到把握分寸，认真得体，不卑不亢，热情大方，有理、有利、有节，避免过犹不及。

（六）从俗的原则

所谓从俗就是指社会工作者在为服务对象开展服务时，一定要懂得尊重不同地区、不同民族的风俗习惯，了解并尊重各自的禁忌，坚持入乡随俗，与绝大多数人的习惯做法保持一致，切勿目中无人，自以为是，不然会在交际中引起障碍和麻烦。《礼记》中说："入境而问禁，入国而问俗，入门而问讳"，俗话说"十里不同风、百里不同俗"，说明尊重各地不同风俗与禁忌的重要性。我国是一个多民族国家，各民族都有自己的民族文化和民族禁忌，如果贸然违反这些风俗禁忌，会对建立专业关系造成困难。例如，社会工作本土化的过程本身就是一种从俗原则表现。在西方，社会工作要求社会工作者在与服务对象互动过程中，要保持价值中立，不能建立亲密的感情。而中国社会的"关系"文化决定了本土社会工作要解决问题，就需要先建立稳定的"感情基础"，继而信任感会帮助社工与案主持续互动，解决问题。就算结案后，社会工作者依然与案主有稳定的感情交流。另外，我国社会工作发展是政府强势建构下的职业化发展，本土社会工作发展要有中国特色，需要坚持"党委领导，政府负责，社会协同，公众参与"的原则。

（七）平等的原则

"平等"一词出自佛教。现如今，平等作为一种社会伦理，即每个人都有与生俱来的尊严和价值。礼仪是在平等的基础上形成的，平等是礼仪的核心。从实践的角度来讲，平等即社会工作者要公平地对待所有对象，不能因为价值的偏见而对服务对象厚此薄彼，区别对待。

例如，一笔慈善捐款到了社工的手中，社会工作者可以选择捐给老人或者儿童，但是社会工作者对儿童有偏见，将善款捐献给老人。这对儿童来讲就是一种不公平。此外，从价值的角度来讲，社会工作者在为案主服务过程中，会因为自身专业知识的权威而做出帮助案主做决定的行为，从而造成案主与社会工作者之间的不平等。

（八）宽容自律的原则

自律就是自我约束，按照礼仪规范严格要求自己，知道自己该做什么，不该做什么。这是礼仪的基础和出发点。学习、应用礼仪，最重要的就是要自我要求，自我约束，自我对照，自我反省，自我检查。社会工作者在开展服务过程中，秉持助人自助的价值观，坚持社会工作服务操作守则。此外，社会工作者还要有豁达的心胸，相信每个人都应当有权利和机会发展自己的个性，社会工作者不会用统一的方法回应他们独特的需要，能够体谅案主，理解案主，能够对案主的遭遇和心境做到感同身受。切忌将自我的价值观强加给案主，凡是有违自我价值观的情况就拿着道德武器横加指责，侮辱服务对象。例如，社会工作者在小组过程中发现某小组成员沉默不语，非常影响此时此刻小组的氛围，社会工作者不思换位思考进行干预引导，反而集合小组力量对其施加压力，变相"惩罚"小组成员。这样的行为，既不能反映社会工作礼仪宽容待人的原则，也违背了自律的精神，不利于带领小组成员达成目标。

（九）遵守的原则

礼仪既是一种思想文化的外在表现，也是一套约定俗成的行为规范的集合。礼仪既然是一种共同的"约定"，就需要所有人去遵守。例如，在互动交流中，每一位成员都要自觉遵守交往的规则，用礼仪去规范自己在互动中的言行举止。遵守的原则就是对行为主体提出的基本要求，更是人格素质的基本体现。只有遵守礼仪规范，才能赢得他人的尊重，确保互动达到预期的目标。中国人讲究"一诺千金"，"说出去的话，泼出去的水""言必行，行必果"等都蕴含遵守的文化。例如，社会工作者与案主约定下次的见面时间和地点，社会工作者就该按时履约，遵守时间，信守诺言。无论什么理由，不遵守约定都是不礼貌的，对于社工而言，会影响自己在案主心目中的地位，失去案主的信任，影响工作的顺利开展。

二、学习社会工作礼仪的意义

（一）社会工作者形象的体现

社会工作在我国是一个新兴的行业，很多基层民众对其并不十分了解，更不会花费长时间查阅资料来了解社会工作，而是通过直接接触来判断社会工作的精神与内涵，有些地方甚至将其与志愿者、义工混为一谈。在这样的背景下，社会工作者在从事社会服务的过程中，就需要先得到普通民众的认可，那么社会工作者形象就极其重要了，而直接体现社会工作者形象的就是社会工作礼仪。万事开头难，一个好的第一印象能够让服务对象更好地接受服务。

社会工作者具有良好的礼仪修养本身就会产生积极的宣传效果，能够为社会工作职业树立良好的形象，赢得荣誉。此外，中央组织部等 19 个部门于 2012 年联合发布的《社会工作专业人才队伍建设中长期规划（2011—2020 年）》称，到 2020 年，社会工作专业人才总量要达到 145 万人。如此迅速的发展和队伍的壮大，需要社会工作礼仪来规范社工行为，树立社会工作者的形象。

（二）开展服务的关键

良好的开头就是成功的一半。服务对象不仅希望得到社会工作者的帮助摆脱困境，也希望获得社会工作者的尊重。社会工作礼仪是体现尊重的第一步。社会工作者开展专业服务的过程中，首先要让服务对象接受自己，信任自己，然后才能开展专业服务。研究表明，影响服务对象接受社会工作者的主要因素是服务意识和服务态度。无条件地接纳和尊重，积极的同感，非批判的服务态度，案主自决的价值理念能够帮助社会工作者与案主迅速建立专业关系。

（三）解决纠纷的润滑剂

社会工作者服务领域广泛，群体复杂。不同领域的人群拥有的个人信仰、生活习惯、处事方式、思想境界都存在很大的差异。在服务的过程中，社会工作者与案主之间的矛盾时有发生。要处理好矛盾，就需要社会工作者有较高的礼仪修养水平，站在服务对象的立场上思考，从而"礼让"对方。决不允许社会工作者与服务对象之间出现言语上的争吵或行为上的打斗现象。冲动的行为不仅违背社会工作礼仪的原则，而且会激化矛盾，导致事态进一步恶化。

（四）人际和谐的基础

社会工作者与服务对象接触时，良好的礼仪修养可以帮助社工赢得更好的声誉，同时与服务对象建立和谐的专业关系。此外，社会工作的角色多样，在机构里面，可以与其他社会工作者相互支持，相互体谅，遇事换位思考，多从对方的角度思考，在沟通方面注意礼仪和分寸，多一分理解，少一分对抗。这样可以形成相互尊重，团结协作的工作氛围，减少工作内耗，提高工作效率。社会工作者作为资源链接者为服务对象链接资源的过程中，真诚的沟通能够帮助社会工作者说服社会爱心人士积极伸出援助之手，帮助服务对象。

（五）个人发展根基

礼仪修养反映出一个人的学识、修养、品格、风度，是一个人人格的外在体现。人格是人类社会地位和作用的统一，是一个人做人的价值和品格的总和，因而礼仪修养是个体人生发展的重要内容，不仅能够促进个体的发展，而且能够提升个体的人生价值。社会工作者学习社会工作礼仪，不仅能提高自己的礼仪修养，更能帮助社会工作者将助人自助的专业价值观内化于心，提供更加专业的服务，促进个人事业的发展。

社会工作礼仪也是社会工作发展的通行证。我们要发展本土社会工作，促进社会工作专业化、职业化，就必须要有良好的礼仪修养，做一个有爱心、有礼貌、有文化的社会工作者。

【思考题】

1. 谈谈社会工作礼仪的规则。

2. 简述学习社会工作礼仪的意义。

3. 结合案例，谈谈礼仪对于社会工作的重要性。

【本章小结】

1. 社会工作礼仪就是在开展社会工作过程中，社会工作者在为服务对象服务过程中受到历史传统、风俗习惯、宗教信仰、时代潮流等因素的影响而形成的，既为专业认同，又为人们所遵守，以建立专业关系、增强权能、解决现实问题为目的各种符合礼的精神及要求的行为准则或规范的总和。其特性包括广泛性、实用性、共同性、灵活性。功能有尊重的功能、约束的功能、教育功能、沟通功能、协调功能、塑造功能、维护功能。

2. 社会工作礼仪在实践过程中坚持接纳与尊重的原则、非批判的原则、自决的原则、真诚的原则、适度的原则、从俗的原则、平等的原则、宽容自律的原则、遵守的原则等九大原则。社会工作礼仪是社会工作者形象的体现、开展服务的关键、解决纠纷的润滑剂、人际和谐的基础、个人发展的根基。

【推荐阅读】

1. 金正昆：《社交礼仪》，北京大学出版社 2005 年版。

2. 李荣建：《社交礼仪》，清华大学出版社 2013 年版。

3. 姚虹华，郝建萍：《服务礼仪》，科学出版社 2013 年版。

4. 袁涤非：《现代礼仪》，高等教育出版社 2014 年版。

5. [美]多戈夫等著，隋玉杰译：《社会工作伦理：实务工作指南（第七版）》，中国人民大学出版社 2005 年版。

6. 高鉴国：《社会工作价值与伦理》，山东人民出版社 2012 年版。

第三章　社会工作礼仪理论

【学习（培训）目标】

通过本章学习（培训），你应该：

1. 掌握沟通的内涵。
2. 了解沟通的障碍。
3. 掌握沟通的四种模式与类型。
4. 掌握人际交往的理论与人际沟通理论。
5. 了解如何改善人际关系。

【核心概念】

沟通　人际关系　人际沟通

【本章概览】

本章主要学习的内容是沟通、人际关系与人际沟通。教师运用案例分析、知识讲授、分组讨论、读书指导等多种教学方法，对社会工作礼仪的理论基础做梳理，让学生了解并掌握沟通的内涵、沟通的过程、沟通的目的和作用、沟通特点和功能、沟通的模式、沟通的类型、沟通的原则与方法、沟通的障碍与因素，并对人际关系与人际沟通做深入的剖析，学会改善人际关系。主要内容包括：沟通的理论、人际关系与人际沟通理论。

【导入案例】

我前些日子出差，看到客户的公司门口有一家宠物店，宠物店中有一条小狗，经过一番讨价还价，我把小狗买了下来带回家去。晚上给二姐打电话，告诉她我买了一条博美，她非常高兴，马上询问狗是什么颜色，多大了，可爱吗？晚上，大姐打电话来询问我最近的情况，小狗在我接电话的时候叫起来，大姐在电话里一听到有狗在叫，就问是否很脏，咬人吗？有没有打预防针。同样是对于一条狗的理解，不同的人反映差别很大。二姐从小就喜欢狗，所以一听到狗，在她的脑海中肯定会描绘出一幅一条可爱的小狗的影像。而大姐的反应却是关心狗是否会给我们带来什么麻烦，在脑海中也会浮现出一幅"肮脏凶恶的狗"的影像。

看来，同样的一件事物，不同的人对它的概念与理解的区别是非常大的。我们日常的谈话与沟通也是同样的。当你说出一句话来，你自己认为可能已经表达清楚了你的意思，但是不同的听众会有不同的反应，对其的理解可能是千差万别的，甚至可以理解为相反的意思。这将大大影响我们沟通的效率与效果。同样的事物，不同的人就有不同的理解。在我们进行沟通的时候，需要细心地去体会对方的感受，做到真正用"心"去沟通。

（摘选自百度文库《精选沟通案例分析》）

讲题一　沟通理论

社会工作者（以下简称"社工"）工作的核心任务的达成在于沟通，而人与人的沟通主要通过语言（或语言文字形式）来进行，包括情感、思想、态度、观点信息的交流，在这个过程中，心理因素对沟通的效果有着重要意义，并且还会出现特殊的沟通障碍。

一、沟通（Communication）的内涵

沟通，本义是指挖掘沟渠使其相通。《左传·哀公九年》中记载："秋，吴城邗，沟通江淮。"后来引申为两方信息或思想的传递和交换的过程。沟通是双方的行为，而且要有中介体。从传播学的角度来讲，沟通是传播学的核心概念，有传达、传染、通信、交换、交流、交通、交往、交际的意思。此外，不同的学科对沟通的内涵也有不同的理解。"共享说"强调传者与受者对信息的分享。"交流说"就是用语言交流思想，强调双向的活动。"影响说"强调传者对受者的影响。"符号说"强调沟通是符号的流动。美国学者贝雷尔森认为："所谓沟通，即通过大众传播和人际沟通的主要媒介所进行的符号的传送。"现代意义的沟通是指人们为了达到某个交际目的，将某一信息（或意思）传递给客体或对象，以期取得客体作出相应反应效果的过程，即信息交流。

二、沟通的过程

沟通就是信息传递者将信息通过特定的传播渠道传递给接受者的过程。这个过程中包括八个要素。（见图 3.1.1）

（1）信源，信息的发出者或来源，主体可以是人，也可以是群体。信源是沟通活动得以进行的基础。

（2）编码，指主体采取某种形式来传递信息的内容，即通过特定的编码规则编制为信号，是信息传递的关键环节。

（3）信道，是信息传递的媒介，即沟通的渠道。

（4）信宿，信息的接收者。

（5）译码，指客体对接收到的信息所作出的解释、理解。即信息的接受者将接收到的信息按照规则还原为自己的语言信息，进而理解信息。

（6）反馈，即信息的接受者接收到信息后，将自己对信息的反应编码传递给信息发送者，反馈体现出沟通效果。

（7）噪音，在信息传递过程中，干扰信息传递的各种形式。

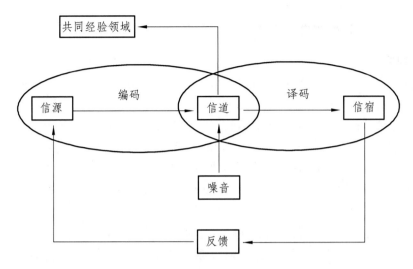

图 3.1.1　施拉姆沟通模式

三、沟通的目的和作用

（一）沟通的目的

（1）传递情感。社工在为案主开展服务过程中，往往需要表达自己的情感。例如倾听、同感、自我披露等，都需要借助沟通来让案主与社工达成共鸣，完成情感传递。

（2）实现目标。沟通是人与人之间为了传递信息而开展的活动，良好的沟通有助于促进服务目标实现，即按照有利于目标实现的方向开展沟通行动。不同类型的工作对象，其沟通着重点有所不同。例如，与家庭暴力的案主沟通和与留守老人案主沟通的核心内容就不一样。所以，社会工作者要根据实际情况，选择沟通重点，才能达成服务目标。另外，在沟通的过程中，社会工作者需要了解要传递什么信息，是对服务对象悲惨遭遇的同情还是与服务对象共情。信息向谁传递，什么时候传递以及传递信息的有效方法，社会工作者都要适当把握。

（二）沟通的作用

首先，社会工作者借助沟通手段可以快速熟悉工作情况，快速介入为案主服务。其次，决策过程就是把资讯信息转变为行动的过程，准确、可靠、迅速地收集、处理、传递和使用资讯信息是决策的基础，沟通能够促进有效决策。良好的沟通可以使服务的决策更加合理、有效。最后，有效的沟通可以提高社会工作的工作效率，避免社会工作者对问题模糊不清，长期处于猜测阶段。

四、沟通的特点和功能

（一）沟通的特点

（1）互动性。首先，沟通是双方面的事情，沟通者既是"发话人"，又是"听话人"，如果任何一方积极主动，而另一方消极应对，那么沟通也是不会成功的。其次，在沟通过程中双方不断更换传播的角色，只要对话不中断，就能保持双向的交流，从而产生相互的影响作用。最后，沟通的效果取决于对方的回应，沟通的品质、沟通的态度取决于你对对方的回应。

（2）动态性。沟通的过程是在不断变化的，沟通的内容、沟通的方式在沟通过程中都在随着沟通主体思想的发散与情绪的波动而变化。所以，沟通是一个动态的过程。

（3）不可逆性。中国人有一句俗语："说出去的话，泼出去的水"，意思是说出的话是收不回来的。社会工作者从事的职业主要通过沟通来达成服务目标，如果沟通过程不假思索，随意对待服务对象，不仅有违专业价值，而且会影响服务对象的情绪，进而影响专业关系，严重的可能还会负法律责任。

（4）社会性。沟通就是运用语言、非语言符号等系统来沟通彼此思想、调节各自行为，参与社会活动。所以，沟通具有社会性。

（二）沟通的功能

第一，沟通可以获取情报。收集、储存、整理和交流必要的信息，能便于我们了解环境并作出反应和决定。第二，沟通可以促进社会化。社会化是个体在特定的社会文化环境中，学习和掌握知识、技能、语言、规范、价值观等社会行为方式和人格特征，适应社会并积极作用于社会、创造新文化的过程。它是人和社会相互作用的结果。沟通可以提供知识，增强社会联系和意识。沟通还可以促进人们参加公共活动，继续社会化。第三，沟通可以形成动力。沟通可以为人们明确努力的方向，找到解决问题的办法，提升前进的动力，鼓励并促进人们实现目标。第四，沟通可以促进意见统一。沟通是双方活动的过程，是思想和情感互动的过程。遇到矛盾和冲突时，我们通过辩论、讨论，逐步统一意见，达成共识。第五，沟通可以实现教育。沟通的过程也是一个学习的过程，通过沟通取长补短，促进智力发展，培养健全人格，获得发展的技能和能力。第六，沟通可以表达情绪。个人的情绪需要宣泄，宣泄最好的方式就是倾诉表达出来，沟通就是表达情绪的最好方式，同时也是别人了解自己的方法。

五、沟通的模式

（一）拉斯韦尔沟通模式（图 3.1.2）

美国政治学家拉斯韦尔在其 1948 年发表的《传播在社会中的结构与功能》一文中，最早以建立模式的方法对人类社会的传播活动进行了分析，这便是著名的"5W"模式。"5W"模式是：谁（Who）→说什么（Says What）→通过什么渠道（In Which Channel）→对谁（To Whom）→

取得什么效果（With What Effects）。拉斯韦尔的"五 W"模式将传播过程看成是一种单向传送信息并且呈直线形态的过程，忽略了反馈机制的存在，也忽略了各要素之间的相互作用。例如微课的制作，传播者是脚本的撰写者，也就是专业任课老师，信息就是网络媒体所呈现的教学信息，媒介是网络平台、声音、图像、文字、动画等，受众是学生，效果是学生看完后对课程的基本态度，即对知识的理解程度和由微课所引发的求知欲等。

图 3.1.2　拉斯韦尔传播模式

（二）申农-韦弗沟通模式（图 3.1.3）

数学家申农及助手韦弗 1949 年提出了申农-韦弗沟通模式，他们提出了传播过程的七要素，即信源、编码、信道、译码、信宿、干扰、反馈。在传播与沟通过程中，讯息在发射器的作用下转变为信号，再通过传播渠道传送出去，接收器接收到信号并将其还原为讯息，进而在信宿转化成含义，如果含义一致，则传播成功。该模式提出了噪音的概念，指出噪音对信息沟通的影响。但单向传递没有办法弥补由于噪音所产生的干扰和障碍对传播的影响，缺乏反馈，例如，广播、电视的传播。信源指广播电视要传递的信息。发射器是卫星广播系统等编码器将这些信息转换为信号。接收器接受信号，信宿指接受远程教育的学生，干扰指在整个传播的过程中所产生的信息的遗失、噪音等。反馈指收听者对收到的信息内容进行反馈。

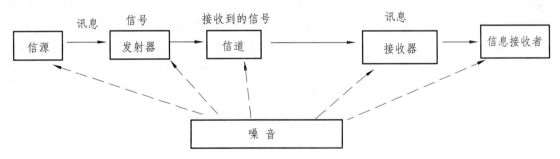

图 3.1.3　申农-韦弗沟通模式

（三）奥斯古德-施拉姆的循环模式（图 3.1.4）

奥斯古德-施拉姆的循环模式包括编码者、解释者、译码者、讯息等四个要素。其中信源、信宿统称为释码者。奥斯古德-施拉姆环形模式注重沟通过程，而非沟通的效果，强调传受双方的相互影响、相互作用，传受双方要有共同的经验或者说背景要相似。奥斯古德－施拉姆的循环模式突破了线性传播模式，强调信息的反馈与共享。例如，小组合作学习。小组成员充当传播者，对信息进行编码，向其他成员传播，其他成员充当译码者，接受信息，并对信息进行建构，在自己原有的知识范围内对信息进行反馈，结合自己的知识背景，再次传播新的信息给其他成员，如此循环下去。该模式将传播双方放在完全平等的关系中，与社会传播的现实情况不符合。其面对面传播的特点，也不适合大众传播的过程。

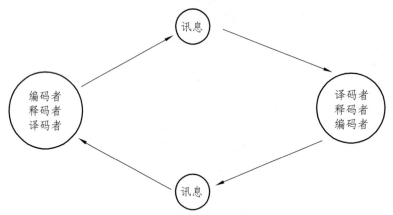

图 3.1.4　奥斯古德-施拉姆循环模式

（四）贝罗传播模式（图 3.1.5）

贝罗传播模式也就是 S-M-C-R 模式，该模式分为四个基本要素，即信息源、信息、通道和接受者。信息源也就是信息的发出者，受传播技术、态度、知识、社会系统、文化的影响。信息是在传播中要传递的信息，影响信息的因素有符号、内容、处理、通道等。而通道是信息传播的渠道、方式，包括视、听、触、嗅、味。接受者即信宿。信息源与信宿，虽然在传播过程的两端，但是在传播过程中，信息源——传播者可以变为信宿，信宿也可以变为传播者——信息源。所以影响受传者的因素与传播者的相同，也是传播技术、态度、知识、社会系统与文化诸项。例如，大学生插花公选课，信源指插花知识，受教师教学方法、教师对插花的喜好程度、相关知识水平、高校教师身份的影响。信息包括插花作品，通过多媒体、实物展示，包括图片、实物、语言、文字、音乐等形式。通道包括视、听、触、味等方式，使信宿大学生能够理解教师的授课内容，喜欢插花并对插花艺术有一定了解。

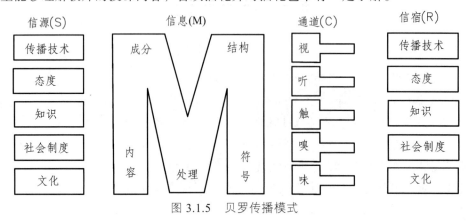

图 3.1.5　贝罗传播模式

六、沟通的类型（图 3.1.6）

（一）直接沟通和间接沟通

根据沟通是否需要第三者传递，可划分直接沟通和间接沟通。直接沟通指运用人类自身固有的手段，无需沟通媒介的人际交流。在人类社会之初，直接沟通占据人类沟通的全部，直接沟通方便人与人之间情感的交流，不但能够听到语意，还能感知多方面体现出来的情感，如社会工作者与案主的谈心活动，社会调研活动等。间接沟通指具有媒介的人际交流活动。如语言文字、信件、电话、邮件等。其优点是便捷快速，但缺乏对现实的感知度，不能直观感受信息传递者的情感。

（二）语言沟通和非语言沟通

根据信息载体的异同，沟通可分为语言沟通、非语言沟通。语言沟通指以语言为媒介，包括口头沟通和书面沟通两种形式。口头沟通具有快速传播、及时反馈的优点，但也有信息失真的风险。书面沟通具有正式规范、易于长期保存、大规模传播的优点。缺点是沟通耗时长，无法及时反馈对信息的理解，而且对沟通内容的理解受文化修养的影响较大。

非语言沟通是以非语言形式为媒介，通过身体动作、体态、语气语调、空间距离等方式交流信息、进行沟通的过程。非语言具有无意识性、情境性、个性化等特点。无意识性即非语言沟通包含身体对外界刺激的无意识反应，例如讨厌一个人就会无意识地疏远他，与他保持距离。情境性指非语言沟通符号所要表达的意思与此时此刻的情景有关，同样是"拍手"，可以理解为对同伴的鼓掌，也可以认为是对对手的讽刺。个性化指个人的非语言符号的释放与个人的性格有很大的关系，不同的人对于符号表达有不同的度，每个人都有自己独立的个性，一般人们会通过肢体语言来解读他的个性。

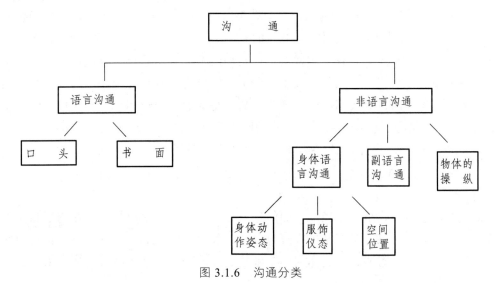

图 3.1.6 沟通分类

（三）正式沟通和非正式沟通

1. 正式沟通

正式沟通是指在组织系统内，依据组织明文规定的原则进行的信息传递与交流，如公函来往、文件传达、召开会议等。其优点是效果好、严肃、约束力强、易保密，使信息保持权威性，适合重要消息和文件的传达，组织的决策等。缺点是层层传递、刻板、速度慢、信息可能扭曲。

（1）沟通流向。

沟通按流向来分包括垂直沟通和横向沟通。垂直（纵向）沟通（Vertical communication flow）包括上行沟通与下行沟通两种。上行沟通指下级向上级所提出的正式书面或口头报告，应当鼓励，如意见箱、建议制度、开征求意见座谈会或民意调查等。下级可以越级报告，但沟通效果不一定好。下行沟通指以命令方式向下级传达组织决定的政策、计划、规定等，层次多易出现信息歪曲、遗失、迟缓。横向沟通（Horizontal communication flow）主要指同层次不同服务部门之间的沟通，其沟通效果有限。例如，采用委员会和举行会议方式，往往所费时间和人力甚多，需要依赖非正式沟通以辅助正式沟通的不足。

（2）正式沟通的形态。

正式沟通有五种形态，分别是链式沟通、环式沟通、Y式沟通、轮式沟通、全通道式沟通。链式沟通是一个平行网络，其中居于两端的人只能与内侧的一个成员联系，居中的人则可分别与两人沟通信息。信息经层层传递、筛选，容易失真，传递者所接收的信息差异很大。其优势是对系统庞大的组织，链式沟通网络是有效方法。环式沟通可以看成是链式形态的一个环状、封闭式控制结构，每个人都可同时与两侧的人沟通信息。环式沟通是创造高昂士气、实现组织目标的有效措施。Y式沟通是一个纵向沟通网络，其中只有一个成员位于沟通的中心，成为沟通的媒介，如图3.1.7中"Y式"的C。其优点是集中化程度高，解决问题速度快。缺陷是易使信息曲解或失真。轮式沟通属于控制型网络，其中只有一个成员是各种信息的汇集点与传递中心。在组织中，大体相当于一个主管领导直接管理几个部门的权威控制系统。其优点是集中化程度高，解决问题的速度快。缺点是沟通的渠道很少，组织成员的满意程度低，士气低落。全通道式沟通是一个开放式的网络系统，其中每个成员之间都有一定的联系，彼此了解。其优势是成员之间合作气氛浓厚。缺陷是沟通渠道太多，易造成混乱，且又费时，影响工作效率。（见图3.1.7）

2. 非正式沟通

非正式沟通是指正式组织途径以外的信息流通程序，一般由组织成员在感情和动机上的需要而形成，是沟通对象、时间及内容等各方面，都未经计划的信息交流。非正式沟通可以满足成员感情和动机的需要，其起作用的基础是良好的人际关系。特点是沟通未经计划，沟通途径是通过组织内的各种社会关系。其优点是沟通形式不拘，速度快，能及时了解"内幕"。缺点是非正式沟通难以控制，传递的信息不确切，容易失真、被曲解，容易被小团体利用，影响团队关系。另外，非正式沟通弹性较大，可以是横向或斜角流向（Diagonal flow），比较迅速，容易受到接收者的重视。

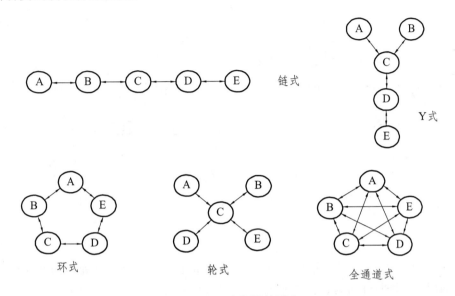

图 3.1.7 正式沟通的形态

（1）非正式沟通的形态（见图 3.1.8）。

非正式沟通包含四种基本形式：集群连锁、密语连锁、随机连锁、单线连锁。在集群连锁（cluster chain）中，A 和 F 两人就是中心人物，代表两个集群的"转播站"。密语连锁（gossip chain）是由一人告知所有其他人，如独家新闻。随机连锁（probability chain）即碰到什么人就转告什么人，并无一定中心人物或选择性。单线连锁就是由一人转告另一人，他也只再转告一个人，这种情况最为少见。

（2）非正式沟通的影响及对策。

非正式沟通不容易控制，对工作易造成不良影响。第一，信息无从查证，过分依赖有危险；第二，敏感问题易产生"谣言"（rumors）；第三，传递方式不可靠，口头方式无证据也不负责任；第四，信息传递难以控制，信息容易失真；第五，非正式沟通容易导致小集团、小圈子，影响组织稳定。

消除非正式沟通的不良影响，需要整合非正式沟通信息，促进有效沟通；发现"转播站"的角色，借助角色传递信息，但要防范风险；正本清源，公开信息，让谣言消失；合理安排工作任务，避免员工过分闲散或单调枯燥；积极与员工交流，培养员工对管理者的信任和好感。

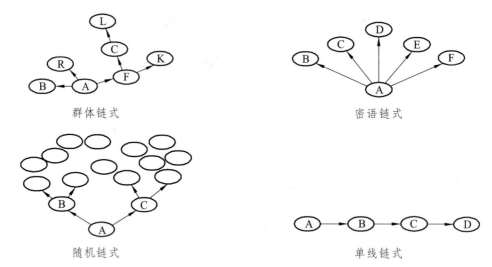

群体链式　　　　　　　　　　　　　密语链式

随机链式　　　　　　　　　　　　　单线链式

图 3.1.8　非正式沟通的形态

七、沟通的原则与方法

（一）沟通的原则

沟通不是随意进行的，沟通应该在一定原则指导下进行，这样才能使沟通真正有效。一般来说，沟通要遵循以下原则。

1. 准确性原则

首先，信息的传递者要正确表达自己的真实意思，应该表里如一，不传递不真实的信息，不传递缺乏足够证据的信息。其次，传递方式要有效，对于重要信息要选择合适的方式传递。需要当面传递就不能用间接传递的方式。

2. 完整性原则

信息传递的完整性是保证有效沟通的核心要素。沟通是信息发出者将信息编码通过媒介传递给接受者，受众通过解码理解信息。在这个过程中，信息的传递容易受到外界的干扰导致信息的失真。所以，信息的完整性需要保证沟通的传递过程和结果完整。

3. 及时性原则

信息的传递是有时效性的，超过时间就会导致信息失去其原有价值。所以，信息的发出者在传递信息时要选择有效快捷的传递方法，保证信息的时效性。

4. 择机性原则

所谓择机性原则就是沟通要选择合适的时机。沟通必须注意时机，什么时候该沟通，什么时候不该沟通，什么时候要传递什么信息，什么时候要谨言慎行，要考虑清楚。

5. 针对性原则

沟通的有效性需要坚持针对性原则，即针对不同的对象要采取不同的沟通方式。如社会工作者对儿童和对成年人传递信息就要采取不同的沟通方式，对儿童要耐心解释，曲线沟通，而对待成年人则可以直截了当，开门见山。

（二）沟通的方法

沟通的方法有很多种，除了正式沟通和非正式沟通等具体形态外，还包括发布指示、会议制度和个别交谈等。沟通的方法要随机而定，因人而异。

1. 发布指示

发布指示主要指上级主管领导对下级员工发布命令。指示分为一般的或具体的，一般指示指管理者由于对周围环境的不确定性而采取的形式，具体指示指主管人员对问题有清晰准确的判断而采取的形式。此外，发布指示的形式还包括书面或口头的。采取书面还是口头的形式与上级与下级的持久信任关系以及信息的正式性和权威性有关。正式的方式和非正式的方式也是发布指示的形式，领导会根据实际情况启发或者命令下级。

2. 会议制度

开会可以为人们提供交流的场所，提供促进人们思想、情感交流的机会。会议可以增进彼此的交流，集思广益，产生共同的价值和行为准则指导行动，还可以明确共同的目标，密切成员的关系。同时，会议对每位成员具有约束力，还能彼此发现问题，加以改正。但会议要讲求民主，切勿搞形式主义。

3. 个别交谈

个别交谈在社会工作中非常普遍，个案会谈就是典型的代表。个别交谈可以充分表达自己的感情，让对方产生信任感、亲切感，从而表露自己的真实思想。这样，社会工作者可以清楚地了解案主情况，在认识、见解方面容易与案主达成一致，有助于建立专业关系，实施服务计划。

总之，沟通的方式多种多样，在现今网络盛行的年代，网络空间虚拟沟通等在不断发展，沟通的形式也在不断变化。社会工作者应根据专业需要，合理选择适当的沟通方法。

八、沟通的障碍与因素

（一）沟通的障碍

在沟通中，信息的传递需要经过层层环节，只要其中某个环节出现问题就会导致信息错误。导致沟通障碍的因素有很多，主要包括主观障碍、客观障碍和沟通方式障碍。

1. 主观障碍

沟通的主观障碍受心理因素（性格、气质、情绪）、经验水平和知识结构、记忆、思维能力、个人价值观等的影响。

《文心雕龙·养气》中记载："夫耳目鼻口，生之役也；心虑言辞，神之用也。率至委和，则理融而情畅；钻砺过分，则神疲而气衰。此性情之数也。"意思是说耳目鼻口都是天生的器官；思想活动和语言的运用，都是精神活动的作用。个人的行为受心理的支配，信息传递者如果心理失调，就会影响他的行为，从而发生沟通障碍。社会工作者在与案主会谈时，如果不能做到价值中立，其本身的对案主不赞同的心理会在谈话过程中通过语气、神态等表露出来，就会影响其想要传达帮助的意思，从而影响介入效果。信息传送者态度的好坏，直接影响沟通的效果。这种障碍主要表现在当面沟通中。社会工作者在与案主交流过程中，要保持情绪的稳定和开放，如果态度恶劣，激起案主的反感，就很难沟通了。

经验水平和知识结构也是导致沟通障碍的另一因素。在社工服务过程中，社会工作者与案主不同的经验水平会导致对同一事物存在认识的差异，例如重庆人喊"奶奶"为"婆婆"，而北方人的婆婆指儿媳妇对丈夫母亲的称呼。在调研过程中，经验水平往往会导致沟通的障碍。其次，知识结构的差异也会导致沟通障碍。一般说来，文化程度低的人，看问题以及理解事物的能力较差，尤其是对书面语的理解能力就更弱。因此，在与文化程度低的人沟通时，对于认知性的信息，就要注意表达方式，少用或尽量不用文言词语和专业术语，以免影响沟通效果。例如：社会工作者在与村干部分析留守老人的问题时，谈道："要关注老年人精神的空虚，用优势视角来审视他们的境遇，赋权增能，帮助留守老人助人自助。"很多村干部茫然不知所云，"啥叫优势视角？"一村干部问。另一个接着说："赋权增能又是什么？"村干部文化程度低，与他们沟通要考虑他们的接受能力，用到专业术语他们就不能理解了。

记忆与思维能力也会影响沟通。一个人的记忆能力对其沟通会产生很大的影响，社会工作者在服务过程中，案主会希望社会工作者能够了解自己，例如记住案主的名字。如果社工每次见面都能叫出案主的名字并了解案主的需求，会给案主带来安全感。反之，就会疏远案主与社工的距离。此外，思维能力也非常重要，社会工作者拥有逆向思维和顺向思维能力对社工介入案主问题，与案主沟通会产生良好的效果。逆向思维打破常规，运用非常规思维去思考，例如当案主不能接受劝解，一心要犯错误，社工可以运用逆向思维先假设正确，然后层层推理思考，得出与事实或与案主期望不同的结果，从而改变案主的行为。顺向思维就是顺着接受者的思维去思考，从而缓解服务对象对沟通者的抵触。例如，当一个失恋的女子向社工求助，大骂男士的不负责任，作为社工而言，在沟通时要顺着女士的思维方式去同感，然后引导她摆脱负面情绪。

个人价值观对沟通也会产生影响。每一个人都会在不同的经历和经验中形成自己的价值原则，当沟通双方出现价值冲突就会影响沟通进程。例如，社会工作者一味坚持先结婚再创业的价值观念与案主的价值观正好相反，在沟通过程中双方互不相让，沟通就无法持续。

2. 客观障碍

沟通不只受主观因素的影响，还受客观因素的影响。客观因素主要包括距离、文化背景、机构层级、技术因素等。距离因素，既包括空间距离，也包括时间距离。如果空间较大，那么信源的声音强，传播距离则远。不同的地区、民族文化不同，语言表达与含义也有差异。例如，西方的女士优先和中国农村的大男子主义在对待男性和女性上就存在很大的不同。而所谓层级障碍，就是沟通时，信息经历的层级过多，容易使信息失真。例如，从国务院到省、市、县、镇、村的过程，就会出现信息传播的失真现象。技术因素，主要指沟通的媒介出现问题会导致沟通出现错误。例如，广播电视因为质量问题，导致声音模糊不清，听众无法有效接收到完整信息。

3. 沟通方式的障碍

沟通方式对沟通效果也有很大的影响。常见的沟通受语言系统、沟通方式的影响较大。沟通过程中，往往会出现信息接收者对信息的误解和歪曲现象。例如，沟通过程要语言与神态表情一致，沟通起来才不会出现误解和歪曲现象。

（二）导致沟通障碍的因素

导致沟通障碍的因素与社会工作者的移情程度、控制程度、自我表露、信任程度、性格因素等有关。

1. 移情程度

移情本意指来访者将自己过去对生活中某些重要人物的情感太多投射到分析者身上的过程。此外分析者对来访者也可能产生同样的移情，这被称为对反移情。社工与案主沟通过程中发生移情与反移情，说明沟通双方都产生了价值偏离，但双方都能够理解对方感受，这样的沟通方式虽然能够摸清楚对方的真实情况，但是却不能找到有效的解决办法，反而让自己也陷入案主的情感中去。

2. 控制程度

每个人都有支配和被支配的需要，沟通过程中往往存在不平等的情况，即一方想要控制另一方的态度，从而引导人际关系。如果一方对另一方能够完全掌控，并且可以左右沟通内容及方式，那么沟通会单向进行而缺乏反馈。如果双方可以平等沟通，交流意见和看法，有信息的传递也有反馈，这样就会利于沟通有效进行。

3. 自我表露

自我表露是个体对他人表达情感、想法与观点的窗口。社会工作者在与案主沟通时，为了取得案主的信任，了解案主的真实情况，根据情境，有意表达自己的真实情况。例如，社工与一个考试失利的小朋友交流时，为了缓解他的低迷情绪，会讲述自己上学时类似的失利情景，并引导其走出困境，重获动力。

4. 信任程度

沟通双方的信任程度也会影响沟通效果。影响信任的因素包括沟通者的权威性、信誉、魅力等。如果沟通一方对另一方不信任，信任无法建立，那么沟通过程就会谨言慎行，另一方也得不到想要的信息。如果一方的人格魅力比较强大，受到另一方的追捧，那么沟通信任程度会提升，利于沟通顺利进行。沟通一方的权威性也会影响信任，如果一方是专家教授或者有很权威的社会地位，那么在传递信息时弱势一方就会完全信任权威一方。

5. 性格因素

荣格论内向性格提出："思想上，注意思维，注意实际；感情上，将感情隐藏在内心，不流露在外；感觉上，以内心为对象，受内心唤起的思考所支配；在直观上，不善于交际。"所以，一个性格乐观和一个性格内向不苟言笑的人在交流过程中会出现障碍。性格乐观的人善于交流，喜欢与人交流，而性格内向的人就喜欢安静，不愿意参与群体活动，更不愿意与人做深入交流。

导致沟通障碍的因素除了上述因素外，还有生理、情绪、智力、社会、态度、目标等因素。社会工作者与案主要想有效地沟通，就要克服这些沟通障碍。

【思考题】

1. 谈谈你对沟通的理解。
2. 沟通的过程有哪些要素？
3. 简述沟通的类型和沟通的模式。
4. 思考如何克服沟通中的障碍。

讲题二　人际关系与人际沟通

一、人际关系

（一）人际关系的含义与因素

1. 生产关系与人际关系

生产关系是人们在生产中结成的相互关系。人际关系是人们在社会交往活动中形成的相互之间各种心理形态的关系，它表现在人们对他人的影响与依赖。生产关系是社会关系的最高层次，以利益为基础。人际关系是社会关系的最低层次，以感情心理为基础。

不同的学科对人际关系的界定存在较大的不同。社会学认为人际关系是人们直接交换的关系。社会心理学认为人际关系是人与人之间的心理上的关系，表示心理距离的远近。行为学认为人际关系是人与人之间的行为关系，体现人们社会交往和联系的状况。

2. 人际关系的三因素

（1）认知是人际关系的前提条件。认知也可以称为认识，是指人认识外界事物的过程，或者说是对作用于人的感觉器官的外界事物进行信息加工的过程。它包括感觉、知觉、记忆、思维、想象、言语，是指人们认识活动的过程。相互感知、识别、理解是建立人际关系的起点。

（2）情感是人际关系的主要调节因素。人们喜欢以自己的好恶来判断对事物的亲疏程度，这里"好恶"就是个人的情感，而"亲疏"就是情感的表达。所以，人们习惯以彼此满意否等情感状态为特征来调节人际关系。

（3）行为是人际关系的沟通手段。认知与情感因素，最终都要通过行为表现出来。行为是指言语、举止、作风、表情、手势等一切表现个性的外部动作，它是建立和发展人际关系的沟通手段。例如，两个小孩吵架，相互不理睬。这个过程中，两个小孩由于某种原因产生认知差异，并试图让对方按照自己的意愿行事，事与愿违导致情绪的对立，最终通过生气不理睬对方表达自己的不满。

（二）人际关系的内容及规律

1. 人际关系的内容

人际关系具有互动性，人们在互动过程中建立了某种相互联系，所谓"不打不相识"就是这个道理。人际关系内容具有情意性，人们在互动过程中自然会产生某种感情，人们会根据感情的深度来决定互动的深度。例如，两个人之间感情深厚，就会出现患难与共的情景，反之就会事不关己，漠然处之。人际关系具有社会性，社会工作理论认为人在情境中，即生活在环境中的人的思想、行为、情绪等受环境的影响，要想了解和帮助一个人，必须将其置

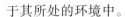

于其所处的环境中。

2. 人际关系的规律

人际关系建立在人与人的互动中，存在于思想互动过程之中。人与人的互动就是思想的交流，思想的碰撞就会产生融合、冲突两种情况，关系的维持需要互动，也需要求同存异。人际关系在不断的思想互动中发展。因为互动交流，不仅可以学习先进文化，还能够在讨论、辩论等过程中领悟新的思想，人们在互动中了解并理解他人思想，从而加深人际关系。例如，"打是亲，骂是爱"就体现了在互动中，因为思想的冲突与辩论，从最初的矛盾关系发展出深厚的感情。再者，人际关系是通过人们的思想互动和行为互动表现出来的。思想的互动引导行为的表现，在这样一个过程中，人际关系不断深化。

（三）人际关系的特点

中国社会几千年的发展，已经形成了"关系—人情"的社会格局，社会工作本土化过程中，想要融入我国的关系社会，就需要了解人际关系的特点。

人际关系具有层次性。俗话说："物以类聚，人以群分。"对于个体来讲，与什么样的人进行什么程度的互动，就是人际关系的分层。社会学家费孝通先生在研究中国乡村结构时提出了差序格局的概念，即"每一家以自己的地位作为中心，周围划出一个圈子，这个圈子的大小要依着中心势力的厚薄而定"，"以己为中心，像石子一般投入水中，和别人所联系成的社会关系不像团体中的分子一般大家立在一个平面上的，而是像水的波纹一样，一圈圈推出去，愈推愈远，也愈推愈薄"，这样一来，每个人都有一个以自己为中心的圈子，同时又从属于以优于自己的人为中心的圈子。所以，中国人的人际关系格局就是一种差序格局，包含亲疏远近、三六九等。

人际关系具有变动性。人际关系是在动态的互动中发展的，所以，人际关系存在变动性。三国时期的吴国大将吕蒙，起初乃一介武夫，不喜学习，鲁肃多次批评他要多读书。吕蒙接受劝告，虚心学习。后鲁肃和吕蒙一起谈论议事，鲁肃十分吃惊地说："士别三日，即更刮目相待，大兄何见事之晚乎！"肃遂结友而别。可见，人际关系处在变动中。社工在与案主建立人际关系过程中，需要坚信人际关系的变动性，需要循序渐进，不要急于求成。

人际关系具有复杂性。一方面，人际关系具有高度的个性化特点和以心理活动为基础的特点，例如八仙过海各有道法。另一方面，人际关系受社会环境因素的影响较大，而这些因素处在不断变化过程中。所以，在交往过程中，由于价值观或者目标的不同，交往结果可能出现积极与消极、冲突与和谐、满意与不满意等复杂情况。

（四）人际关系的类型

著名学者杨中芳根据先赋性既定联系将人际关系划分为亲缘、地缘、血缘、业缘。根据经验性既定联系可以将人际关系划分为情感交流关系和人际交换关系。按照互动关系的正式性，人际关系分为正式的人际关系和非正式人际关系。正式人际关系是指个体在正式的群体和组织之中所建立的关系，如同事关系、同学关系、亲戚关系等。非正式关系指在非正式群体所建立的关系，例如同乘一辆车的乘客关系。按照互动关系的时间长短来分，可以分为长期稳定型人际关系和临时不稳定型人际关系。长期稳定型人际关系如亲缘、地缘、姻缘、业缘、朋友等。临时不稳定关系如个案工作社会工作者与案主的关系。按照感情深度来分可以分为亲密人际关系和疏远人际关系。亲密的人际关系如亲人、爱人、朋友等。疏远人际关系如竞争对手等。从感情体验的方向来分可以分为积极的人际关系和消极的人际关系。

（五）影响人际关系的因素

一般来说，影响人际关系的因素包含以下几个：第一，是否满足需要。首先，在与他人建立人际关系过程中，是否实现自我价值。其次，是否获得安全感，沙赫特 1959 年做了一个实验，得出恐惧感会增加与他人在一起的欲望，所以是否获得安全感也会影响人际关系的建立。再次，当人们的社会关系缺乏某种重要成分时所引起的一种主观上的不愉快感，就会感到寂寞，没有任何亲密的人可以依恋时会引起情绪性寂寞。当个体缺乏社会整合感或缺乏由朋友或同事等所提供的团体归属感时产生社会性寂寞，良好的人际关系可以避免孤独和寂寞。最后，获取利益也是人际关系的重要作用。韦斯认为，个体可以从人际关系中获得依恋、社会融和、价值确定、稳定联盟感、指引、照顾他人的机会等利益。第二，交际准则的多样性。交际准则受个人性格、文化等因素的影响，所以不同的国家、地区的交际准则存在差异。第三，情绪的好恶。个人的情绪受个人所处环境、以往经历、价值观等因素影响。如果情绪容易受到波动，那么会影响人际交往。反之，情绪相对稳定的人，给人以亲和的感觉，便于人际关系的建立与维持。第四，社会因素。个人的社会地位和身份会影响人际关系。当年鲁迅先生指出，美国的石油大王何曾知道中国拾煤渣老太婆的辛酸，贾府的焦大绝不会爱上林妹妹。由此可见，悬殊的社会差异，必然影响人际交往。第五，"自己人"效应。自己人效应指对"自己人"所说的话更信赖、更容易接受。在人际交往中，彼此会相互影响。这种相互影响有时是无意的，有时则是有意的，即一方通过"态度与价值观的类似性"和"情感上的相悦性"具体化对另一方有意识地施加影响，以便矫正对方某种行为。

（六）人际关系理论

人际关系理论最早诞生于梅奥的"霍桑实验"，从组织发展的角度改变对个体"经济人"的假设，转而提出"社会人"的概念。认为人们的行为受社会方面、心理方面的需要影响。人际关系需要倾听、需要真诚。人际关系不断发展，逐渐诞生出从不同角度解释人际关系的理论。

1. 社会交换理论

社会学家霍曼斯的"社会交换理论"认为任何人际关系，其本质上就是交换关系。只有这种人与人之间精神和物质的交换过程达到互惠平衡时，人际关系才能和谐，而且只有在互惠平衡的条件下，人际关系才能维持。霍曼斯认为良好的人际关系是在交换过程中获取精神利益，精神利益就是报酬减去代价，即交往过程中的获得减去交往过程中的付出。人们在交往的过程中基于公平的原则进行，即付出要与报酬成比例，如果报酬过高，个人内心会不安。反之，也会对互动不满。

2. 公平理论

美国心理学家约翰·斯塔希·亚当斯提出了"公平理论"，旨在社会比较中探讨个人所作的贡献与他所得到的报酬之间如何平衡的一种理论。它侧重于研究公平性对人际关系的影响。亚当斯把人的社会活动看作以自己的潜能同社会交换的过程，这一过程以个人期待公平结果为前提。期待公平是个人内部愿望，对它的标准个人有自己的尺度，它不仅与个人愿望、能力等因素有关，也与活动的有关情景特别是情景中其他人的状态有关。他人的情况常是个人确定公平标准的依据之一。当个体发现个人的付出与报酬与一个和自己条件相等的人的付出与报酬之比相等，就会获得公平感，即当一个人觉察出他工作的努力与由此工作而得到的报酬之比，同其他人的投入与结果之比相等时，就显得公平，否则就不公平。当不公平出现的时候，个体会通过改变自己的付出量、改变他人付出与获得、另觅比较对象、歪曲不平等认识、离开当前的情景等方法缓解个体由于偏离公平产生的紧张感。

3. 社会渗透理论

社会渗透理论（social penetration theory）是欧文·阿特曼以及达尔马斯·泰勒提出的。根据阿特曼和泰勒的理论，亲密性不仅表现在身体上，还包括智力上、感情上以及共同参加活动等方面。因此，社会渗透过程必然包括语言行为（用词）、非语言行为（身体姿势、表情等）和环境导向行为（传播者和受众的距离等）。人际关系的发展是循序渐进的过程，在这个过程中，自我表露发挥着核心的作用，人们从严格的表露交换向开放的自我表露发展，从陌生向熟悉发展。

4. 人际需要理论

人际需要理论是由社会心理学家舒茨提出的。舒茨认为每一个个体在交往的过程中，都有三种基本的需要即包容的需要、支配的需要和情感的需要。包容的需要是个体想要融入群体或被群体认可。支配的需要是建立在权力关系基础上的，个体在交往过程中寻求控制对方或被对方控制的需要。情感的需要是建立在人际交往过程中，个体需要爱别人或者被别人爱的需要。这三种需要都与个体早年的经验相关。

5. "生活圈"理论

"生活圈"由 Angyal 所说的"生物圈"演变而来。"生活圈"中包括人与环境两类要素，是一个人与环境相互作用的系统。在这个系统中，人与环境相互反作用力导致人与环境的紧张。一方面，人们趋于征服自然、改造自然，不断追求自我而产生个体支配型的自主性趋势；另一方面人们趋于与环境融合，顺应自然发展，失去个别性，表现出社会取向的融合性趋势。杨国枢教授提出中国人的人际关系社会取向有四个主要特征：家族取向、关系取向、权威取向和他人取向。"它们分别代表着个体如何与团体融合（家族取向），如何与个体融合（关系取向），如何与权威（权威取向）以及如何与特定他人融合（他人取向）。"[1]

"家族取向"讲求家族的延续和家族的荣誉，个体对家族要有归属感和荣辱感，是一种内团结的集体主义。

"关系取向"是社会生活的重要内容，梁漱溟提出"关系本位"[2]，调和"群"与"己"的对立，以求达到伦理上的群己和谐。这种关系的特征包括关系角色化、关系的互赖性、关系的和谐性、关系决定论。关系的角色化即个体"关系性身份"，个体通过关系来界定自己所扮演的社会角色。关系的互赖性是个人与他人发展关系的目的之一，通过关系的发展，获得物质、精神的回报。关系的和谐性与中国人讲求"天人合一"有莫大的关系，中国人讲求要克己修身，适应自然，在人际关系中要做符合他人期望的事情，避免冲突。关系决定论，在中国社会中，关系的作用非常大。中国人的人际关系依亲疏程度不同可以分为三类：家人关系、熟人关系和生人关系，人们往往依据与他人不同的亲疏程度决定利益的分配。

"权威取向"是中国传统社会父权家长制发展的结果。马克思·韦伯将权威分为传统型权威、超凡魅力型权威和理性型权威三种形式。中国的"权威取向"是基于传统型权威所产生的权威敏感、权威崇拜和权威依赖。

"他人取向"是中国人"天人合一"思想的发展与演变，个人从顺从自然、追求和谐向顺应他人、追求人际和谐外延，对他人的意见、标准、褒贬、批评等特别敏感且重视，这种取向表现为顾虑人意、顺从他人、关注规范和重视名誉。顾虑人意就是顾忌别人的意见，希望与群体观点一致。顺从他人就是自己与众人保持一致，不想与众不同。关注规范就是社会规范对个人的约束力强大，是个体言行的主要依据，这种规范虽然不具有法律强制力，却具有超越法律的约束力。重视名誉是中国人立然于世的根本，子曰："吾日三省吾身"，通过自省的方式来给别人留下好的印象。

6. 人情与面子理论

"人情面子理论"[3]是互动双方由于人情、面子等因素的影响可能采取的联合行动。互动双方的角色分别为"请托者"和"资源支配者"。当"请托者"向"资源支配者"寻求有利于自己的资源支配时，他首先会考虑自己与对方的关系来判断交往基础与原则。这样"请托者"与"资源支配者"的关系可以分为三类。第一，情感性关系，指双方的关系长久且稳定，例如好朋友、家人等人际关系。这种关系往往依据情感关系达成平衡，没有公平法则可言。第二，工具性人际关系，指双方关系短暂且不稳定，双方均希望通过这种关系获得或达成个人目标，例如售货员与顾客。这种关系感情成分小，往往需要依据公平原则达成平衡。第三，

1 中国人人际关系社会取向的特征. http://www.yz13.jinedu.cn/jtjy/jzkt/200905/256.html
2 曹骏扬. 在"个人本位"与"社会本位"间探索"第三条道路"[D]. 华东师范大学, 2005.
3 牛长振，朱中博，张芸. "萨达会"事件析论——以"人情—面子"理论模型为分析依据[J]. 中南大学学报（社会科学版），2009, 15(4): 470-475、512.

混合性关系。这种关系指互动双方存在一定的感情基础，但没有情感性关系那样亲密，也并非像工具性关系一样依据公平法则成立，互动双方往往根据实际情况进行判断，如果预期以后要继续加深感情，则可能会采用人情法则。反之，就会倾向于采取公平原则处理。所以这个过程中，个人会以"需求法则"达成平衡。

7. 差序格局论

"差序格局"是费孝通提出的，该理论认为，中国传统的社会结构是一种具有同心圆波纹性质的差序格局。波纹的中心是自己，人际关系就像水的波纹一样，一圈圈推出去，随着波纹与中心的远近，而形成种种亲疏不同、贵贱不一的差序格局。

（七）人际冲突

人际冲突是指两个及以上互相依赖的个体之间因精神与物质等方面的差异而引起的斗争。人际冲突是相反力量相遇的结果，存在着相互依赖及其情感因素，或在信仰、观念和目标方面，或在控制、地位和隶属愿望上存在差异。人际冲突存在两大类型：

建设性冲突。建设性冲突的特点就是达成共识。在建设性冲突中各方对实现目标积极热心，愿意了解对方的观点、意见，并围绕共同目标和焦点展开争论，进而相互交换情况不断增加。

破坏性冲突。破坏性冲突的特点就是形成分裂。个人仅对自己观点赢得胜利关心，不愿听取对方的观点。在这个过程中，冲突双方由对问题的争论发展到人身攻击，相互交换情况越来越少，背后不负责任的言行越来越多。

（八）改善人际关系的人格结构的 PAC 分析理论

PAC 分析理论又称为相互作用分析理论、人格结构分析理论、交互作用分析理论、人际关系心理分析理论，由加拿大精神科医生埃里克·伯恩 Eric Berne 提出。伯恩把人格结构分为"父母（parent）意识""成人（adult）意识""儿童（child）意识"三种状态，个人的自我发展都会受到父母状态和儿童状态的交互作用。

"父母意识"以权威和优越感为特征，表现为凭主观印象、独断独行、滥用权威的家长制作风，这样的人的言语模式通常是"你应该……""你不能……""你必须……"等。"成人意识"以客观和理智的行为为特征，既不会感情用事，也不至于以长者姿态主观地省事度人，待人接物冷静，慎思明断，尊重他人，知道行为的结果，通常的言语模式是"我的想法是……""这可能是……"等。"儿童意识"像婴儿般冲动，行为无主见，遇事畏缩，感情用事，易激动愤怒。语调比较急促，语气冲动，间或装腔撒娇，或带有恳求与无助的味道。雀跃欢呼、拍手叫好或逃避困难是儿童式自我的行为举止。一般的言语模式是"我猜想……""我不知道……""我高兴……"等。

PAC 分析理论就是分析人们在交往过程中的心理状态。当人们在平行状态下如"父母—父母、成人—成人、儿童—儿童"交流时，交流会持续下去。但是如果交流状态是"父母—

儿童、父母—成人"的交叉交流时，人际关系会受到影响，沟通会受到限制。人们在相互交往中都要表现出某种人格，交往起主导作用的是其中的一种心理状态，交往中按照对方期望作出反应，可以加深彼此感情，建立和发展友好的人际关系。交往中出乎对方期望，容易导致误会、紧张和友好关系的中断。所以，成人心理是解决问题的主要途径。

如何改善交流状态？综上可知，交叉型交互作用是一种不良的交往方式，它使交往无法顺畅地进行，有损交往双方的人际关系。当交叉型交往状态已经形成之后，我们采用策略来改善交往，使之向平行型交往的良好趋势发展。首先，交往中要自觉使自己处于成人自我状态，这样才能使对方也进入成人自我状态，使交叉型交往转变为平行型交往。其次，如果遇到矛盾，先采用平行型交往缓和矛盾，再以自身的成人状态激发对方的成人状态。

二、人际沟通

当代著名哲学家理查德·麦基翁（Richard McKeon）认为："未来的历史学家在记载我们这代人的言行的时候，恐怕难免会发现我们时代沟通的盛况，并将它置于历史的显著地位。其实沟通并不是当代新发现的问题，而是现在流行的一种思维方式和分析方法，我们时常用它来解释一切问题。"人际沟通涉及了人的生产、生活的方方面面。所以，社工要想做好社会服务，就必须要了解人际沟通。

（一）人际沟通的含义

人际沟通是人们为了实现自己的目标，运用语言符号系统或非语言符号系统传递信息的互动过程。在互动过程中，人们通过思想与情感的交流，取得共同的认识和理解，增进相互关系，形成良好的人际关系。

（二）人际沟通的特征

人际沟通有六大特征。第一，人际沟通是一种双向沟通，沟通双方具有双重角色。第二，人际沟通有双重手段，即语言与非语言。第三，人际沟通具有互动性，是认知、情感和行为互动的综合体。第四，人际沟通具有情境性，沟通的时间、地点、沟通对象以及沟通话题等对沟通有很大的影响。第五，人际沟通具有接近与平等性。人际沟通可以拉近沟通双方的空间距离，并且沟通双方平等参与。第六，人际沟通具有目的性。个体之间通过思想感情的交流最终达成一致实现目标。

（三）人际沟通的理论

1. 社会交往理论——揭示人际沟通的社会历史根源

马克思从物质生产活动中人与人的生产关系中，首次提出了社会交往理论。马克思把社会交往定义为"人的活动和本质力量——作为类的活动和本质力量——的明显外化的表现"[1]。

———————————

1　马克思，恩格斯. 马克思恩格斯全集（第42卷）[M]. 北京：人民出版社，1979：148.

交往是伴随着人类的进步而发展起来的，人类一产生，便有了交往实践活动。

（1）人际沟通是社会交往。

马克思认为至今为止的一切交往都只是一定条件下的个人交往，而不是单纯的个人交往。这些条件包括私有制和现实的劳动，这说明社会互动需要建立在一定的物质条件基础上。而物质活动的根本在于人的需要，人类为了基本的生存而积极与外界打交道，从而满足物质需要，但个人的力量难以维持这种需要的满足，于是人们结合起来共同劳动，建立一套合作分工制度。所以，马克思认为："首先应当避免重新把'社会'作为抽象物同个人对立起来。个人是社会的存在物。"[1]而社会交往的过程中，人际沟通也就诞生了。

（2）人际交往与生产力。

生产决定交往，交往是生产的前提。"交往是人类社会普遍现象和存在方式"[2]，而分工使交往成为生产力的必要条件。"只要分工还不是出于自愿，而是自然形成的，那么人本身的活动对人来说就成为一种异己的、同他对立的力量，这种力量压迫着人，而不是人驾驭着这种力量。"所以，分工促进了人的合作，并在合作中不断发展。同时"受分工制约的不同个人的共同活动产生了一种社会力量，即扩大了的生产力"[3]。生产力的水平决定了分工的程度，随着生产力的不断发展，分工不断深入，人们之间的交往也不断加强，生产力不断发展。"而生产本身又是以个人彼此之间的交往为前提。这种交往的形式又是由生产决定的。"[4]这说明人们之间的交往并不是在单个人进行生产后才发生的，而是与生产同时进行的。在人们第一次进行生产的时候起，人们之间便产生了交往。生产力和分工相互促进的同时，也促进了交往的扩大，交往是生产力得以发展的前提。所以，从某种意义上讲"交往就是生产力"。

（3）共产主义——交往形式的生产。

马克思说过共产主义以前的社会，"个人的自主活动受到有限的生产工具和有限交往的束缚"，交往是生产扩大的必要条件。人的基本存在方式是物质生产，而共产主义是在物质生产极大丰富、世界普遍交往的状态下实现的。

2. 交往需求论——描述人际沟通的心理机制

需求层次理论是由美国心理学家亚伯拉罕·马斯洛提出的，他将人类的需求从低到高分为生理需要、安全需要、社交需要、尊重需要、自我实现需要。其中社交的需要是在生理需要和安全需要满足后产生的结果，也是尊重需要和自我实现的前提。马斯洛认为只有前一层需要得到满足后，才会发展后一层需要。马斯洛认为人人都希望得到相互的关系和照顾。感

---

1 马克思，恩格斯. 马克思恩格斯全集（第42卷）[M]. 北京：人民出版社，1979：123.

2 张月红. 从《德意志意识形态》的交往理论探析人的全面发展[J]. 传奇·传记文学选刊（理论研究），2010(8)：96-97.

3 马克思，恩格斯. 马克思恩格斯选集（第1卷）[M]. 北京：人民出版社，1995：85.

4 马克思，恩格斯. 马克思恩格斯选集（第1卷）[M]. 北京：人民出版社，1995：88.

情上的需要比生理上的需要来得细致，它和一个人的生理特性、经历、教育、宗教信仰都有关系。首先，交往是人的最基本需要，引导着人们行动的方向。在交往的过程中，人类可以明确交往方向，并引导人们在沟通内容上做出选择。其次，人是集感情与理性于一体的群体动物，要求有归属感，渴望与他人交往。人类在交往中获得感情的同理，明确自己与群体的差异，调整交往方式，适应群体互动。

3. 象征性符号互动理论——解释人际沟通的行为代码

"符号互动理论"是由美国社会心理学家米德提出的。后来，美国学者布鲁默、西布塔尼、特纳等人对其进行了补充和发展。他们认为人们之间的互动是通过符号作为中介完成的。符号是指所有能够代表人的某种意义的事物，如语言、文字、动作、表情、手势、物品甚至场景等。一个事物之所以成为符号是因为人们赋予了它某种公认的意义。

（1）"形象互动论"研究人与人互动（交往），以此来揭示人际关系。事物的意义产生于人们与其伙伴的社会互动当中。个体的自我概念是在与他人互动中产生的，库里的"镜中我"理论认为人对自我的认识是从与他人交往中获得的。米德用"姿态的对话"来表示姿态的沟通功能，沟通者必须具备自己的行动可能引起对方怎样的反应的能力，而这样的沟通是符号互动[1]。在人际沟通过程中，人们通过共享符号系统来解释别人的行为，推测对方的反应。这存在三个前提，即人们通过解释他人行为的意义而采取行动，而他人行为的意义是在社会互动中形成的，并在应对过程中进行释义并把握和修正的。正是由于有了共享的意义符号，人类的社会互动才能得以正常地进行、展开和维持。

（2）人际沟通是形象的互动。形象是象征性符号互动理论的中心概念，包括语言、手势、文字以及符号等，形象无所不在。象征性符号互动理论从微观上研究人际沟通的具体过程。首先，人的每个动作或行为都有其特定意义，人们在互动过程中对这些符号进行了定义。其次，不同情境中的行为具有不同的意义。情境是指人们在行动之前所面对的情况或场景，包括作为行动主体的人、角色关系、人的行为、时间、地点和具体场合等。而人们只有将符号置于这个情景系统中才能准确领会其意义。最后，沟通是在对行为意义的理解和分析基础上进行的互动，行为具有象征性、符号性，个体通过对行为的解释而采取回应。所以，象征性符号互动理论是对行为的意义的解释、分析和反应基础上的人际沟通理论。

（3）形象互动理论在沟通中的要素主要有两个：一是用符号象征性定义自己的行为意义，二是用符号象征性理解别人的行为意义。

4. 角色理论——解释人际沟通的社会属性

角色是个体在系统中所处的位置，指对于居于某种位置的人（不管是谁），所被期望表现的某类行为人。社会角色是在社会系统中与一定社会位置相关联的符合社会要求的一套个人行为模式，也可以理解为个体在社会群体中被赋予的身份及该身份应发挥的功能。他强调社

---

1 象征性符号互动理论下的人际沟通[EB/OL]. http：//www.docin.com/p-1008068439.html.

会关系对人的行为的影响，一般分为"社会地位"及"组织地位"两种。

在组织中，每一个人都扮演不同的组织角色。由于角色不同，其所代表的利益需求也不同，就会出现意见分歧。在组织中，上级与下级之间的组织角色关系易导致沟通问题。第一，沟通双方的心理状态不同，会影响沟通过程。第二，上行沟通，容易掩盖不利的事实。下行沟通，容易发生歪曲事实的现象。第三，社会地位的差别，上级易成为讲话中心，下级易成为被动听者。易出现"言者无意，听者有心"的现象。

戈夫曼提出了社会"拟剧理论"，他认为社会就像是一个大舞台，每一个人都是社会生活舞台上的演员。个体在这个舞台上通过扮演角色来互动，人们在表演的过程中会在他人心目中塑造一个理想形象，极力掩饰那些与社会公认的价值、规范、标准不一致的行动，而努力表现出一致。

【思考题】

1. 谈谈你对人际关系的理解。
2. 人际关系有哪些理论？
3. 简述人际沟通的特点。
4. 思考如何改善人际关系。

【本章小结】

1. 社会工作者工作的核心任务的达成在于沟通，而人与人的沟通主要通过语言（或语言的文字形式）来进行，是包括情感、思想、态度、观点信息的交流。现代意义的沟通是指人们为了某交际目的，将某一信息（或意思）传递给客体或对象，以期取得客体作出相应反应效果的过程，即信息交流。沟通的模式包括拉斯韦尔沟通模式、申农-韦弗沟通模式、奥斯古德-施拉姆的循环模式和贝罗传播模式。沟通的类型从不同的角度可以分为直接沟通和间接沟通，语言沟通和非语言沟通，正式沟通和非正式沟通。沟通的障碍有主观障碍、客观障碍和沟通方式的障碍。

2. 人际关系是人们在社会交往活动中形成的相互之间各种心理形态的关系，它表现在人们对他人的影响与依赖。认知是人际关系的前提条件，情感是人际关系的主要调节因素，行为是人际关系的沟通手段。人际关系具有层次性、变动性和复杂性等特点。根据先赋性既定联系将人际关系划分为亲缘、地缘、血缘、业缘。根据经验性既定联系可以将人际关系划分为情感交流关系和人际交换关系。按照互动关系的正式性，人际关系分为正式的人际关系和非正式人际关系。按照互动关系的时间长短来分，可以分为长期稳定型人际关系和临时不稳定型人际关系。从感情体验的方向来分，可以分为积极的人际关系和消极的人际关系。人际关系理论包括社会交换理论、公平理论、社会渗透理论、人际需要理论、"生活圈"理论、人情与面子理论、差序格局论，改善人际关系的人格结构的 PAC 分析理论。

3. 人际沟通是人们为了实现自己的目标，运用语言符号系统或非语言符号系统传递信息的互动过程。马克思的社会交往理论揭示人际沟通的社会历史根源，马斯洛的交往需求论描述人际沟通的心理机制，米德的象征性符号互动理论解释人际沟通的行为代码，角色理论解释人际沟通的社会属性。

【 推荐阅读 】

1. 李颖娟，丁旭：《人际沟通与交流》，清华大学出版社 2016 年版。

2. 郭庆光：《传播学教程》，中国人民大学出版社 1999 年版。

3. [美]罗纳德·B·阿德勒、拉塞尔·F·普罗科特：《沟通的艺术：看入人里，看出人外（插图修订第 14 版）》，世界图书出版公司 2015 年版。

4. [美]马斯洛著，许金声等译：《动机与人格》，中国人民大学出版社 2012 年版。

5. 苏国勋，刘晓枫：《社会理论的诸理论》，上海三联书店 2005 年版。

6. 费孝通：《乡土中国》，人民出版社 2015 年版。

第四章　社会工作者的仪容礼仪

【学习（培训）目标】

通过本章学习（培训），你应该：

1. 了解社工仪容的基本概念与特征。

2. 掌握社工仪容的功能与作用。

3. 了解社工仪容的起源及概念、社工仪容礼仪的作用、社工仪容的原则。

4. 掌握社工仪容的讲究，学习社工的妆容礼仪。

5. 了解化妆品的分类，认识常用的化妆品工具并熟练掌握化妆的步骤。

【核心概念】

社工仪容

【本章概览】

本章主要学习（培训）任务是社工仪容的基本概念与特征。教师通过运用案例分析、知识讲授、分组讨论、读书指导等多种教学方法，对社工礼仪的起源及含义进行界定，让学生（学员）掌握社工礼仪的功能与作用以及社工仪容的原则，学习社工的妆容礼仪，了解化妆品的分类以及常用化妆工具及使用方法，并掌握化妆的步骤，学会化妆。

【导入案例】

小张是一家社会工作机构的一线工作人员，口头表达能力不错，对机构的工作流程很熟悉，对本专业的认同度很高，给人感觉朴实又勤快，在所有工作人员中学历是最高的，可是他的业绩总是上不去。小张自己非常着急，却不知道问题出在哪里。小张从小有着大大咧咧的性格，不爱修边幅，头发经常是乱蓬蓬的，双手指甲长长的也不修剪，身上的白衬衣常常皱巴巴的并且已经变色，他喜欢吃大饼卷大葱，吃完后却不知道去除异味。小张的大大咧咧能被生活中的朋友所包容，但在工作中却常常过不了与案主接洽的第一关。其实小张的这种形象在与客户接触的第一时间已经给人留下不好的印象，让人觉得他是一个对工作不认真、没有责任感的人，通常很难有机会和客户作进一步的交往，更不用说成功地完成工作了。

<h1 style="text-align:center">讲题一　社会工作者仪容的内涵</h1>

一、社会工作者仪容的界定

仪容是中华文化中最灿烂的一部分，是文化的内在积淀和外在形式化的统一，是主流文化的凝固及相应的理想人格的外在表征。远在西周以前，仪容问题就被提出来了，《尚书·范洪》篇中，把"貌"放在"五事"之首；《诗经》中就有十一处之多提到"仪"，多数都作仪表、仪容之意。西周的人们在生活中认识到了仪容的重要作用，往往把仪容看作德性的表征，并在实践中把仪容的规范和思想灌注于精神生活和政治活动中，使西周同夏、商相比较，呈现出重视礼仪文化的特点。孔子上承西周，首创儒学，把仪容问题和理想紧密结合起来，进行了深刻的思考。王夫之作为儒家的最后一位集大成者，继承并发扬了儒家的仪容观。他认为仪容与德性应是互为表里、互相配合的，只有仪容的文饰而没有相应的德性，则华而不实，只有德性而没有相应的文饰则粗野而不重礼仪。到了清朝，我国著名美学家李渔，认为美女之所以"移人""感人"，主要原因就是其外在的"颜色"和内在的"态度"构成。其著作《闲情偶记·声容部》详细论述了仪容、仪态、服饰搭配等。到了现代，现代礼仪书籍对仪容下了定义。本书认为，仪容主要指一个人的容貌，主要是对容貌的修饰。具体来说，要把仪和容分开来理解，"仪"指外表及其对外表的修饰，"容"指面部，包括头发、脸庞、眼睛、鼻子、嘴巴、耳朵等一个人的头部全体外观。

社会工作者由于工作的特殊性，在与他人接触时，不论是个案案主，还是小组成员以及社区成员，其仪容尤为重要。换句话说，社会工作者的工作主要是与人打交道，赢得服务对象的信任，拉近与服务对象的距离。在工作中，不仅自己的语言、仪表倍受对方的注意，而且面容的修饰更体现了社工的良好文化修养。正因为个人仪容在人际交往中备受关注，所以社会工作者必须注意对自己的仪容进行必要的整理与修饰。对于社会工作者来说，仪容的核心是对不着装的部位进行修饰。因此，本书认为社工仪容主要指社会工作者在工作时的容貌修饰。

二、社会工作者仪容的作用

（一）注重仪容美，反映出社会工作机构的整体形象

现代企业都十分重视树立良好的企业形象，社会工作机构也不例外，社会工作机构的形象决定于两个方面：一是提供服务的质量水平，二是员工的形象。在员工形象中，社会工作者的仪容是重要的表现。社会工作者工作的特点是直接向客人提供服务。良好的仪容会令人

产生好的第一印象，从而对整个社工机构产生好的印象，有利于社工机构树立良好的形象。反之，不好的仪容往往会令人生厌，即使社会工作者有良好的素质也不一定能发挥出来。

（二）注重仪容，有利于维护自尊自爱

爱美之心人皆有之。每一个社会工作者都有尊重自我的需要，也想获得他人的关注与尊重。作为一名社会工作者，只有注重仪容，从个人形象上反映出良好的修养与蓬勃向上的生命力，才能给工作对象带来一定的正能量，同时赢得对方的尊重和称赞。如果衣冠不整、不修边幅、憔悴潦倒，只能让他人认为是生活懒散、作风拖沓、责任感不强、不尊重别人的人。

（三）注重仪容，体现出满足工作对象的需要

注重仪容是尊重工作对象的需要，是讲究礼节礼貌的具体表现。每个人的仪容，无论有意无意，都会在对方心理上引起某种感觉，或使人轻松愉悦，或给人以美感，或使人感到别扭而不舒畅。如果尊重他人，就应该通过仪容来体现对他人的重视。仪表端庄大方，整齐美观，就是尊重他人的具体体现。

社会工作者的仪容在工作中是礼貌、是尊重，能够引起工作对象强烈的感情体验，在形式和内容上都能打动工作对象，使案主满足视觉美的需要。同时，工作对象在这种外观整洁、端庄、大方的工作人员面前，感到自己的身份地位得到了应有的承认，求尊的心理也会获得满足。

（四）注重仪容美，有利于协调人际关系

"人不可貌相"这句话虽有道理，但是人的外表在待人处世中所起到的作用是不容忽视的。一个人的仪容在人际交往中会被对方直接感受，并由此而反映出个性、修养以及工作作风、生活态度等最直接的个人信息，将决定对方心理的接受程度，继而影响进一步沟通与交往。因此，从某种意义上讲，仪容是成功的人际交往的"通行证"，在一定程度上满足了人们爱美、求美的共同心理需求。

社会工作者整齐、得体的仪容，以其特殊的魅力在一开始就给人留下美好的印象，常常会使人形成一种特别的心理定势和情绪定势，无论在工作还是生活中，都会产生良好的社会效果。

三、社工仪容的原则

（一）干净

社会工作者的仪容应当干净。要做到仪容干净，就是要努力使之无异物、无异味。关键是需要长年累月坚持不懈，不厌其烦地进行仪容的修饰工作。

（二）整洁

社会工作者的仪容应当整洁。要求仪容整洁，就是尽可能地使之整整齐齐、清爽干净，决不能凌乱、邋遢。

（三）卫生

社会工作者的仪容应当卫生。仪容卫生，主要是在日常生活中注意健康、防止疾病、善待和爱护自己的仪容。对社会工作者来说，注意仪容卫生并非是一句空话，而是要在许多方面采取措施来保障。

（四）简约

社会工作者的仪容应当简约。仪容简约，是指社会工作者在整理、修饰仪容时应力戒过度雕琢，要使之简练、明快、方便、朴素。要求社会工作者的仪容简约，不是让大家在仪容修饰上降低标准，得过且过，而是为了更好地展现真、善、美，使仪容美与自己的身份相称。

（五）大方

社会工作者的仪容应当大方。仪容大方，就是要求社会工作者在修饰整理仪容时使之大气、端庄，而不是把仪容搞得花哨、轻浮、怪异。例如，社会工作者在通常情况下，不准把头发染成一些鲜艳的颜色，不准在指甲上涂抹彩色指甲油，不准化浓妆，不准穿和工作不相称的衣服，比如一些奇装异服或太透、太薄的衣服等。

【思考题】

1. 结合案例，谈谈你对社工仪容礼仪的认识。
2. 简述社工仪容礼仪的基本内涵与特征。
3. 谈谈社工仪容的作用。

讲题二　社会工作者的面容礼仪

一、社会工作者面容的讲究

一般来说，一个社会工作者不论是个案访谈、小组工作还是开展社区活动，其面容是为对方注意最多，同时也是最受对方重视的部位。因此，每一位意识到维护自身形象重要性且愿将此付诸实践的社会工作者，在维护、修饰、提升自我形象时，都应该对自己的面容予以充分的关注。

（一）整洁的发型

发型对一个人的整体形象起着重要作用。中国素有"礼仪之邦"之称，几千年来，我们民族创造了丰富的令人叹为观止的精美发型。发型在一定历史时期里是物质和文化发展的重要标志，同时也是人类仪表的重要展示部分，历来受到人们的重视。发型是人物造型的一个重要组成部分。

发型之所以重要，主要是可以通过发型表现出人的不同特征，本书主要从四个方面来谈发型的表现方式。

1. 发型可展示出不同的民族

人物造型中，不同的发式及头发的颜色，可塑造出不同的民族和不同国籍的人物形象。我国是一个多民族的大家庭。各民族除了语言不同外，服装和发型也各具特色。如苗族女子的发式古典色彩浓厚，一般梳成束髻，髻上插有各种精美饰物；朝鲜族妇女喜欢梳一条长辫并垂于后背，额前不留头发帘，中分，梳得干净利落。

2. 发型可以展示人物的不同年龄

头发的式样可以展示出人物的年龄段。中国古代的"冠礼"，就是一种以改变发式来标志成年礼的活动。在人物头发的造型中，往往利用生理条件的变化所引起的发质、发色的不同，以及不同的发式来展现人物形象的不同年龄感。

3. 发型可以展示出人物的不同阶层或职业

我国古代社会，发髻同服装一样，标志着人们的社会地位和阶级属性。在现实生活中，职业的不同往往可以从发型上表现出来，如舞蹈演员为了便于练功，常将头发梳得光滑平整，紧紧地在脑后扎一个发髻；家庭主妇多把头发梳得较为随意、蓬松、自然，而白领女士则通常把发式梳得很讲究，有板有眼。

4. 发型可展示出人物的性格

不同的性格、气质，必然会表露在一个人的外表上。性格是多种多样的，有的人内向文静，有的人活泼好动，有的人坚毅，有的人软弱。这些不同的性格，往往会通过他们的外表、发式来表现出来，所以说，发式有助于人物性格的展示。

对于社会工作者来说，由于工作的特殊性，发型显得更为重要。首先，要坚持洗头，方可确保头发不粘连、不板结、无头屑、无异味。其次，社工的发型展现出来的特征应该是传统、保守、大方、规范。一般来说，男社工的前部头发不要遮住自己的眉毛，侧部的头发不要盖住自己的耳朵，同时不要留过厚或者过长的鬓角，男社工后部的头发应该不要长过自己西装衬衫领子的上部。女社工在发型方面注意美观大方就行。根据美的需要可以适当给头发染色，切忌染烫鲜艳的颜色。最后，社工切忌脏乱差，切忌卡通发夹以及非正式场合的发型。

（二）清爽的面孔

面孔，又称面部、脸面。它指的是人的头部，包括上至额头、下至下巴这一部分。人的五官，如耳、目、口、鼻等，均位于面部。在与人打交道的过程中，每个人最容易被他人注意到的地方，通常是面孔。英国有句谚语是这样说的："当你同别人打交道时，他注意你的面孔很正常。可他要是过多地去打量你的身体上的其他部位，那就有一些不正常了。"可见，面孔对于一个长期同人打交道的社会工作者来说是多么的重要。一般来说，清爽的面孔要求如下：

1. 勤洗脸

次数有讲究。一天洗两次脸即可。很多油性肌肤的女生因为担心脸上会分泌太多油脂，因此会一天洗好几次脸，这样会导致皮肤在冬季变得越来越干，你就会有种越洗越油的感觉。

2. 会洗脸

方法有讲究。社工在进行个人面部修饰时首先要关注面孔洁净的问题，主要是要求其优先考虑面孔清洁与否。面孔的清洁，首先要学会洗脸。

第一步：用温水湿润脸部。有的人图省事，直接用冷水洗脸；有的人认为自己是油性皮肤，要用很热的水才能把脸上的油垢洗净。其实这些都是错误的观点，正确的方法是用温水，既能保证毛孔充分张开，又不会使皮肤的天然保湿油分过分丢失。

第二步：挤出适量的洁面产品，加水打出丰富的泡沫。无论用什么样的洁面乳，量都不宜过多，面积有硬币大小即可。

第三步：轻轻按摩 15 下。把泡沫涂在脸上，按照 T 区、U 区、脸颊的顺序清洗，在容易出油的部分可以适当打圈按摩，浮出毛孔中的污垢。

第四步：清洗洁面乳。用湿润的毛巾轻轻在脸上按，反复几次后就能清除掉洁面乳，又不伤害皮肤。

第五步：用冷水撩洗 20 下。用双手捧起冷水撩洗面部 20 下左右，同时用蘸了凉水的毛巾轻敷脸部。这样做可以使毛孔收紧，同时促进面部血液循环。

第六步：用干净柔软的毛巾吸干水分。

3. 常修面

一日一剃。男性社会工作者，若无特殊的宗教信仰或民族习惯，一定要坚持每日上班之前剃须，切忌胡子拉碴地在工作岗位上抛头露面。女性社会工作者，若是由于内分泌失调而在唇上生出一些过于浓重的汗毛，则应及时将其除去。

（三）明亮的眼睛

人们对美的追求是无止境的，对身体的各个部分的美容和保健也是越来越专业、越来越细致，但是人们在追求美丽的过程中，往往会忽略人体上最娇嫩的部位——眼部。

污浊的空气中灰尘、污物，眼部化妆过程中的睫毛膏、眼影、眼线等的残留物，每天都浸染着脆弱的眼部，如果不能彻底清理，灰尘、污物沉积，眼部的清洁健康将难以维持。因此，对眼部进行彻底清洁，是眼部基础护理的必要环节。

在正常情况下，眼角分泌物会源源不断地出现，给人的印象极其不雅，故应经常及时将其除去。戴眼镜者也要注意，眼睛也要保持干净。要想有一双明亮的眼睛，就要对眼睛进行保养。眼部保养主要从内在和外在两个方面进行。

1. 内在保养

（1）睡眠充足，切忌熬夜。

（2）眼部保洁：及时清除眼部分泌物。

（3）平时多喝水，睡前避免大量饮水。

（4）保持乐观情绪，及时治疗疾病，尤其是内分泌紊乱。

（5）避免阳光直接照射。

（6）勿养成眯、眨、挤、揉眼睛的不良习惯。

2. 外在保养

（1）卸妆清洁：因眼部及眼周肌肤颇为敏感细致，故卸妆时应极为小心，必须用眼部专用卸妆产品。

（2）选用合适的眼部保养品：市场上在售的眼部保养品有眼霜、眼胶、眼部精华液等多种。眼霜的滋润性、营养性强，适合于眼部有皱纹者；眼胶是一种植物性啫喱状物质，成分温和易吸收且不油腻，适合于黑眼圈、眼袋等。一般是先用精华液，再用眼霜或眼胶。取用时约绿豆大小足够，最好先热敷再涂抹，并配合按摩和指压，效果更好。

（3）按摩和指压：眼部按摩可促进眼周血液循环肌肉运动，亮眼，清除疲劳。

具体方法：每晚睡前涂用眼部保养品，同时运用中指或无名指指腹进行按摩，上眼睑从眼头往眼尾方向轻推至太阳穴轻按，然后由眼尾开始轻按各穴位（依次为眉尾丝竹穴、眉中鱼腹穴、眉头攒竹穴，眼头睛明穴）。下眼睑也同样，只是指压时穴位（依次为眼尾瞳子穴、下眼中央下方的承泣穴和四白穴），每个穴位按压时以酸胀为准，2秒后放开，重复做5~6次。

（4）眼膜护理：每周1~2次，提供眼部特别的滋润与放松，可用胶原蛋白眼膜护理，也可自制眼膜（胡萝卜或黄瓜捣碎取汁，加入维生素 E 油剂 4 ~ 6 滴，混匀）。

（四）清洁的口齿

口角周围沉淀的唾液、飞沫、食物残渣和牙缝间遗存的牙垢，必须及时清除。常用的方法包括：刷牙，漱口，正确使用牙签、牙线，牙间隙刷，牙龈按摩及口腔洁治。

1. 刷牙

刷牙是保持口腔卫生的重要方法，养成每日刷牙的良好习惯，掌握正确的刷牙方法，可去除菌斑和软垢，减少口腔细菌和其他有害物质，防止牙石的形成，并借助牙刷的按摩作用增进牙龈组织的血液循环，从而增强牙周疾病的重要预防。但刷牙方法不正确，不但达不到清洁牙齿的目的，还可造成牙龈萎缩，楔状缺损，也可对牙龈软组织造成伤害等。

2. 漱口

漱口是常用的保持口腔卫生的措施。饭后漱口有利于清除食物碎屑和部分软垢。若口腔患病，也可用加有药物的含漱剂漱口。

3. 牙线

刷牙不易达到牙齿的邻面间隙，而食物嵌塞又是牙周病最常见的症状之一，牙线的正确使用，能有效地清除邻面软垢及嵌塞食物，牙线的应用是目前认为较好的清除邻面菌斑的方法。大多数人认真刷牙后也总会有 30% ~ 40% 的牙面刷不彻底，尤其是那些牙齿排列不整齐的人，因牙齿里出外进，拥挤重叠，一般的刷牙很难将这些牙齿各牙面刷干净。如果能正确掌握牙线的使用方法，就会弥补这个不足。牙线使用方法是：取一段牙线，两手交换拉动牙线，使得嵌塞食物或软垢从舌侧或颊侧拉出。

4. 牙间隙刷

间隙刷，顾名思义，是一种清洁牙齿间隙菌斑及食物残渣的专用小刷子。分刷头和持柄两部分，刷头细小（直径可选），由一条金属丝做主体，外围尼龙刷毛；手柄可装卸，使用时只需定期更换刷头即可（建议每周更换一次）。

5. 牙龈按摩

刷牙是对牙龈的一种按摩，适当的按摩牙龈可使上皮角化变厚及促进局部血液循环增强代谢。此外，还可用手指按摩。手指按摩法是以洁净的手指揉捏牙龈，一般从牙根尖的龈表面，向龈缘方向按摩，每一个区域按摩 2 ~ 3 分钟，然后在每一区域的水平方向上按摩 2 ~ 3 分钟。

6. 口腔洁治

要想保持牙齿的长久健康、清洁，最好每半年到一年到口腔医院做一次口腔洁治，也就是人们通常说的洗牙。口腔洁治是通过洁治器械去除牙齿表面的菌斑、软垢及牙石，并抛光牙面的一种治疗方法。

（五）干净的手部

手被称为一个人的第二张名片，也是人与外界进行直接接触最多的一个部位，最容易沾染脏东西，所以必须勤洗手。值得注意的是，洗手不应只是在饭前、便后，而是应当在一切必要的时候。

1. 洗

每天手都会接触很多东西，因此无论从卫生的角度，还是从手自身的保护角度，都应及时清除手部的污物、灰尘等。但要注意的是应用温水来洗手，过热的水会使手部的皮肤变得干燥粗糙，而过凉的水又不能完全洗净手上的污垢。

2. 擦

手部清洁之后，要用柔软干爽的毛巾细心擦干，特别是指间、甲沟等处不遗留水渍，否则将为细菌生长提供滋生地。

3. 备

手背上只有很少的皮脂腺，须经常补充油分和水分，否则肌肤会变得粗糙干燥。因此无论冬夏，随身携带一款护手霜是十分重要的，它能及时给双手滋润和保护。尤其是洗手后、做完家务、出门前，应及时涂抹护手霜。

4. 涂

涂护手霜是有诀窍的，很多女生都是抹在手上随便涂几下就了事了，这样吸收效果不好，而且不均匀。最好是先将护手霜挤在双掌中搓热，然后在手心、手背、手指和指甲上都涂抹上护手霜。接着用一根手指按摩涂抹，温热的感觉不但很舒服，也能更好地吸收。

5. 剪

经常修剪指甲，可防止指缝内积存污垢而破坏双手的美观。若要留指甲，应将指甲边缘摩擦修饰光滑并修剪成椭圆形。过尖的指甲形状会削弱指甲的韧性，而变得易折断。

6. 戴

女人免不了会做些洗衣、洗碗、拖地等家事，如果要接触像洗碗精、洗衣精等清洁剂时，最好戴上手套来阻隔化学品对肌肤的伤害，或是在碰水前先擦上一层护手霜也具有隐形手套的保护功能。

7. 护

保护手部还应注意不要将双手置于阳光下暴晒。在夏天的时候，双手的防晒工作一定要做到位，选择的护手霜最好兼有防晒功能。寒冷天气外出时，则要准备质地柔软的保暖手套。另外也要防止在提重的东西或搬运粗糙物品时，擦伤、碰伤等对手部造成的意外伤害。

二、皮肤的种类及护理

（一）皮肤的种类

1. 中性皮肤

中性皮肤中水分和油分平衡状况良好，脂肪腺和汗腺工作健康、良好。能产生充分的皮脂薄膜，角质层水分适中，皮肤肌理细腻、清爽美丽、湿润光滑，根据季节、身体状况和年龄，容易改变。

2. 油性皮肤

与常规皮肤相比，油性皮肤脂肪腺发达，脂肪腺和汗腺工作活跃，分泌大量皮脂和汗液。能产生充分的皮脂薄膜，角质层中的水分适中，不易生成皱纹。但整个面部皮肤油腻、发亮，角质层厚、皮肤肌理粗，毛孔显著，可能有粉刺/出疹，化妆容易脱落。

3. 干性皮肤

与常规皮肤相比，干性皮肤脂肪腺较小，脂肪腺与汗腺工作微弱，皮脂和汗液的分泌很少。皮肤产生的脂肪腺不充足。由于外部皮肤蒸发，角质层中的水分不充足，角质层薄、缺少水分，皮肤干燥，无光泽几乎看不见毛孔，肌理较细。皮肤粗糙，有小皱纹，难以化妆。

4. 混合性肌肤

混合性肌肤的表现状况：混合性皮肤兼有油性皮肤和干性皮肤的两种特点，在面部"T"字部位（额、鼻、口、下颌）呈油性，其余部位呈干性。混合性皮肤多见于25～35岁的人。我国大部分人都属于此类皮肤。

混合性肌肤的典型特征：

（1）眉鼻部T形区域皮脂分泌多，皮肤油腻，纹理粗。

（2）毛孔大而皮肤肤质较健康。

（3）容易沾染灰尘，堵塞毛孔，滋生细菌，导致痤疮及黑头，主要表现为油性肌肤的特征。

（4）U部脸颊则皮脂分泌较少，皮肤干燥。

（5）因气候原因，容易干燥缺水、脱皮形成皱纹。

（6）有时伴有毛细血管扩大，主要表现为干性肌肤的特征。

5. 敏感性肌肤

敏感性皮肤是指容易受刺激而引起某种程度不适的皮肤。当外在环境出现变化，肌肤无法调适，而出现不舒服的感觉以及过敏现象。主要表现：产生异常面红、脱皮、痕痒、红斑、刺痛、皮疹等。

敏感性皮肤的特征：

（1）皮肤表皮薄，细腻白皙，皮脂分泌少，较干燥，微血管明显，皮肤干燥机能减退，角质层保持水分的能力降低，肌肤表面的皮脂膜形成不完全。

（2）接触化妆品或季节过敏后易引起皮肤过敏，出现红、肿、痒。皮肤缺乏光泽，脸颊易充血红肿。

（3）因季节变化而使皮肤容易呈现不稳定的状态。主要症状是瘙痒、烧灼感、刺痛、皮肤发痒和出小疹子。

（4）容易受冷风、食物、水质、紫外线、合成纤维、香味、色素等外在环境或物质的影响。

（5）当接触到刺激性物质就会引发肌肤的问题。对阳光、气候、水、植物（花粉）、化妆品、香水、蚊虫叮咬及高蛋白食物都有可能导致过敏。

6. 眼部肌肤

主要表现：幼纹/皱纹呈现，有黑眼圈，血液循环减慢，含二氧化碳的血液停滞；眼肚——眼皮呈松弛，且缺乏弹性；浮肿——血液循环差，令废物积水难以排出。

问题成因：因年龄增长皮肤弹性不足以抵抗持续的地心引力；干燥气候，空气污染，紫外线照射；精神压力，疲劳，缺乏睡眠；过度阅读，接触电视、电脑尤其需急速眨眼的电脑游戏；夸张表情，揉搓眼部，经常侧睡；不恰当或不足够的护理等。

（二）皮肤的护理

1. 油性皮肤护理的要点

（1）注意水分的补充，以保持油水平衡。

（2）经常清洗面部，不上妆最好也使用柔和卸妆液。

（3）化妆水要用收敛效果好的产品。

（4）使用含油分少的水质护肤品，或偏酸性护肤品、清爽型护肤品。

（5）用面膜清除毛孔的污垢，定期去角质。

2. 干性皮肤护理的要点

（1）注意水分和油分的同时补充。

（2）选用温和的洁肤品洁面后立即用补水功能强的化妆水以补充水分。

（3）选用含油脂较多的营养性护肤品。

（4）用面膜和按摩来促进新陈代谢，调节血液循环。

（5）平时大量喝水。

3. 混合性皮肤护理的要点

（1）依皮肤的不同部位分别选用护肤品，最重要是保持均衡的水分和油分。

（2）油腻处可选用含油量少的水质护肤品。

（3）干燥部位可选择滋润性强的营养性产品 。

4. 敏感性皮肤的护理要点

（1）使用弱酸性配方及不含香料的护肤品。

（2）轻柔地接触肌肤，不可过度用力。

（3）保护皮肤免受外界刺激，如阳光、污染。

（4）保持皮肤水分充足。

（5）解除压力，充足睡眠。

（6）慎用新品。

5. 眼部肌肤的护理要点

（1）早晚用专业眼部用品修护，并及早开始。

（2）定期按摩及使用眼部护理品。

（3）充足睡眠。

（4）消除精神紧张、减压。

（5）注意用眼卫生。

【思考题】

1. 请思考如何保持整洁的发型。

2. 结合所学知识谈一谈敏感性肌肤该如何护理。

3. 简述如果社会工作者要做上门访问，他/她在面容上应该做些什么。

讲题三　社会工作者的妆容礼仪

一、社会工作者的妆容礼仪

目前，在社工行业，人们对社会工作者上班有无化妆的必要存在着争议。有人认为，社会工作者在工作时化淡妆应该成为一种常态。有人认为，社会工作者在上班时化妆与否，完全应当由其个人来做决定。还有人认为，社会工作者由于其工作性质的特殊性，经常面对的是弱势群体，绝对不宜进行任何化妆，不然的话，就与自己的工作性质不相符合。

（一）化妆的目的

随着社会的不断进步，化妆为人们追求理想的美创造了良好的条件。在现代生活中，人们追求的美，应该是健康的美，科学的美。只有这样，才能使美得以持久和深化。化妆的目的表现为：

（1）美化容貌。人们化妆的目的是美化自己的容貌。

（2）增强自信。化妆在为人们增添美感的同时，也为人们带来了自信。

（3）弥补缺陷。化妆可通过运用色彩的明暗和色调的对比关系造成人的视错觉，从而达到弥补不足的目的。

（二）化妆的意义

（1）社会交往的需要：由于女性生活方式和观念的改变，社会交往日益频繁，女性通过合适的化妆、恰当的服饰、发型及良好的个人修养、优雅的谈吐可以充分表现个人的魅力。

（2）职业活动的需要：在职业活动中，化妆把个人美的容貌、文雅的举止、干练的形象展现在公众面前，为自己赢得更出色的工作业绩。

（3）特殊职业的需要：演员、模特等根据工作和角色的需要化妆，使人物与剧情环境达到完美的统一，表演会更出色，易让观众产生共鸣。

（三）化妆的基本原则

一般来说，礼貌的妆容要遵循三 W 原则，即 When（时间）、Where（场合）、What（事件）。不同场合化不同的妆容，是得体形象的定位与诠释。

1. 化妆要视时间、场合而定

建议女士在社交场合尽量不要素面朝天，应该略施脂粉，以最佳的状态示人。男士在某些特定场合可以略施脂粉，调整良好的面色和外在表现，但是不可以太露痕迹。在工作时间、工作场合只能允许工作妆（淡妆），浓妆只有晚上才可以用。外出旅游或参加运动时，不要化浓妆，否则在自然光下会显得很不自然。吊唁、丧礼场合不可化浓妆，也不宜抹口红。

2. 化淡妆

职场女性在工作岗位上应当化淡妆，目的在于不过分地突出职场女性的性别特征，不过分吸引注目。如果一位职场女性在工作场合妆化得过于浓艳，往往会给人过分招摇和粗俗的感觉。女士化妆时要求使用相应的化妆品略施粉黛、淡扫蛾眉、轻点红唇，恰到好处地强化可以充分展现女性光彩与魅力的面颊、眉眼与唇部。

3. 避免当众化妆或补妆

生活中常常可以见到一些女士，不管置身于何处，只要稍有闲暇，便立刻掏出化妆盒来补一点香粉，涂唇膏，描眉型。当众化妆，尤其是在工作岗位上当众这样做是很不庄重的，还会使人觉得她们对待工作不认真。经常当众化妆的女性可能会因此得到"花瓶"的绰号。许多公司一般都设有专门的化妆间，就是为有必要随时化妆或补妆的人预备的，女士要补妆最好去专门的化妆间或去卫生间。特别需要提到一点，活跃于职场的女士们千万不要当着一般的异性的面，为自己化妆或补妆。

4. 不要借用他人的化妆品

众所周知，每个人因肤质等个体差异而使用适合自己的化妆品。因此，不要随意借用他人的化妆品。借用他人的化妆品很不卫生，此外还有可能因为皮肤肤质的不同而在使用他人的化妆品后出现过敏等现象。

5. 力戒与他人探讨化妆问题

每个人的审美观未必一样，所以不需要在这方面替别人忧心忡忡，更不要评价、议论他人化妆的得失。当面指出对方的妆容失误会招致对方的不快，甚至会因此和对方产生矛盾，费力不讨好。

6. 力戒自己的妆面出现残缺

在工作岗位上，假如自己适当地化了一些彩妆，那么就要有始有终，努力维护妆面的完整性。对于唇膏、眼影、腮红、指甲油等化妆品所化过的妆面，要时常检查。用餐、饮水、休息、出汗、沐浴之后，一定要及时地为自己补妆。要是妆面深浅不一、残缺不堪，必然会给他人留下十分不好的印象。

二、常用化妆品的作用及其使用方法

化妆品的作用就是美化面部容貌、调整皮肤色调、修正面部轮廓及五官比例，社会工作者必须具有正确认识并选择化妆品的能力。

（一）粉底

正确使用粉底，可以调整肤色、掩盖瑕疵，使皮肤呈现自然的、颜色均匀的效果。粉底由于形态不同遮盖力也有所区别，每个品牌的粉底一般都会分为不同的颜色，以适用于不同深浅的肤色。

除此之外，粉底也有偏粉红和偏黄的不同效果。亚洲人选用微微偏黄的颜色会比较适合。伴随现代科学技术而生产的粉底具有更多的修饰效果，颗粒更细腻，能轻易创造自然、光滑、晶莹的肤质。

1. 遮瑕产品

一般有遮瑕笔或遮瑕膏，可有效修饰、掩盖黑眼圈、色斑或色素沉积，可在施粉底前或粉底后使用。使用遮瑕产品时，应注意颜色要与皮肤或粉底的颜色接近。

2. 散粉

散粉一般用于定妆，可以使彩妆效果持久，减少面部油光。按照不同的分类方法，散粉一般可分为透明粉、彩色粉、亚光粉和闪光粉。透明粉往往只为皮肤带来干爽的效果，不会改变皮肤颜色；彩色粉有偏白、偏粉、偏绿、偏紫等颜色，可以令皮肤白皙，或改善偏红或偏黄的情况。相对于亚光粉，闪光粉含有闪光微粒，适量使用后可以带来皮肤的光泽感，给皮肤增加亮度。

3. 粉底类型

（1）霜状粉底。

乳霜状粉底有修饰作用，它属于油性配方，粉底效果有光泽，有张力。其滋润成分特别适合干性皮肤，更能掩饰细小的干纹和斑点，在脸上形成保护性薄膜。为避免涂抹厚重，可用手指代替海绵扑，将粉底轻薄地涂抹于面部。

（2）液体粉底。

液体粉底的配方较轻柔，紧贴皮肤，由于水分含量最多，具有透明自然的效果。如果添加了植物保湿成分或维生素，还具有很好的滋润效果，能够与肤色自然融合，使皮肤看起来细腻、清爽、不着痕迹。但单独使用容易脱妆，对瑕疵的遮盖效果不够好。在修容时可以局部配合固体粉底使用，使妆容更完美。

（3）固体粉底。

现在的固体粉底是以前的油彩粉底经过改良之后的产品，大大降低了厚重感，优质的固体粉底遮盖效果好且具有干爽细腻、颜色均匀、美化毛孔的作用，同时方便随时使用。

（4）啫喱粉底。

这种粉底特别应用了无油或极少油脂的水性配方，遮盖效果较差。只轻轻涂抹一层，可达到透明自然的效果，若想遮盖斑点或瑕疵，需配合遮瑕笔或霜状粉底。

（5）干湿两用粉饼。

干湿两用粉饼分为干面和湿面两种，分别由干粉和湿粉构成，质地细腻，效果好，使用方便。将干粉底扫在面部，能修饰妆容，显得自然通透，而用湿润了的粉扑扑上粉底，则可营造出细致清爽的效果。

（二）胭脂

胭脂是美容化妆的点睛之笔和不可缺少的一步。它可矫正脸形，突出面部轮廓，统一面部色调，使肤色更加健康红润。

1. 使用胭脂时的注意事项

在使用时，用化妆刷将胭脂涂在脸上后轻轻均匀扫开，开始用时，量不宜太大，逐渐加深至满意效果。

2. 如何用胭脂

胭脂的作用有两种：一是可以使脸部具有立体感；二是可使妆容看起来健康、时尚。如果想实现第一种功效，可直接用在颧骨凹陷处，斜向上扫均匀，即可达到立体的效果。一般适合稍宽大的脸型。要实现第二种功效，由鼻梁两侧向脸颊处晕染，可使妆容具有健康、时尚感，适合任何脸型。

（三）唇膏

唇膏在化妆中是必不可少的一项，它可以让妆容看上去更加有生气，还可以改变唇形，让妆容达到更好的效果。

1. 唇膏的分类

（1）唇彩。

质地透明，可直接拿唇棒涂抹双唇，或直接用唇笔蘸满唇彩后先从下唇中央开始涂，然后从中央向左涂抹直到嘴角部分，不需要强调唇线。

（2）保湿口红。

油亮度略低于唇彩，是很容易运用的基本化妆品。保湿程度高的口红，尤其对唇部干、脱皮的肤质有舒缓作用。保湿口红除了水亮效果突出之外，秋冬色还增添不少含珠光、极光的效果。

（3）持久口红。

粉质越高，雾面效果越强。新一代的持久口红有很好的滋润度，一般直接拿来涂抹唇部的效果比用唇笔好。

2. 唇膏的使用

唇膏是我们经常使用的东西，一般就是直接涂一下，也不会去想还有什么使用方法，其实唇膏的使用有很多讲究。如果唇膏使用不当，会出现以下现象：用唇膏反而难看，使皱纹和脸上的斑点立刻显出来；唇膏的颜色与衣服不协调，例如穿一件粉红的衣服却抹橘红色的唇膏，妆容的整体感觉就都显得不自然了。使用唇膏，应该注意以下几点：① 首先用热毛巾敷一下嘴唇，让嘴唇上的死皮软化；② 敷完后轻轻地在嘴唇上揉搓一下，让死皮脱落，注意不要太用力，以免嘴唇破裂；③ 然后将唇膏沿着唇部轮廓涂抹均匀；④ 如果觉得滋润度不够可以将唇膏反复涂抹两次；⑤ 漂亮的嘴唇必须完全对称，上唇与下唇的厚度必须一样，两边应尽量对称。如果达不到上述标准，可以用唇线笔来修改。譬如：若上唇稍薄，可用唇线笔把它画得厚一些使之与下嘴唇对称。唇线笔要尖，才可以画一条精细的线，笔的颜色要比唇膏的颜色深一些或与它相似，而绝不能比唇膏浅。

（四）眉笔

眉笔的作用是画眉形，在操作时可以这样做：

（1）可以先使用棕色的眉笔来打眉底，画出理想的眉形。

（2）用斜角刷将所画出的棕色眉线稍微均匀开，使眉毛更加自然，若偏好棕色眉，画眉步骤可就此完成。

（3）选用黑色眉笔，在原先的棕色眉上面叠上黑色。

（4）用眉梳将眉毛整理一下，整个眉毛显得更有朝气。

（五）眼影

眼影是加强眼部立体效果、修饰眼形以及衬托眼部神采的化妆品，其色彩丰富多样。眼影有粉末状、棒状、膏状、眼影乳液状和铅笔状。眼影的首要作用就是要赋予眼部立体感、并透过色彩的张力衬托脸庞。

1. 眼影粉

眼影粉粉末细致、色彩丰富，分珠光眼影和亚光眼影，含珠光的浅色眼影粉也可作为面部提亮色使用。

使用方法：珠光眼影可起到特殊的装饰作用，通常用于局部点缀；亚光眼影较适合东方人显浮肿的眼睛。使用时，根据妆型设计及眼部晕染部位和眼形的不同，选用不同颜色的眼影粉，在定妆之后，用眼影刷对眼睑进行晕染。

2. 膏状眼影

膏状眼影是用油脂、蜡和颜料配制而成的。膏状眼影的外观和包装与唇膏相似，是现在比较流行的眼用化妆品。它的色彩不如眼影丰富，但涂后给人以光泽、滋润的感觉。

使用方法：在涂完粉底定妆前直接用手指涂抹于眼部。

（六）摩丝

摩丝是一种以石油及煤等为原料，并经过化学加工合成的高分子化合物，它们的分子量一般高达几十万以至上百万，分子中的碳原子数成千上万。它的主要成分是黏性聚合物，作用于头发上能使发型变硬并保持形状，使造型后的头发不易散乱，看上去就像刚洗过，湿润油亮。由于奶泡般的质地，摩丝通常需要用特定的泵装罐保存，它与发蜡、发胶等产品比较，定型效果要优于后两者。

最佳使用方法：

首先，用毛巾擦干头发，然后用梳子梳理，按照习惯给头发分缝，按压一些在手掌上，顺着造型的方向均匀涂抹在头发中。

其次，把梳子放在发缝处，重点在发根，让发根充分浸满摩丝，然后向下轻梳直到发尾，梳匀发丝，接着用吹风机将头发吹干，即显现出理想的定型作用。

三、化妆的步骤

化妆是一门具有创造性的实用艺术，它讲究造型的真实与生动，色彩的协调与均衡。适度的化妆不仅可以突出一个人的美丽和端庄，还可以表现出不同的个性特征。化妆的关键是色彩的运用。色彩能够表现丰富的情感，绚丽多彩的颜色让生活变得五彩缤纷。人们常常赋予色彩以情感的寓意。

（一）常用的化妆工具

常用化妆工具主要有：化妆海绵、圆面粉刷、粉扑、口红刷、唇线毛笔（用于油状）、眼睫毛梳、肩梳、斜面眉刷、眼线毛笔、睫毛夹、假睫毛、美目贴、镜子、纸巾、棉签、棉花块、削笔刀、镊子、指甲刀、指甲锉、眉剪、小剪刀、化妆包、化妆托盘、化妆箱等。

（二）化妆基本步骤

1. 清洁皮肤

洁净的皮肤是化好妆的基础。具体做法将洗面奶放置手心，搓出泡沫，以打圈手法由下向上，由内向外地轻柔，然后用温水冲洗干净面部。

2. 脸型分析

运用色彩的渲染可以创造面部和谐的表情、立体感的轮廓和优美的肤色，使具有个性特征的面部形象显现出来。在化妆之前，必须先区别脸型，找出优缺点以便利用化妆技巧调整轮廓，弥补缺陷，张扬优点。

3. 基底化妆

（1）化妆水。根据不同的皮肤、不同的季节选用适合皮肤的化妆水。使用时，用手或化妆棉蘸取化妆水由下向上、由内向外轻轻拍于面部。

（2）乳液（润肤霜）。选择适合皮肤的乳液。润肤霜，采用五点法将乳液在额部、双颊、鼻部、下巴处（或将乳液在双手揉开，）由下向上、由内向外在全脸拍匀。

（3）隔离。隔离的功效就是隔离彩妆和外界对皮肤的污染。具体方法是边拍打边涂抹，并向外推抹，一直推抹到不能再远的程度。用这种方法会使效果看上去更加自然。也能够减少粉底连接处的痕迹。

（4）涂粉底。用化妆棉蘸取少量粉底由内向外，全脸均匀地拍擦，切忌来回涂抹。如果肤色不好，可以擦抹两遍以上粉底，每遍宜薄不宜厚，防止出现边缘线。

（5）上化妆粉。化妆粉一般选择适合肤色的散粉，将粉扑均匀蘸取散粉，粉量以粉扑向下，粉不下落为宜，轻轻按压全脸，然后用大粉刷刷去多余散粉。

4. 眉部化妆

眉部化妆包括眉毛的修整和眉毛的画描。

（1）眉毛与眉形的修整。

眉形的确定方法：眉头在鼻翼、内眼角连线和眉毛的交点处，眉尾在鼻翼、外眼角连线和眉毛的交点处；眉峰位于外 1/3 处，即鼻翼与瞳孔外缘连线的延长线上，眉峰位于 1/2 处可使脸型拉长，眉峰位于外 1/4 处，可使脸形加宽。根据眉梢与眉头的位置关系可将眉分为水平眉、上扬眉、下降眉，不同的眉给人的印象不同，一般来说，从眉头内下缘到眉尾的连线为水平线。画眉时眉头颜色不要过浓，以免给人严肃呆板之感。

眉毛的修整方法：稀眉毛者可用眉笔填画眉毛，使其成短羽状，然后用眉刷刷匀成一眉线。粗眉毛可剪去超过眉毛长度的眉毛，拔去低于眉线的眉毛，使眉毛变得细一些，不要拔掉眉线以上的眉毛。浓密而难于整理的眉毛可向下刷眉毛，用小剪刀修剪眉毛尖端，刷眉前可先对眉刷喷些水雾，以帮助理顺眉毛。

（2）眉毛的画描。

在修整好眉毛之后，需要对眉毛进行进一步的画描。需要注意的是，眉毛化妆的颜色要与发色、眼镜框色配合，眉毛的形状要与脸形协调，才能达到尽善尽美的效果。工具主要有眉笔和眉刷。眉笔笔尖削成鸭嘴状，并经常保持薄扁。首先用眉刷蘸取眉粉，将浅色眉粉分别涂至眉尾和眉头。若眉毛长得参差不齐，注意涂抹时要补满不完整的眉形。接下来画眉尾，用颜色略深的眉笔对眉毛稀疏部分和不饱满的眉尾，一根根地添画，不要将整条眉毛全部涂满颜色。最后用相应颜色的眉笔来加强和勾画眉尾，秉承上实下虚的原则，适当地将眉毛的下缘线勾画清晰。为了达到最好的效果，在最后修整的时候用螺旋眉刷将眉毛梳理整齐，这样能够使画好的眉毛同原本的眉毛融为一体，而且这样还能够打理出自然的效果。建议尽量不要文眉，因为眉形的造型或粗细常受流行趋势的影响，文眉后就无法调整；此外，文眉的颜色大多极为僵硬、不自然。

5. 鼻部化妆

鼻妆的关键是选择鼻侧影。鼻侧影可使鼻部增高，鼻梁挺直，还可以与眼睑颜色相称，使眼妆更有神。鼻妆常用的颜色为褐色、暗色、紫褐色等。化妆中应注意两条侧影均匀对称，沿鼻梁平直轻扫，避免出现歪斜，移位或错位；鼻梁两边侧影的间距一般为 1 ~ 1.5 cm，太宽太窄都不自然；侧影的起始应呈弧形，避免直角状；侧影的内侧平直，外侧应晕染，勿呈线条状。

6. 面颊化妆

面颊化妆是面部化妆的最后一步。将胭脂均匀地涂抹在面颊上可使面部表现出健康的色彩。

（1）方法。用胭脂刷蘸上少许胭脂，先在前臂内侧试涂，感到颜色满意后，再在面颊部位用胭脂刷轻轻涂染。有两种基本抹法，一是沿颧骨向上往发际线抹，色彩略重，再向下晕染，色彩略淡，多用于掩盖粉底，表现自然血色。二是从发际线经颧骨向口角斜抹，色彩略重，然后向上晕染出淡淡色彩，此法可强调胭脂用色，渲染气氛及情调。但不管是哪种方法，都应一层层由浅到深地涂到合适为止，不要一下子涂得太深，显得做作不自然。

（2）根据脸型确定抹胭脂的方法和部位。通过骨结构的不同特点涂抹胭脂，可以使面部特征更加鲜明。

圆形脸：圆形脸的下巴和两颊较为丰满，为了缩短面部宽度，使脸型看起来长一些，在颧骨上斜向一方将胭脂抹成"V"形，抹匀直到鬓角，然后在下巴上点一点胭脂并抹匀，产生面部长度增加的错觉。

三角形脸：三角形脸的化妆应尽量使下巴缩短。在颧骨上斜向一方将胭脂抹成"V"形，从颧骨向上抹匀直到鬓角，然后在眉毛稍上一点的地方往前抹匀直到前额中部，看上去前额的宽度与面部其他部分的比例协调一些，绝不要在下巴上抹红。

方形脸：方形脸的化妆应尽量掩饰轮廓生硬的地方，使其形成柔和的线条。在颧骨上抹胭脂，从正对眼睛中间的部位开始一直抹匀到鬓角。在前额和下巴上轻轻地抹少许，使脸部的方角变得柔和一些。

长方形脸：长方形脸的化妆应该造成脸部宽度增加的错觉。在眼睛外角下方的颧骨上抹胭脂，向上抹匀一直到鬓角。但胭脂绝不要延伸到低于鼻尖的部位。

椭圆形脸：用指尖找出颧骨突出的部分，用胭脂向上抹匀到鬓角，以突出颧骨。

（3）技巧。胭脂可修饰脸型，使脸颊产生立体感。化妆时常采用明暗度来表现立体感，即明亮部分形成突前的感觉，可擦在从颧骨到太阳穴的部位，阴暗部分形成退远的感觉，可擦在颧骨内侧靠近鼻子处。颧骨不高的人可采用同一颜色深浅两种色调的胭脂。在颧骨下面的凹陷区用色调深一些的胭脂，在颧骨上面用色调浅一些的胭脂，然后轻轻地抹匀，造成颧骨突出的错觉。

（4）注意事项。① 胭脂色彩的选择必须与脸型、肤色、个性、场合及所穿服装相适应。面部较小的人应用鲜艳一些的颜色，以起到夸张的作用；面部丰满者可选用浅淡的颜色。无论何种脸型，无论使用何种颜色的胭脂，一定要抹得较淡，并且边缘的颜色一定要和底色相融合。一般肤色可选用淡粉红、桃红和珊瑚色，肤色偏黄者可用橘红色，肤色苍白者可用粉红色。选择与口红同色系的胭脂，是面部化妆和谐的基本原则，白天用的色彩应比灯光下用色淡一些，服装用色是暖色调则胭脂也应用暖色系的，反之亦然。不同的胭脂色可体现不同的个性，如大红色给人生机勃勃、热情奔放的感觉，而杏色则显得自然沉着、文静贤淑，可根据需要张扬或掩饰的个性来选用不同色系的胭脂。② 在涂抹胭脂时要注意部位及涂抹方向，脸型偏长的人，横抹胭脂可使脸型有缩短的效果，脸型偏宽的人，竖抹胭脂有拉长脸型的效果。面部轮廓扁平、缺乏生气者，胭脂宜用在颧骨最突出处，约在眼睛正下方，这样可加强面部立体感，让人富有生气。颧骨突出的面颊则应在颧骨上侧即下眼睑凹陷处用亮色，颧骨下侧用暗色，中间用色调偏暗的胭脂使颧骨显得凹下去，即可使略显严肃冷漠的脸型变得柔和亲切。③胭脂的选择还与皮肤的性质相关。干性皮肤宜用含有一定油分、柔软易涂的膏状胭脂，而油性皮肤则宜用含油量少的粉块状胭脂。

7. 眼部化妆

眼睛是心灵的"窗口"，是表达个人情感和智慧、展现个人神采和风韵的最重要的器官。眼睛的魅力更能体现出个性美，美丽的眼睛会给面部带来活力和生机。

（1）涂眼影。

眼影色彩的不同可以产生不同的化妆效果，达到表现眼影色彩的目的。色彩使眼睛更富于表情，充满情感和魅力。

眼影的使用要注意色彩的和谐与融合，用色彩巧妙地组成各种图案，形成不同的效果。一般来说，蓝色、棕色和灰色眼影显得时髦，紫色眼影显得神秘华丽，桃红色眼影显得轻松活泼，黄绿色眼影显得潇洒而充满生机。肤色黑者避免用浅淡柔和的眼影，以免产生不自然的效果。用眼影前要先抹眼影底霜，以延长眼影的保留时间。抹眼影时要注意内眼角用浅色，外眼角用深色；内眼角从下向上抹，外眼角从上向下抹，这样可以增加眼部的立体感。

眼影的色彩选择及涂描方式应与皮肤色泽、眼形、唇色、服饰、场合等相适应。使用粉状眼影时，动作宜轻柔，切忌动作粗鲁而将粉末飞入眼睛。油膏状眼影不适用于老年人，以免眼影膏积存在皮肤皱折处而使皱纹更加明显。

注意区分生活妆和舞台妆。生活妆要求自然，涂眼影一定要有深浅颜色的过渡，即把涂上去的眼影晕染开来，以防反差太大而不自然。舞台妆则不同，因舞台妆的演员离观众距离远且灯光强烈耀眼，所以要求眼影的色彩浓烈，不需作深浅过渡，如此才能显得双眼传神，五官更有层次。

（2）画眼线。

受流行趋势的影响，画眼线一般用眼线笔。

描画眼线时，眼线笔的角度与睫毛根缘近乎垂直，一般先画上眼线，沿睫毛根部从内画至外，接近外 1/3 处线条略粗并稍微上翘，使睁开眼睛时尾线有上扬感。描画下眼线时动作宜轻，方向与上眼线一致，但线条应细弱，靠近外眼角时可略粗。描画时要注意支稳手肘，不能抖动，线条要流畅自然。勿让眼线笔或眼线液接触到眼球结膜部分，以免引起眼睛损伤。如果感觉眼线笔软了些，可在使用前冷冻一下；如果感觉眼线笔硬了些，可预先将笔尖握在指间捂一会儿后再用。

（3）画睫毛。

眼睫毛对眼睛有保护作用，具有诱惑性，增强眼睛移动和闪烁的程度，使情感溢于眼中。如果睫毛太软、太稀、太细、太直、太短、太乱，都不会令人满意。对太短、太稀或太细的睫毛，可以佩戴假睫毛来增加长度和浓度，白天选用自然状睫毛，晚间选用浓密型睫毛。多数情况下可用睫毛油（膏）来弥补。

先用睫毛器把睫毛卷曲，用睫毛梳或干净的睫毛油刷清除掉太粗的或难以理顺的眼睫毛。用睫毛油棒蘸取少量睫毛液，垂下上眼睑，镜子放在眼睛下方，先在上眼睑睫毛的上侧用睫毛刷横向自睫毛根向睫毛梢轻轻抚刷，然后眼睛往上看，镜子放眼睛稍上方，再用睫毛刷向上抚刷上眼睑睫毛的下侧，其后眼睛保持上抬姿势，睫毛刷纵向摆放，用其尖端左右移动涂染下眼睑睫毛，再横放睫毛刷，自睫毛根部向梢部涂染，最后检查有无睫毛粘连现象。若有可用睫毛梳梳开。

8. 唇部化妆

唇妆是面妆的重要部分。唇的润泽与柔美，可增加人的魅力。唇妆效果的好坏关键在于嘴唇的保养。

（1）唇妆的色彩。

嘴唇化妆的色彩应根据年龄、肤色、发型、服装、场合来选择。年轻人最好选择与皮肤颜色相近的自然色、红色、粉红色等，以达到明快的效果。中年人则最好选用深暗的颜色（如棕红色），以显示深沉的气质。肤色较白皙的人最好不用太鲜艳的颜色，而用自然朴素色；肤色较黑的人可选用鲜亮的颜色，达到"抬色"的效果；肤色偏黄、偏暗者，可用橘红鲜唇膏，令皮肤显得白净一些。唇膏可对不同的唇形进行修饰，薄唇、小唇可用鲜明的亮光唇膏（如红色），厚唇、大唇则应用亮度低、颜色深的唇膏，避免使用鲜艳色彩的唇膏和极富光泽的唇彩。红色富有生气，喜庆场合宜用；生活妆应力求朴素，不要选用艳色唇膏，舞会妆则要用红色或玫瑰红亮光唇膏以表现明艳夺目感，宴会妆则要选择成熟稳重的红褐色系唇膏。使用唇膏时，还要检查口角是否涂满，观察上下唇连接处是否线条完整圆润。此外，唇膏的色彩应与胭脂、眼影的色彩协调，才能体现整体和谐美。

（2）嘴唇化妆方法。

清洁唇部，涂润唇膏，用同色系唇线笔勾画出预想唇的轮廓线，用唇扫蘸上唇膏或直接用棒状唇膏在画好的唇线轮廓内涂抹至均匀，唇纹也妥善涂好，最后用纸巾轻拭唇部，可将多余的油分吸去。为增加唇部魅力，可在上下唇的突起部分加用一层唇彩，使唇显得饱满滋润、鲜艳欲滴。现在流行的简易妆中，仅用唇彩来表现唇部魅力。

（3）唇形的修饰。

正常嘴唇：自然匀称，不必进行矫正。可根据自己的经验和爱好使用不同颜色和质地的唇膏来形成不同的效果。玫红色系有活泼年轻感，粉红色系有温存柔顺感，大红色系有鲜艳华丽感。

厚嘴唇：使用少量面部化妆品盖过嘴唇。用唇线笔沿自然唇线内描画，仔细地限定嘴角，然后使用柔软的中至深色唇膏涂嘴唇，在外嘴角处要仔细描画，避免用鲜艳的颜色和亮光唇膏。

薄嘴唇：用唇线笔沿自然唇线的外沿描画，使用中等深度颜色唇膏和亮光唇膏，使嘴唇显得丰满。

厚上唇和厚下唇：将厚的嘴唇部分画得薄一些，用唇线笔沿自然唇线内沿描画，然后用深色唇膏涂满两唇。将薄的嘴唇部分画得丰满一些，用唇线笔沿自然唇线外沿描画，然后用颜色鲜明的唇膏涂满两唇。

下垂唇：用粉底霜或其他掩饰品盖住嘴角，用唇笔淡淡地向上延长嘴角，然后用唇膏涂满。

9. 指甲修饰

在完成脸部的妆容之后，别忘了对手指甲进行修饰。在护理指甲前，必须先洗净双手，然后用推皮刀推死皮。顺序是从左至右慢慢地推出死皮，最后用弯剪修饰指甲弧位的死皮。先用锉刀修整再浸泡，因为湿润的指甲柔软脆弱易修剪。在修剪的时候可以根据自己的喜好，用指甲钳剪出自己喜欢的指甲形状，再用指甲锉修整。指甲锉与指甲成45度角，并往同一方向移动修整，还要向指甲内侧打圈削磨，以达到顺滑的效果。

礼仪专家提醒，男士不能留长指甲，因为那是一种极其不礼貌的行为。女士虽说可以适当留长指甲，但是指甲的长度一般以接近指甲长度的一半为宜，过长则失去美感，而且容易断裂。女士还可以根据场合需要涂抹指甲油，但长期使用指甲油会对指甲造成一定伤害，故要经常护理。可以选择能够加强指甲强度韧度的护甲油，保护指甲，并促进指甲的健康生长，也可定期为指甲涂上一层护理膏或修护霜，按摩指甲和指甲的边皮，使指甲的柔韧度更好，不致因干硬而断裂。

10. 补妆

补妆是补化妆品在脸部已质变的部位。脸部的妆一般只能保持一定的时间，时间长了颜色就会发生质变。具体步骤包括以下5步：

（1）擦拭汗水。在补妆前先用纸轻轻按压整张脸，把多余的汗水拭除，这样才不会让补出来的妆产生不均匀的现象。注意一定要轻柔地按压，让汗水自然吸附在纸巾上。

（2）扫除油光。在擦拭完汗水后换用吸油面纸按压整脸，将脸上的浮粉、残妆彻底清除，从最易出油的鼻子、额头、下巴开始，轻轻按压。

（3）修补底妆。建议用干湿两用粉饼，以少量多次的原则补粉底，将海绵蘸湿后完全挤去多余水分，以略湿的海绵粉扑，可让底妆持久。用轻压的方式沾粉，从大范围的脸颊开始依次涂抹额头、下巴、鼻子，最后要注意嘴角、发际、人中等细微的地方，直到新粉和旧妆充分地融合。

（4）打理眼影。在补眼妆之前，一定要用棉棒或指腹将旧眼影清除干净。用眼影棒蘸取适量的眼影后，稍微弹一弹再画上去，以免涂抹过多，显得厚重。如果眼妆脱落得厉害，也可用乳液将掉落的眼影清洗干净，补好粉底后再补眼影。

（5）重塑双唇。首先，用纸巾将唇膏的残渣擦干净，接着再次清洁双唇剥落的角质。用唇刷蘸一点点的唇彩，刷在唇中央，再轻轻晕开。注意不要涂得太厚，太厚反而容易脱落。

知识拓展：

认识香水：香水是女人身上永恒的话题，很少有女人不喜欢香水，也许因为香水的精致和浪漫恰是女人魅力的展现。法国时装大师香奈儿曾经说过一句话："不用香水的女人没有前途。"或许这话有些言过其实，但绝对可以说明香水对于女人有多么重要。因为香水确实为男人女人保鲜，留住魅力。

（一）香水的等级划分

国际市场上香水品种很多，但按香水的香精含量不同划分为 5 种等级：香精、香水、淡香水、古龙水、清淡香水，如表 4-3-1 所示。

表 4-3-1　香水等级

种类	香精	香水	淡香水	古龙水	清淡香水
持续时间	5~7 小时	5 小时以上	3 小时	1~2 小时	1 小时以下
香精浓度	15%~30%	10%~15%	5%~10%	2%~5%	2%以下
酒精浓度	70%~80%	80%以上	80%	80%	80%以下
价格等级	1（最贵）	2	3	4	5

（二）香水的分类

常见的香水香型大致可以归结成以下几种：

（1）醛香型：具有圆润、柔和的香气，就像花瓣般的轻柔。

（2）花香型：香甜、清新，代表着女性的甜美。

（3）东方型：香气浓烈、刺激，具有东方神秘色彩。

（4）馥奇香型：具有烟草与皮革的香气，多为男性使用。

（5）素心兰香型：淡雅的柑橘与柠檬香。

（6）果香型：较为通俗的甜味。

（三）香水的使用方法

使用香水，要适宜适量。香水不要喷洒在敏感部位，应变化使用方法。香水在皮肤特别温暖的地方和血液流通好的地方（也就是在耳朵后，脉搏处和手肘等部位），特别容易挥发。刚洗过的头发也是很好的香气载体。另外，天然纤维和毛皮做的衣服底下的皮肤香气特别持久。喜欢常换香水的人，在用香水喷洒衣物的时候要注意了，因为衣服并不是每次穿过后都会清洗，例如羊毛衫上的剩余香水味或许就不能与下一次喷洒的香水相互协调。同时，男士不应使用水果香型的香水，或者其他适合女士用的香水。男士使用香水的时候，不应穿凉鞋。这正如西装配球鞋一样，非常不搭。

使用香水与着装一样，要遵守 TPO（时间、地点、场合）原则。不同味道的香水在调制之初就预设好了适合它的顾客群，选定了它适合的场合、季节。香水的香气会受到季节或天气的影响，所以使用香水的重要观念是"不能一瓶用到底"。

1. 不同季节香水的使用

春天：温度偏低，但气候已开始转向潮湿，香氛挥发性较低，适宜选用清新花香或水果花香的香水，如安娜苏蝶恋女士香水，安娜苏甜蜜梦境女士香水，HUGO BOSS 女士香水，兰蔻欧依女士香水，安娜苏洋娃娃女士香水，Calvin Klein 永恒女士香水，洛佩兹闪亮之星香水，纪梵希热流女士香水等。

夏天：气候炎热潮湿，动辄汗流浃背，一定要用气味清新挥发性较高的香水，中性感觉的青涩植物香和天然草木清香都是理想选择。如大卫杜夫 Cool Water 冷水女士香水，高田贤三清泉女士香水，GUCCI Envy 嫉妒女士香水，迪奥 Tendre Poison 绿毒女士香水。

秋季：气候干燥，秋风送爽，可试用香气较浓，带辛辣味的植物香型、带甜调的果香或化学成分较高的乙醛花香。如 CHANEL N'5 香氛，迪奥 Dune 沙丘女士香水，HUGO BOSS 女士香水，爱斯卡达心境女士香水，登喜路 Desire 欲望女士香水，BOSS Woman 女士香水。

冬季：在厚厚的衣物之下，更需浓浓的香氛驱走寒气，清甜花香和辛辣调的浓香都是理想选择。如 YSL Opium 鸦片女士香水，Calvin Klein 永恒女士香水，香奈儿 Allure 魅力女士香水。

2. 不同场合香水的使用

密闭空间：在车厢、戏院等空气循环不佳的空间里不要涂浓烈的香氛，以免刺鼻的香味影响他人，所以最好免涂浓度低、挥发性强的香氛。餐厅：进餐前一般不要涂浓烈的香水，皆因美食、香氛不可得兼。

医院：香味并非任何一个人闻了都会舒服，进类似医院的公共场合，还是对香水说声"再见"比较好。

婚礼：这种喜洋洋的场合，香氛可以倍增喜气。白天可以选择淡香水，晚上则可选择浓香水。

约会：选用柑橘水果和苔类香草为原料的香水，内含有令人增添吸引力和荷尔蒙成分。

雨天：潮湿的空气使香气在水分重的区域内难以弥散，选用淡香水为宜。

户外：运动和逛街都易流汗，汗水与香水味混合在一起总会让人敬而远之，这时要选用无酒精香水或运动型香水。

睡眠：薰衣草或玫瑰精油有改善睡眠质量的功效，临睡前，在枕下少涂一点儿，一晚香梦随之而来。

3. 使用香水的禁忌

香水固然是好东西，但也要懂得运用，不同的场合或是不同材质的衣服，甚至妆容，都应该使用不同的香水，如果使用不当，往往会产生不良的后果。

（1）香水可以喷在干净、刚洗完的头发上。若头发上有尘垢或者油脂会令香水变质。

（2）香水喷在羊毛、尼龙的衣料不容易留下斑点。不过香味留在纯毛衣料上会较难消散。

（3）棉质、丝质很容易留下痕迹，千万不要喷在皮毛上，不但损害皮毛，颜色也会改变。

（4）若不小心玷污衣物，应尽早处理。可把干毛巾托在衣服下，用棉花蘸少许酒精，轻拍衣服上的斑点。由于香水不是水溶性，用清水肥皂是无济于事的。一般保存质量比较好的香水可以存放 3 ~ 5 年。

（5）可放进冰箱里保存，但只限于淡香水。香精则不可，过冷或者过热均会影响香味。

（6）如果剩余少许香水，颜色变浓浊，可加入一些乙醇稀释，切不可加水。

（7）探病或就诊，用淡香水比较好，以免影响医生和病人。

（8）参加严肃会议，千万不要用浓香水。

（9）在工作间，切忌个性强烈的香水。

（10）在宴会上，香水涂抹在腰部以下是基本的礼貌。过浓的香水会影响食物的味道，可能降低食欲。

【思考题】

1. 理论联系实际，分析社会工作者进行家访时该化怎样的妆容。

2. 结合所学知识，思考社工的妆容礼仪应遵循哪些原则。

【本章小结】

对社工仪容的认识可以从以下两个方面进行：

1. 了解社工仪容的含义，对其概念的界定，懂得社工仪容的作用以及作为一名社工要遵守的仪容的原则。

2. 在对社工仪容基本知识进行学习（培训）之后，掌握社工的面容、妆容相关知识。认识化妆品，了解其分类和作用，学会化妆。并要有社工也需要化妆的意识，工作中化适宜的妆容是对工作的尊重和对案主的重视，在工作时带着一份适宜的妆容、带着专业的工作能力完成自己的工作。

【推荐阅读】

1. 徐凌：《公共服务礼仪》，北京大学出版社 2014 年版。

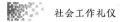

2.《化妆师》(基础知识),中国劳动社会保障出版社 2007 年版。

3. 汇智书源:《让你身价倍增百万的社交礼仪书》,中国铁道出版社 2016 年版。

4. 杨连顺,谢义华:《职场人际关系与沟通技巧》,天津大学出版社 2012 年版。

5. 金正昆:《商务礼仪教程》,中国人民大学出版社 2013 年版。

第五章 社会工作者的服饰礼仪

【学习（培训）目标】

通过本章学习（培训），你应该：

1. 了解服饰的基本概念与特征。
2. 掌握服饰礼仪的功能与作用。
3. 会分析服饰与服饰礼仪的关系。
4. 会正确选择各种场合的服饰。

【核心概念】

服饰礼仪 正装礼仪 便装礼仪

【本章概览】

本章主要的学习（培训）任务是社工服饰以及服饰礼仪的基本概念与特征。教师通过运用案例分析、知识讲授、分组讨论、读书指导等多种教学方法，对服饰的起源及发展介绍，让学生（学员）认知服饰的内涵，了解服饰及服饰礼仪的发展现状，掌握各种服饰的礼仪，并知道服饰的搭配。具体内容包括：服饰的起源及发展，服饰及服饰礼仪的内涵，服饰的社会学功能，正装的礼仪、便装的礼仪、家居服的礼仪以及配饰的礼仪等。

【导入案例】

都是戒指惹的"祸"

某社工机构一线社工胡女士人长得漂亮，且很有气质，虽然结婚多年且已年近30，但看上去比其实际年龄小得多。一日，某广告公司的陈经理来公司洽谈业务，一见到胡女士，陈经理眼睛一亮，脸上立刻流露出一种难以形容的亲切表情。随后陈经理与胡女士交换了名片。陈经理属于典型的俊男，一表人才，身边不乏追求者，但陈经理却总能镇定自如，丝毫不动声色，尽显绅士风度。但自从见到胡女士后，陈经理一改往日的风格。与胡女士见面的第二天，陈经理就订购了鲜花，并委托礼仪公司每天上班前给胡女士送去一束鲜花。胡女士很是纳闷，是谁这么有心呢？礼仪公司只告诉她，定花的是位姓陈的先生。胡女士认真地在朋友圈里搜寻，却怎么也想不出是谁天天给她送花。半个月后，陈经理给胡女士打来电话，主动约胡女士出来喝咖啡。胡女士如约而至。见面时陈经理很绅士地送给胡女士一枝红玫瑰。胡女士这才恍然大悟，原来送花使者就是眼前这位英俊的陈经理。

交谈之中，陈经理毫不掩饰他对胡女士的爱慕，弄得胡女士十分尴尬。于是，胡女士很巧妙地告诉陈经理，她已经结婚多年，而且女儿都已经四岁了。陈经理还是半信半疑，因为胡女士手上的戒指明明告诉他，胡小姐是位未婚女子。原来，胡女士手上的戒指是她外婆送给她妈妈的陪嫁物，她妈妈又将戒指传给了自己的女儿，一直戴在食指上，从未动过，结婚时也没买钻戒，所以，就一直戴着妈妈给她的戒指。弄清原委后，陈经理深深地感到遗憾，并礼貌地向胡女士表示歉意。胡女士这才如释重负。这一美妙的误会，原来都是戒指惹的"祸"。

讲题一　服饰的社会学意义

一、服饰的起源及发展

中国服饰文化的历史源流，若从古典中寻找，总会将其归结于三皇五帝。如战国人所撰《吕览》记述，黄帝时"胡曹作衣"；或说："伯余、黄帝制衣裳。"这个时代，从考古发掘的文化遗存来看，应该是距今五六千年前的原始社会的母系氏族公社繁荣时期。这个时期内出土的实物有纺轮、骨针、纲坠、纺织物的残片等。我国甘肃出土的彩陶上的陶绘，已将上衣下裳相连的形制生动而又形象地描绘出来了。

周代是中国冠服制度逐渐完善的时期。这时候，有关服饰的文字记载十分多见。青铜器铭文中，有关服饰的记载有"虎冕练里"（毛公鼎）、"女裘宝殿"（周、伯蔡文簋）等。随着等级制的产生，上下尊卑的区分，各种礼仪也应运而生，反映在服饰上，有祭礼服、朝会服、从戎服、吊丧服、婚礼服。这些服饰适应了天子与庶民，甚至被沿用在商周以来的两千年封建社会之中。商周以封建制度建国，以严密的阶级制度来巩固帝国，制定了一套非常详尽周密的礼仪来规范社会，安定天下。服装是每个人阶级的标志，服装制度是立政的基础之一，规定是非常严格的。商周时代的服饰：商周时代的服饰，主要是上身穿"衣"，衣领开向右边；下身穿"裳"，裳就是裙；在腰部束着一条宽边的腰带，肚围前再加一条像裙一样的"韨"，用来遮蔽膝盖，所以又叫作"蔽膝"。

春秋战国时期，各国间不全遵周制。七国崛起，各自独立。其中除秦国因处西陲，与其他六国有差异外，其他六国均因各诸侯的爱好和奢侈，以及当时兴起的百家争鸣之风，在服饰上各显风采。春申君的三千食客中的上客均着珠履；平原君后宫百数。卫王宫的卫士穿黑色戎衣；儒者的缛服长裙褒袖、方履等。

汉初服饰，与民无禁。西汉虽有天子所服第八诏令的服饰制度，但也不甚明白，大抵以四季节气而为服色之别，如春青、夏赤、秋黄、冬皂。汉代妇女的日常之服，则为上衣下裙。

秦汉时代，对中国服色是一个重要阶段，也就是将阴阳五行思想渗进服色思想中，秦朝统治时间甚短，因此除了秦始皇规定服色外，一般的服色应是沿袭战国时代的习惯。

魏晋南北朝是中国古代服装史的大变动时期，这个时候因为大量的胡人搬到中原来住，胡服便成了当时时髦的服装。紧身、圆领、开衩就是胡服的特点。

隋唐时，一般人是穿白色圆领的长衫，低下阶层穿的是用麻、毛织成的"粗褐"。隋代女子穿窄合身的圆领或交领短衣，高腰拖地的长裙，腰上还系着两条飘带。唐代的女装主要是衫、裙和帔，帔就是披在肩上的长围巾，还有特别的短袖半臂衫，是套穿在长衫外面。唐代初期的妇女还喜欢穿徂领的小袖衣、条纹裤、绣鞋等西域式的服装，她们的头上还戴着"幂

"离""帷帽"。隋唐的女装，以红、紫、黄、绿四种颜色最受欢迎。

宋代的服装，其服色、服式多承袭唐代，只是与传统的融合做得更好、更自然，给人的感觉是恢复中国的风格。宋朝时候的服饰男装大体上沿袭唐代样式，一般百姓多穿交领或圆领的长袍，做事的时候就把衣服往上塞在腰带里，衣服是黑白两种颜色。当时退休的官员、士大夫多穿一种叫作"直掇"的对襟长衫，袖子大大的，袖口、领口、衫角都镶有黑边，头上再戴一顶方桶形的帽子，叫作"东坡巾"。宋代的女装是上身穿窄袖短衣，下身穿长裙，通常在上衣外面再穿一件对襟的长袖小褙子，很像背心，褙子的领口和前襟，都绣上漂亮的花边。

元代的服装制度与辽金相似。元代是由蒙古人统治，所以元代的服饰也比较特别。蒙古人多把额上的头发弄成一小绺，像个桃子，其他的就编成两条辫子，再绕成两个大环垂在耳朵后面，头上戴笠子帽。元代人的衣服主要是"质孙服"，是较短的长袍，比较紧、比较窄，在腰部有很多衣褶，这种衣服很方便上马下马。元代的贵族妇女，常戴着一顶高高长长，看起来很奇怪的帽子，这种帽子叫作"罟罟冠"。她们穿的袍子，宽大而且长，走起路来很不方便，常常要两个婢女在后面帮她们拉着袍角，一般的平民妇女，多是穿黑色的袍子。

明太祖朱元璋统一天下，明代开始整体上大致恢复汉人衣冠，即从唐代吸收了胡人衣冠以后，发展出的汉人衣冠。

清朝是中国服装史上改变最大的一个时代，公元1644年，原居中国东北的满族进入关内，占领北京，建立了清王朝。从服饰发展的历史看，清代对传统服饰的变革最大，服饰的形制也最为庞杂繁缛，顺治二年（公元1645年）下剃发令，军民人等限旬日尽行剃发，并俱依满洲服饰，不许用汉制衣冠，以此作为归顺与否的标志。乾隆帝亦属好大喜功、浮慕好名之君，但他能清楚意识到，承袭一套已含在衣冠制度中的政治理论，而不必是外观形式，方能传国长久。乾隆制定详细的冠服制度，并图示说明，以后子孙也能"永守勿愆"。

二、服饰的内涵

（一）服饰

服饰，是一个复合名词，指人们穿戴的总称谓，其内容包括服装及与服装相关的饰品[1]，即从头到脚的服、服上的装饰方式和物品、人体上的装饰方式和物品等。

第一类是衣着：包括用不同的原料如棉、麻、丝绸、毛纺、皮革制作的衣、裤、帽、袜、鞋等。

第二类是各种附加的装饰物：头发装饰物簪、钗、梳等，耳部装饰物耳环、耳坠等；颈部装饰物颈圈、锁等；腰部装饰物腰带等；手臂装饰物手镯、戒指等、脚步装饰物脚铃等。

第三类是对人体自身的装饰：各种发饰、画眉、描唇、染甲、镶牙、染牙、束胸、缠足、

1 陈巍娣. 论服饰作为社会交互工具的功能和意义[J]. 郑州轻工业学院学报（社会科学版），2010(4).

文面、文身等。

　　第四类是具有装饰作用的生产工具、护身武器和日常用品：佩刀、背篓、拎包、手提袋、荷包、香囊袋、扇、伞等。

（二）服饰礼仪的历史发展及内涵界定

　　中国自古以来就被称为"衣冠上国，礼仪之邦"。在相当长的历史过程中服饰是礼治的重心。翻阅中国服饰文化史可以看到先秦诸子以其解放自由的实践理性精神为主体思想，各持颇多歧异的服饰观念，为中国服饰文化拓展出相对多元化的发展格局，也在不同层面挖掘出了多样性服饰美学的文化命题。在"三礼"（《周礼》《仪礼》《礼记》）中，服饰文化观念与着装的惯例成为其中最核心的内容，它不是一般意义上对于服饰文化思想的探索与总结，而是从宏观角度出发勾勒了中华服饰制度以及中国礼仪文化的整体格局。内容涉及服饰文化、容貌仪态举止和周旋揖让的艺术等最富有实践意义的行为模式与内涵。

　　在近现代，随着现代文明的进程，古代服饰礼仪在逐渐淡去，现代服饰礼仪在逐渐形成。由于现代中国对服饰礼仪的研究比较薄弱，尤其在"文革"期间，传统的礼俗、礼节被当作封建主义残余批判。服饰礼仪遭到鄙夷，人们对服饰的礼仪功能逐渐不重视。改革开放以来，衣冠王国、礼仪之邦的服饰礼仪如何顺应时代进步而发扬光大，成为一个重要问题。《国家"十一五"时期文化发展规划纲要》明确指出："文化是国家和民族的灵魂，文化的力量，深深烙铸在民族的生命力、创造力和凝聚力之中。五千年悠久灿烂的华夏文化，是中华民族生生不息、国脉传承的精神纽带，是中华民族面临严峻挑战屹立不倒、百折不挠的力量源泉。"华夏文化的兴盛是我们的责任，服饰文化是文化的重要组成部分，服饰礼仪是服饰文化的重要表征，因此我们必须重视服饰礼仪。服饰礼仪是指人们在社会交往过程中，为了表示相互尊重和友好，达到交往和谐而体现在服饰上的一种行为规范。

三、服饰的社会学功能

　　以往对服饰文化的研究在护身、遮体、实用、审美等方面居多，然而随着社会的发展，服饰的功能日趋多样化，着装者从自身调节要求到心灵的满足；从社会的客观要求到塑造自我审美对象；从有意识地强化角色形象到有意识地削弱角色特征。这些现象促使我们更深入地研究服饰在人们社会中的作用。服饰作为一种文化现象，它深刻反映了一个时代的精神和人们的思想观念，具有鲜明的社会性内涵，主要包括它的等级性、地域性、民族性、伦理性和功能性等。

　　第一，服饰具有显示人们等级性的作用。服饰的等级性内涵主要是指在阶级社会中用服饰来区别尊卑贵贱，标示人的身份等级。例如"见其服而知贵贱，望其章而知其势"（贾谊《新书·服疑》），"天子袾卷衣冕，诸侯玄卷衣冕，大夫裨冕，士皮弁服"（《荀子·富国》），服饰作为一种文化形态，贯穿了古代各个时期。自汉武帝起，服饰制度成为建立和巩固封建秩序的重要手段，也是统治阶级向老百姓施行所谓道德教化的手段之一。在几千年的封建社会中，服饰有鲜明的阶级性，有别尊卑、贵贱的作用。例如：绫罗绸缎是达官贵人、皇帝臣宦等上层社会官服的用材，而老百姓只能穿棉麻织成的粗料，所以老百姓又别称布衣；至于装饰图案，龙凤为皇室专用，平民只能饰以平常所见的花草虫鱼之属。

第二，服饰还具有地方性的特点。服饰的产生和发展变化与人类居住的自然环境、气候条件，以及各地区生产方式和生活方式有着密不可分的关系，因而呈现出鲜明的地域色彩。由于受地域、历史、文化和宗教的影响，从古至今，各个地方都形成了自己独特的服饰文化。秦统一全国后，实现了服饰的一体化，但一些细微之处仍存在很大差别，主要体现在南北方的服饰差异上。具体表现为服饰用料的不同和服装样饰的不同。首先，服饰用料的不同，由南北方的气候等自然地理条件的不同而引起。北方气候多寒冷，衣物厚实保暖；南方气候炎热，衣物多较单薄，多为无袖或短袖，颜色为浅色系列，以反射太阳光。其次，服饰装饰上，南方的服饰会显得秀气，会有很多细节，如蕾丝、蝴蝶结之类的东西。而北方的服饰就裁剪得比较简单，感觉很大气。这可能和南北方人的身材有关。南方人娇小玲珑，北方人身材高大，有点像现在的韩流服饰和欧美风。

第三，服饰还具有民族性的特点。民族性是指各民族在服饰上所表现出的不同特点。各具特色的民族服饰是在一定的历史条件下，逐步发展演变成的，它受到地理环境、历史观念和深层文化内涵的影响，凝聚着特定民族人民的审美理想和意趣。唐装就是具有很强的民族性的服装，唐装是目前我们公认的国服，但是在不同的场合哪个国家的人都可以穿，就像有些年的亚太经合组织领导人非正式会谈的时候，十几国的领导都穿了唐装，而且有些国外的领导人也会在华人的春节期间穿唐装向华人拜年。

第四，服饰还具有伦理性的特点。在中国古代，在特定的时间内，服饰是守礼尊规的一种表现，不同的场合有不同的服饰要求，这使服饰带有强烈的伦理色彩，如祭祀有祭服，上朝有礼服，婚事有礼服，葬仪有丧服。

第五，服饰还具有功能性的特点。在中国日常社会生活中，用服饰来显示、界别自身所从事职业、身份的功能内涵，是其重要内容之一。如罪犯囚徒的"囚衣""号衣""号服"，军队官兵的"军服""兵服"，僧尼道徒的"僧衣""道袍"等。

由此我们可以看出，服饰可谓是种类繁多，异彩纷呈；百花齐放，各展风采；源远流长，连续不断；随时升华，大放光芒。只要认真细致地观察服饰就不难发现，这种民族性、丰富性、多样性、实用性、区域性特点的多姿多彩的服饰，是历史发展的产物，是独特文化传统的结晶，是与自然生态和谐的象征，又是生产生活方式的具体体现。不可否认，生产生活方式随着时间的推移、历史的发展、科技的进步、财富的增加，会不断发展变化，民族服饰也会随之发展变化，这是被历史所证明了的。今天的民族服饰就是由昨天的发展变化而来的，无非是先民们继承优良传统的同时，剔除了不适应时代要求的东西，以求更适应现实，更具有实用性。中国民族服饰发展到今天仍然不会停止，它势必随着现代化建设步伐的加快而进一步发展变化。当然，万变不离其宗，这种快速的发展变化，更能体现民族特色。

【思考题】

1. 根据所学知识，谈谈我国服饰的发展历史。
2. 服饰礼仪的内涵是什么？
3. 结合所学知识，思考服饰的作用是什么。

讲题二　服饰选择的原则

一、服饰选择的原则

社会工作者在与人交往中，代表着机构形象，应该了解服饰选择的基本常识，选择服装时根据自身特点及特定场合的需要，遵循一定的服饰礼仪原则，为自己选择一套得体的服装。

（一）个性原则

个性原则是指在社交场合树立个人形象的要求。正如世间每一片树叶都不会完全相同一样，每一个人都有自己的个性。人人都希望自己以一个独立的人的形象被社会接纳与承认，而服饰打扮可以帮助人们达到这个目标。一个人所穿的服装往往能传达出性格、爱好、心理状态等多方面的信息，不同的人由于身材、年龄、性格、职业、文化素养等不同，自然就会有不同的个性特点，所以服装选择首先应考虑自身特点，把握形体尺寸，力求做到"量体裁衣"，扬长避短；其次，保持并创造自己所独有的风格，突出长处，符合个性要求，选择能与个性融为一体的服装，这样才会展示个性，尽显个人风采，保持自我，以区别于他人。切勿穷追时髦，随波逐流，使得个人着装千人一面，毫无特色可言。因此，只有当服饰与个性协调时，才能更好地发挥其效应，塑造出最佳形象和礼仪风貌。

（二）适用交际目的原则

在社会交往过程中，能正确理解并充分利用服饰的社会功能，对于人际交往的有效与顺利开展是非常重要的，即在与他人交往过程中，选择合适的服饰有助于缩短彼此间的距离，协调彼此间的关系，从而使对方接受自己，达到交际的目的。

美国行为学家迈克尔·阿盖尔曾经做过一个实验：他以不同的衣着打扮出现在某城市的同一地方。当他西装革履、风度翩翩地出现时，向他问路、问时间的人大都属于彬彬有礼的绅士阶层；而当他破衣烂衫、蓬头垢面地出现时，接近他的多半是流浪汉、无业游民。这个实验表明了人们总是习惯通过服饰来判别自己可交往的对象。如果一个人的穿着与其交往对象格格不入的话，就会很容易扩大彼此间的距离，并使相互间的沟通出现障碍。因此，如果你想让他人接受你，首先就得让他人接受你的服饰。如果你的穿着不能为他人所接受，你的言行举止乃至你的一切也可能很难为他人所接受。

因此，从某种角度讲，穿衣打扮不仅仅是个人的事，也与他人密切相关。

人们可以通过合适的服饰让他人了解自己、认识自己，最后接受自己。正因为穿衣打扮主要不是为自己，所以不管一个人是否喜欢打扮，都不能忽视自己的衣着装扮。也正因为如此，人们在选择自己的服饰时，不仅要考虑自己的喜好，还要考虑社会风尚及交往的对象，最终使得自身的着装符合社会交往目的。

（三）TPO 原则

总的来说，着装要规范、得体，就要牢记并严守 TPO 原则。TPO 原则是有关服饰礼仪的基本原则之一。其中的 T、P、O 三个字母，分别是英文时间（Time）、地点（Place）、目的（Object）这三个单词的缩写。它的含义是要求人们在选择服装时，首先应当兼顾时间、地点、目的，并力求着装及其具体款式与着装的时间、地点、目的协调一致，做到和谐般配。[1]

1. 时间原则

时间涵盖了每一天的早间、日间和晚间三个时间段，也包括每年春、夏、秋、冬四个季节的交替以及不同的时期。因此，人们在着装时应考虑到时间层面，做到随时更衣。比如，冬天要穿保暖、御寒的冬装；夏天要穿通气、吸汗、凉爽的夏装。

在通常情况下，人们早间在家中和户外的活动居多，无论外出跑步做操，还是在家里盥洗用餐，着装都应以方便、随意为宜。如可以选择运动服、便装、休闲服等，这样会透出几分轻松温馨之感。

日间是工作时间，着装要根据自己的工作性质特点，总体上以庄重大方为原则。如果安排有社交活动或公关活动，则应以典雅端庄为基本着装格调。晚间的宴请、舞会、音乐会等正式社交活动居多，人们的交往空间距离相对会缩小，服饰给予人们视觉与心理上的感受程度相对增强。因此，晚间着装要讲究一些，礼仪要求也要严格一些。晚间着装以晚礼服为宜，以塑造高雅大方的礼仪形象。

2. 地点原则

从地点上讲，置身在室内或室外，驻足于闹市或乡村，停留在国内或国外，身处于单位或家中，在这些变化不同的地点，着装的款式理当有所不同，切不可以不变而应万变，即特定的环境应配以与之相适应、相协调的服饰，以获得视觉与心理上的和谐感。例如，穿泳装出现在海滨浴场，是人们司空见惯的，但若是穿着它去上班、逛街，则一定令人哗然不可；西装革履地步入金碧辉煌的高级酒店会产生一种人境两相宜的效果，而若出现在大排档，便会出现极不协调、反差强烈的局面；在静谧肃穆的办公室里着一套随意性极强的休闲装，穿一双拖鞋，或者在绿草茵茵的运动场着一身挺括的西装，穿一双皮鞋，都会因环境的特点与服饰的特性不协调而显得人境两不宜。

3. 目的原则

从目的上讲，人们的着装往往体现出其一定的意愿，即自己对着装留给他人的印象如何，是有一定预期的。着装应适应自己扮演的社会角色，若不讲其目的性，在现代社会中是不大可能的。服装的款式在表现服装的目的性方面发挥着一定的作用。这是因为服饰是一种特殊

1 贺琴. 谈谈服饰与礼仪[J]. 文艺鉴赏，2012(10).

意义的交际语言，能够传达特定的信息。服饰语言不仅表现自我形象，而且是一种文化价值观的显现，特别是在涉外交往中，服装、饰品则为一个民族的生活方式和精神面貌的折射。

因此，要根据不同的交际目的和具体的交际对象的需要来选择不同的服装。比如，一个人身着款式庄重的服装前去应聘新职、洽谈生意，说明他郑重其事、渴望成功。而在这类场合，若身着便装，则表示自视甚高，对求职、生意的重视，远远不及对其本人的重视。

二、服饰选择的禁忌

（一）服饰选择的禁忌

（1）不能过分杂乱，杂乱的最直接错误就是不按常规着装。

（2）不能过分鲜艳，职场人士应当坚持"庄重保守"的着装原则。

（3）不能过分暴露，职场女性尤其需要高度注意这一问题。

（4）不能过分透视，特别是在夏季，职场男士如果穿衬衣一般应当在里面加穿一件背心，以免男士的胸毛（如果有的话）、乳头若隐若现地被透视。

（5）不能过分短小，凡职场中人都不能穿短裤上班。

（6）不能过分紧身，特别是职场女性更不能穿过于紧身的服装，所谓紧身，其标准是，凡能特别凸显出人体敏感部位的服装都应视为紧身服装。

（二）服饰选择的注意事项

（1）进入室内场所应卸去帽子、大衣、雨衣和套鞋，并一起存放到存衣处。

（2）男性在室内不允许戴手套、围围巾。在进入室内前，手套与围巾均应摘下，与大衣等物一起存放于存衣处；女性在室内则允许戴礼服手套、帽子、披肩、短外套等作为服饰的一部分饰物。

（3）穿礼服，女性不应露出小腿或颜色不大相称的袜子。

（4）与他人握手时不得戴手套，哪怕是极薄的手套也是不允许的，但是女士如戴礼服手套则可除外。

（5）不得穿内衣裤或睡衣裤迎接客人。

（6）在较为正规、隆重的场合，最好佩戴手表，可选用精致的怀表；但在参加活动时不宜多看表。

（7）裙子一般长至只露出鞋头为最符合礼仪，并且不能过于透明，以免他人窥见内裙甚至内裤颜色。

（8）穿露肩、胸或背的晚礼服赴会时，在会场外，应把裸露的部分用披肩、斗篷等遮掩起来。进入会场后，披肩才可以脱下，可不必存放在存衣处。

（9）手套与手包都不能放于餐桌之上，手包可以挂到架子上或挂在餐桌底下或椅子靠背处。

（10）拿餐具时，手套应脱下，但喝鸡尾酒时可以只脱单手手套。脱下的手套可以放在手包中或膝盖上或椅子背后。

（11）男性打招呼、说话、用餐时均应脱帽。男士打招呼时，脱帽是一种传统的礼仪。

（12）结婚戒指和订婚戒指不应戴在手套上，但装饰性戒指除外。

【思考题】

1. 根据所学知识，谈谈服饰选择的原则。

2. TPO 原则是什么？

3. 结合所学知识，想一想一个社会工作者在小组活动中应该选择服饰时需要注意什么。

讲题三　服饰礼仪

一、正装的礼仪

西装礼仪细分为男士西装礼仪和女士西装礼仪。西服七分在做，三分在穿。西服的选择和搭配是很有讲究的。选择西服既要考虑颜色、尺码、价格、面料和做工，又不可忽视外形线条和比例。西服不一定必须讲究料子高档，但必须裁剪合体，整洁笔挺。选择色彩较暗、沉稳且无明显花纹图案但面料高档些的单色西服套装，适用场合广泛，穿用时间长，利用率较高。

（一）男士西服着装礼仪

西装是一种国际性服装，男士穿起来给人一种彬彬有礼、潇洒大方的深刻印象，所以现在越来越多地被用于正式场合，也是商务人士必备的服饰之一。

1. 西装的款式

（1）按西装的件数来划分：① 套装西装：两件套（上装和下装），三件套（上装、下装、西装背心）；② 单件西装。

（2）按西装的纽扣来划分：① 单排扣西装（1粒、2粒、3粒）；② 双排扣西装（2粒、4粒、6粒）。注：单排扣2粒和双排扣4粒最为正规，较多地用于隆重、正式的场合。

（3）按适用场合不同来划分：① 正装西装；② 休闲西装。

2. 西装的衬衫

与西装配套的衬衫应为"正装衬衫"。一般来讲，正装衬衫具有以下特征：

（1）面料：应为高织精纺的纯棉、纯毛面料，或以棉、毛为主要成分的混纺衬衫。条绒布、水洗布、化纤布、真丝、纯麻皆不宜选。

（2）颜色：必须为单一色。白色为首选，蓝色、灰色、棕色、黑色亦可；杂色、过于艳丽的颜色（如红、粉、紫、绿、黄、橙等色）有失庄重，不宜选。

（3）图案：以无图案为最佳，有较细竖条纹的衬衫有时候在商务交往中也可以选择。

（4）领形：以方领为宜，扣领、立领、翼领、异色领不宜选。衬衫的质地有软质和硬质之分，穿西装要配硬质衬衫。尤其是衬衫的领头要硬实挺括，要干净，不能太软或油迹斑斑，否则最好的西装也会被糟蹋。

（5）衣袖：正装衬衫应为长袖衬衫。

（6）穿法讲究：

① 衣扣：衬衫的第一粒纽扣，穿西装打领带时一定要系好，否则松松垮垮，给人极不正

规的感觉。相反，不打领带时，一定要解开，否则给人感觉是忘记了打领带。再有，打领带时衬衫袖口的扣子一定要系好，而且绝对不能把袖口挽起来。

②袖长：衬衫的袖口一般以露出西装袖口以外 1.5 cm 为宜。这样既美观又干净，但要注意衬衫袖口不要露出太长，那样就是过犹不及了。

③下摆：衬衫的下摆不可过长，而且下摆要塞到裤子里。我们经常见到某些行业的女员工，穿着统一的制式衬衫，系着领结，衬衫的下摆却没有塞到裤裙中去，给人一种不伦不类、很不正规的感觉。

④不穿西装外套只穿衬衫打领带仅限室内，而且正式场合不允许。

3.领带

领带是男士在正式场合的必备服装配件之一，它是男西装的重要装饰品，对西装起着画龙点睛的重要作用。所以，领带通常被称作"男子服饰的灵魂"。

（1）面料：质地一般以真丝、纯毛为宜，档次稍低点就是尼龙的了。绝不能选择棉、麻、绒、皮革等质地的领带。

（2）颜色：一般来说，服务人员尤其是酒店从业者应选用与自己制服颜色相称、光泽柔和、典雅朴素的领带为宜。不要选用那些过于显眼花哨的领带。所以，颜色一般选择单色（蓝、灰、棕、黑、紫色等较为理想），多色的则不应多于三种颜色，而且尽量不要选择浅色、艳色。

（3）图案：领带图案的选择则要坚持庄重、典雅、保守的基本原则，一般为单色无图案，宜选择蓝色、灰色、咖啡色或紫色。或者选择圆点或条纹等几何图案。

（4）款式：不能选择简易式领带（如"一拉得"）。

（5）质量：外形美观、平整、无挑丝、无疵点、无线头、衬里毛料不变形、悬垂挺括、较为厚重。

（6）打法讲究：

①注意场合：打领带意味着郑重其事。

②注意与之配套的服装：西装套装非打不可，夹克等则不能打。

③注意性别：为男性专用饰物，女性一般不用，除非制服和作装饰用。

④长度：领带的长度以自然下垂最下端（即大箭头）及皮带扣处为宜，过长过短都不合适。

领带系好后，一般是两端自然下垂，宽的一片应略长于窄的一片，绝不能相反，也不能长出太多，如穿西装背心，领带尖不要露出背心。

4.西裤

（1）因西装讲究线条美，所以西裤必须要有中折线。

（2）西裤长度以前面能盖住脚背，后边能遮住 1 cm 以上的鞋帮为宜。

（3）不能随意将西裤裤管挽起来。

5.皮鞋和袜子

（1）皮鞋。

首先，穿整套西装一定要穿皮鞋，不能穿旅游鞋、便鞋、布鞋或凉鞋，否则会令人发笑，显得不伦不类。

其次，在正式场合穿西装，一般穿黑色或咖啡色皮鞋较为正规。但需要注意的是，黑色皮鞋可以配任何颜色的西装套装，而咖啡色皮鞋只能配咖啡色西装套装。白色、米黄色等其他颜色的皮鞋均为休闲皮鞋，只能在游乐、休闲的时候穿着。

（2）袜子。

穿整套西装一定要穿与西裤、皮鞋颜色相同或较深的袜子，一般为黑色、深蓝色或藏青色，绝对不能穿花袜子或白色袜子。

另外，男子袜子的质地一般以棉线为宜，长度要高及小腿部位，不然坐下后露出皮肉，非常不雅观。

6. 西装的扣子

西装的扣子有单排扣与双排扣之分。单排扣有 1 粒、2 粒、3 粒；双排扣有 2 粒、4 粒和 6 粒。

单排扣的西装穿着时可以敞开，也可以扣上扣子。照规矩，西装上衣的扣子在站着的时候应该扣上，坐下时才可以敞开。单排扣西装的扣子并不是每一粒都要系好的：单排扣 1 粒的扣与不扣都无关紧要，但正式场合应当扣上；2 粒的应扣上上面的一粒，下面的一粒为样扣，不用扣；3 粒的扣上中间一粒，上下各一粒不用扣。

双排扣的西装要把扣子全系上。双排扣西装最早出现于美国，曾经在意大利、德国、法国等欧洲国家很流行，不过现在已经不多见了。现在穿双排扣西装比较多的应当数日本了。

西装背心的扣子。西装背心有 6 粒扣与 5 粒扣之分。6 粒扣的最底下的那粒可以不扣，而 5 粒扣的则要全部都扣上。

7. 西装的口袋

西装讲求以直线为美。所以，西装上面有很多口袋为装饰袋，是不能够装东西的。我们知道，男性也有许多小东西，如果在穿西装时不注意，一个劲地往口袋里装，弄得鼓鼓囊囊，那么肯定会破坏西装直线的美感，这样既不美观又有失礼仪。

上衣口袋。穿西装尤其强调平整、挺括的外观，这就是线条轮廓清楚，服帖合身。这就要求上衣口袋只作装饰，不可以用来装任何东西，但必要时可装折好的花式手帕。

西装左胸内侧衣袋，可以装票夹（钱夹）、小日记本或笔；右侧内侧衣袋，可以装名片、香烟、打火机等。

裤兜也与上衣袋一样，不能装物，以求裤形美观。但裤子后兜可以装手帕、零用钱等。千万需要注意的是，西装的衣袋和裤袋里，不宜放太多的东西，搞得鼓鼓囊囊的。而且，把两手随意插在西装衣袋和裤袋里，也是有失风度的。

如要携带一些必备物品，可以装在提包或手提箱里，这样不但看起来干净利落，也能防止衣服变形。

8. 男子着西装"三个三"

商务交往、正式社交场合中，男士着西装如何体现自身的身份和品位？

（1）三色原则：正式场合，着西装套装全身上下不超过三种颜色。

（2）三一定律：着西装正装，腰带、皮鞋、公文包应保持同一颜色：黑色。

（3）三大禁忌：西装左袖的商标没有拆；穿白色袜子、尼龙袜子出现在正式场合；领带的打法出现错误。

（二）女士西服着装礼仪

女士穿西服套裤（裙）时，可塑造出专业品位的形象。女式正装上衣讲究平整和挺括，较少使用饰物和花边进行点缀，穿着时要求纽扣应全部系上，双排扣的则应一直系着，包括内侧的纽扣。

（1）颜色：职业套裙的最佳颜色是黑色、藏青色、灰褐色、灰色和暗红色。精致的方格，印花的条纹也可以接受。

（2）衬衣：衬衣是多彩的，只要与套装相匹配就好。纯白色、米白色和淡蓝色与大多数套装相匹配。丝绸、纯棉都是最好的衬衫面料，但都要注意熨烫平整。

（3）裙子：女士正装裙子以窄裙为主，年轻女性的裙子可选择下摆可在膝盖以上 3~6 cm，但不可太短；中老年女性的裙子则应选择下摆在膝盖以下 3 cm 左右。裙内应穿着衬裙。真皮或仿皮的西装套裙均不宜在正式场合穿着。

（4）围巾：选择围巾需要注意包含有套裙颜色。围巾选择丝绸质为佳。

（5）袜子：女士穿裙子应当配长筒袜子或连裤袜，颜色以肉色、黑色最为常用，肉色长筒丝袜配长裙，旗袍最为得体。女士袜子一定要大小相宜，不可在公共场合整理自己的长筒袜子，而且袜子口不能露出，否则会很失礼。不要穿戴图案的袜子，因为它们会引人注意你的腿部。应随身携带一双备用的透明丝袜，以防袜子拉丝或跳丝。

（6）鞋：黑色船鞋最为妥当，穿着舒适，美观大方。建议鞋跟高度为 3~4 cm。正式场合不宜穿凉鞋、后跟用带系住的女鞋或露脚趾的鞋。鞋的颜色应当和西服一致或再深一些。衣服从下摆开始到鞋的颜色应保持一致。

（三）标准的礼仪原则

（1）西服套装上下装颜色应一致。在搭配上，西装、衬衣、领带其中应有两样为素色。

（2）穿西服套装必须穿皮鞋，便鞋、布鞋和旅游鞋都不合适。

（3）配西装的衬衣颜色应与西服颜色协调，不能是同一色，白色衬衣配各种颜色的西服效果都不错。正式场合男士不宜穿色彩鲜艳的格子或花色衬衣。衬衣袖口应长出西服袖口 1~2 cm。穿西服在正式庄重场合必须打领带，其他场合不一定都要打领带，打领带时衬衣领口扣子必须系好，不打领带时衬衣领口扣子应解开。

（4）西服纽扣有单排、双排之分，纽扣系法有讲究：双排扣西装应把扣子都扣好。如果穿单排一粒扣西装，扣与不扣均可。如果是单排两粒扣西装，扣子全部不扣表示随意、轻松；扣上面一粒，表示庄重，而全扣就不合适了。如果是单排三粒扣西装，扣子全部不扣表示随意、轻松；只扣中间一扣表示正统；扣上面两粒，表示庄重，全扣也是不对的。如果双排扣西装，可全部扣，亦可只扣上面一粒，表示轻松、时髦，但不可不扣。如果穿三件套西装，则应扣好马甲上所有的扣子，外套的扣子不扣。

（5）西装的上衣口袋和裤子口袋里不宜放太多的东西。穿西装时内衣不要穿太多，春秋季节只配一件衬衣最好，冬季衬衣里面也不要穿棉毛衫，可在衬衣外面穿一件羊毛衫。穿得过分臃肿会破坏西装的整体线条美。

（6）领带的颜色、图案应与西服相协调，系领带时，领带的长度以触及皮带扣为宜，领带夹戴在衬衣第四、第五粒纽扣之间。

（7）西服袖口的商标牌应摘掉，否则不符合西服穿着规范，高雅场合会贻笑大方。

（8）注意西服的保养。保养存放的方式，对西服的造型和穿用寿命影响很大。高档西服要吊挂在通风处并常晾晒，注意防虫与防潮。久穿或久放衣橱中的西服，挂在稍有湿度的地方，有利于衣服纤维的恢复，但湿度过大会影响西服定型的效果，一般毛料西服在相对湿度35%～40%环境中放置一晚，可除去衣服褶皱，然后再挂在通风处。

二、便装的礼仪

便装是相对于正式场合所穿的制服、礼服一类的正装来说的。穿便装没有什么严格的限制或规定，只要使人感到轻松、随便就可以了。便装主要有夹克衫、太空衫、牛仔装、T恤衫、运动装、西短裤等。在家里穿的家居装、卧室装，也是便装。选择便装时，必须认真考虑适用场合、是否适合以及正确搭配等三个方面的问题。

（一）什么场合穿便装

一般在非正式的场合或某些特定的情况下才可以穿便装。

休闲场合是人们在工作之余的个人自由活动的时间。比如居家休养、外出度假、运动健身、旅游观光、逛街散步、购物等，都是休闲活动。只有在工作之余的个人自由活动的时间里穿便装，才是合适的。

在一些特定的情况下，工作人员有时也被允许穿着便装。主要是：在便装销售时，销售员可以身着便装，充当模特，以身示范。工作性质较为特殊，身着正装不便时，像一些游泳陪练，在工作时只能身着泳装。某些单位统一将某种便装规定为本单位的正装，比如，夹克衫、背带裤，都是常见的便装，如果一个单位将他们定为全体员工的制服，那就被称为夹克衫式制服和背带裤式制服了。

当本单位没有统一的正装，而又规定上班必须身正装上班的时候，最好不要自作主张穿便装。

（二）选择便装的忌讳

选择便装时必须认真考虑是否合适。便装的戒条较少，但也绝对不能过于随便。需要注意一下自己的性别、年龄和身材特点。

总体来说，便装的性别特征不太明显。就像衬衫、T恤、夹克衫、羊毛衫、运动衫、牛仔裤、西短裤等便装，偏于"中性化"，男女可以混穿。也有许多便装都是老少皆宜的。像夹克衫、T恤衫、牛仔裤等，一般对着装者的年龄限制不多，各种年龄者都可以穿着。

另外，每个人的身材都不同，选择时要力求和自己的身材相协调，扬长避短。比如腿部不好看的人就不适合穿迷你裙。

（三）便装的搭配技巧

现代生活里，人们对于穿着打扮问题给予了普遍的重视。

和正装的穿着相比，便装在有关搭配方面的讲究要少得多，而且本着舒适、随意、自由的基本要求，可以任人发挥。

所选的便装在风格上应协调一致。牛仔装的奔放，运动装的矫捷，乞丐装的出位等，都是自成一体的主要特征。穿着便装应力求风格完美一致。不要让自己同时所穿的多件便装风格上相差太大。例如要是上穿运动衫时，下配睡裤，必然会引来众多奇怪的眼光。

便装的面料选择余地也比较大。除棉、麻、丝、混纺等常规选择外，毛、皮、各类化纤织物等，都可以选用。如果需要提高档次，一定要对面料进行适当的考虑。不仅要对舒适与否、外观美感给予重视，还要和所穿的其他便装在面料上大致相同。

对便装进行组合搭配时要注意搭配的惯例，比如穿牛仔裤时最好配皮鞋或运动鞋，而不要穿布鞋或凉鞋。穿短裤、凉鞋时，不必穿袜子，女士尤其不要穿长筒袜或连裤袜。穿夹克衫时，通常不要配西短裤。穿短袖T恤衫时，不用再在里面穿衬衣。

三、家居服的礼仪

（一）家居服的含义

2007年3月16日，中国纺织品商业协会家居服专业委员会在南京正式成立，初步提出了家居服的定义：与家有关，能体现家庭文化的一切服饰产品。由睡衣演变而来的家居服，扩大了穿着的范围，可以说是青出于蓝而胜于蓝。家居服饰因家庭文化的需求而产生，包括传统的穿着于卧室的睡衣和浴袍、性感吊带裙，包括可以出得厅堂体面会客的家居装，可以入得厨房的工作装，可以出户到小区散步的休闲装等。

健康、舒适、简单、温馨，都是当代家居服设计的主线，由于当今内衣制品变得越来越柔软，并且在21世纪发展的趋势是使用更超薄超软的面料和多层处理更软更新的手感，所以将出现更丰富、更细致的家居服装。同时受时尚的影响，今后的家居服也会像时装一样，呈现出更时尚、更美丽的面貌。家居服的本身属性，其介于正装和内衣之间的魅力，非常适合未来人的休闲生活方式。

（二）家居服的功能

1. 卫生

都市人工作紧张繁重，在外穿着的服装在工作和社交过程当中，沾染了无数的尘灰和细菌，有些人因室内及衣物污染产生过敏性皮肤瘙痒，严重者还会引发过敏性皮炎及一些皮肤顽症。若回家立即换上一套干净、整洁、时尚的家居服装，不但卫生而且会解去一天的疲劳，让人尽情享受属于自己的家居之乐。

2. 保健

人体的皮肤是最大的呼吸器官，它具有调温、吸收、排毒、免疫、气体交换等功能。但在外忙碌的都市人，长期受大气污染的侵袭及工作装的束缚，皮肤得不到良好的调节，一些隐性或显性的疾病乘虚而入，选择质量上乘、舒适的家居服对治疗和缓解一些紧张性疾病和生理性疼痛有奇妙的功效。

医学权威人士指出，选择合适的家居服可消除腹部内脏神经系统的紧张状态，促进血液循环，加速新陈代谢，有利于神经系统的调节，增加适应和免疫能力，减轻因紧张引起的慢性便秘、慢性腹泻、皮肤炎症等。而且选择颜色面料上乘的睡衣还能舒缓精神压力，缓解失眠、多梦、头痛的现象，并能改善手脚冰凉、难以入睡等状况。随着 2003 年全球非典、H5H7 疫情的暴发，日常生活中疾病的防范措施更加需要家居服，这不仅体现了对自己健康的重视，更代表着对家人的关爱。

3. 营造舒适家居环境

在外忙碌了一天，回到家中，第一件事就是换一套轻松、舒适的衣服。而一般人回到家里，随便找件衣服套到身上，根本不去在意衣服的款式、颜色，更不用说美丽健康了。其实，换一套漂亮、舒适、大方的家居服不但能让你屋里屋外都美丽，也最能体现人与服装的和谐之美，让人心情轻松。很多幸福美满的家庭都懂得营造一种家居文化和爱的氛围，作为在"家"中生活的人，在服饰上也要能够配合或增添这种文化和氛围。

4. 日常会友、外出

女士清早起来，无须更衣，便可走到厨房烹煮早餐，或者走到住所附近的便利店购买所需物品。选择设计美观实用的家居衣裤，穿着这些衣服在家阅报、观看录影带、做安详放松的瑜伽以及接待来访客人或好友，一点儿也不失礼。

四、配饰的礼仪

配饰是一种无声语言，可以表达使用者的信仰、阅历、教养、身份地位以及审美品位等。

配饰的某些暗示作用，是服装等难以替代的。有人将配饰和服装的关系比作房屋与装潢的关系，没有房屋，装潢无从谈起，而没有装潢的房屋，虽然同样实用，但毫无美感可言。

配饰，是指人们着装时选用、佩戴的装饰性物品。对于着装而言，配饰起着辅助、烘托、陪衬、美化和点缀的作用。正因为这样，着装时佩戴的配饰种类不宜过多，质地不宜过杂，样式不宜过繁，以免喧宾夺主或画蛇添足。

配饰的种类很多，包括头巾、围巾、披肩、帽子、发饰、眼镜、首饰、胸饰、挂件、手表、提包等。这些饰物要求融实用性、装饰性、艺术性于一体，力求着装与配饰的整体和谐，以获得完美的效果。换言之，配饰只能"锦上添花"，绝非多多益善。

一般来说，配饰的佩戴应遵守如下基本礼仪规则：

数量规则——宜少不宜多。除耳环外，同类饰品最好不要超过一件。

质地规则——宜高不宜次。不戴饰品无所谓，要戴就要戴质地、做工比较讲究的，要与自己的身份和地位相匹配。佩戴低档次饰品等于损害自身形象。

习俗规则——尊规重矩。不同民族和地区，饰品佩戴的习俗有别，应予了解和尊重。

搭配规则——与着装协调，风格匹配。着装与配饰在质地、款式、色彩等方面应体现出整体美，不宜风格各异，色彩凌乱。

场合规则——符合礼仪。高档饰品，多适宜于隆重的社交场合佩戴，不适宜于工作、休闲、运动场合佩戴。上课、工作等就不应该拿礼服包，因为礼服包是特定场合如晚宴等的用品，上课或工作的时候就应该拿与上课、工作场合一致的包等。[1]

身份规则——与自身性别、年龄、职业、地位、体型条件相符。[2]

常用配饰的礼仪禁忌：

帽子：戴帽和脱帽有很强的礼仪要求，不宜随意。男士着正装时不宜戴便帽，必须戴礼帽，且帽子要戴得端端正正，不宜标新立异，歪歪斜斜地戴帽子。那样不仅显得不正派，而且失礼，是对别人的不尊重。

眼镜：参加室内活动不宜戴墨镜，有眼疾需要戴墨镜保护或遮丑时，应向交际对象说明并表示歉意。

戒指：最初，戒指是宫廷中后妃群妾们用来表示"避忌"君王"御幸"的警戒信物，并非为了炫美。后来，传入民间才逐渐有了装饰美化功能，但其基本的传递信息功能依然是主要的。因此，除新娘外，忌戴两枚或两枚以上戒指，切忌戴错手指，以免造成误会。

耳环：多为女性所用，且一般需配对使用。不宜一只耳朵上同时戴多个耳环。在西方，男性也有戴耳环的，但习惯做法是左耳戴一个，右耳不戴，否则会被视为同性恋者。在我国，男性不宜戴耳环。职场女性一般情况下不宜戴特大型耳环。

---

1 刘莎妮娅. 现代服装饰品选择依据及原则分析[J]. 轻纺工业与技术，2012(6).

2 配饰选择小规则[EB/OL]. http://blog.renren.com/share/223105541/14559861637.

手镯和手链：男性不宜戴手镯，但可以戴手链。女性不要在一只手上戴多个手镯。一般应戴在左手或左右手各戴一个。手镯和手链一般不要同时佩戴在一只手上。

项链：男女均可使用，但男士佩戴项链时一般不要外露。女士的项链可以外露。通常，所戴的项链不应多于一条。

手表：怀表、链表等虽然古朴，但已不合时宜，如今已与时代气息格格不入，不宜佩戴。在正式或严肃的场合，职业人士不宜佩戴卡通表。

【思考题】

1. 根据所学知识，谈谈社会工作者参加慈善晚宴时应该选择什么样的衣服？
2. 男士西服的"三个三"是什么意思？
3. 配饰选择应该注意什么？

【本章小结】

对社工服饰的认识可以从以下两个方面进行：

1. 了解服饰的起源及发展，对其内涵的界定，懂得服饰的社会学功能以及作为一名社工要能针对工作及各种场合为自己选择一套合适的服装。

2. 在对社工仪容基本知识进行学习（培训）之后，掌握社工服饰相关知识，知道服饰选择的原则，懂得服装、饰品等的搭配，清楚服饰穿搭的禁忌。

【推荐阅读】

1. 徐凌：《公共服务礼仪》，北京大学出版社 2014 年版。
2. 刘建长，戴炯：《服饰礼仪和搭配技巧》，东华大学出版社 2013 年版。
3. 陈郁，尹青骊：《服装·服饰·礼仪》，中国轻工业出版社 2006 年版。
4. 王伟伟：《礼仪形象学》，人民出版社 2005 年版。
5. 彭林选编：《中华传统礼仪》，燕山出版社 2004 年版。

第六章 社会工作者的仪态礼仪

【学习（培训）目标】

通过本章学习（培训），你应该：

1. 了解仪态礼仪的重要性，学会在学习和日常生活中灵活运用。
2. 了解并掌握四种基本姿态的要领。
3. 掌握眼神礼仪的规范与禁忌。
4. 了解笑容的种类和方式，掌握微笑礼仪的标准，学会正确运用微笑。
5. 了解手势的原则与分类。
6. 熟练掌握握手礼仪，并学会在学习和日常生活中灵活运用。

【核心概念】

仪态 表情 神态 手势

【本章概览】

本章主要学习的内容是仪态礼仪的规范及运用。教师通过运用案例分析、知识讲授、分组讨论、读书指导等多种教学方法，对仪态礼仪的理论基础做了梳理，让学生了解并掌握站、坐、行、蹲四种基本姿态的要领及分类、表情神态礼仪的规范、手势的原则与握手礼仪的标准，要求学生学会在日常生活与学习中灵活运用。具体内容包括：基本姿态礼仪、表情神态礼仪、手势礼仪等。

【导入案例】

有一批应届毕业生 22 个人，实习时被导师带到北京的国家某部委实验室里参观。全体学生坐在会议室里等待部长的到来。这时有秘书给大家倒水，有的同学随意地坐在座位上，左顾右盼，其中一个还问了句："有绿茶吗？天太热了。"秘书回答说："抱歉，刚刚用完了。"林然看着有点别扭，心里嘀咕："人家给你水还挑三拣四。"轮到他时，他面带微笑轻声地说："谢谢，大热天的，辛苦了。"秘书抬头看了他一眼，满含着惊奇，虽然这是很普通的客气话，却是她今天唯一听到的一句。

门开了，部长走进来和大家打招呼，不知怎么回事，静悄悄的，没有一个人回应。林然左右看了看，犹犹豫豫地鼓了几下掌，同学们这才稀稀落落地跟着拍手，由于不齐，越发显得零乱起来。部长挥了挥手："欢迎同学们到这里来参观。平时这些事一般都是由办公室负责接待，因为我和你们的导师是老同学，非常要好，所以这次我亲自来给大家讲一些有关情况。我看同学们好像都没有带笔记本，这样吧，王秘书，请你去拿一些我们部里印的纪念手册，送给同学们作纪念。"接下来，更尴尬的事情发生了，大家都坐在那里，很随意地用一只手接过部长双手递过来的手册。部长脸色越来越难看，来到林然面前时，已经快要没有耐心了。就在这时，林然礼貌地站起来，身体微倾，双手握住手册，恭敬地说了一声："谢谢您！"部长闻听此言，不觉眼前一亮，伸手拍了拍林然的肩膀："你叫什么名字？"林然照实作答，部长微笑点头，回到自己的座位上。早已汗颜的导师看到此景，才微微松了一口气。

两个月后，同学们各奔东西，林然的去向栏里赫然写着国家某部委实验室。有几位颇感不满的同学找到导师："林然的学习成绩最多算是中等，凭什么推荐他而没有推荐我们？"导师看了看这几张尚属稚嫩的脸，笑道："是人家点名来要的。其实你们的机会是完全一样的，你们的成绩甚至比林然还要好，但是除了学习之外，你们需要学的东西太多了，修养是第一课。"

（摘选自百度文库《礼仪案例分析》）

仪态也叫仪姿、姿态，泛指人们身体所呈现出的各种姿态，它主要包括三个方面：一是站、坐、行、蹲的基本姿态；二是表情神态，主要指眼神和微笑；三是手势，人们的任何动作举止都离不开手势。人们的体态变化、面部表情、举手投足等都可以用来表达思想感情。仪态是人类的第二语言。美国著名的心理学家阿尔培特认为，人们在进行感情表达时，往往语言的使用只占 7%，声调占 38%，剩余的 55%全都由身体语言来完成。[1] 人们可以通过恰到好处的身体语言向交流对象表达自己的关怀、尊重等思想和情绪，也可以通过细心地观察对方的身体语言来解读其内心世界。因此，仪态又被称为体态语。

仪态不仅是一面表现个人涵养的镜子，也是构成个人美好形象的主要因素之一。培根曾说过：在美方面，形体之美要胜于颜色之美，而优雅行为之美又胜于体形之美，这是美的精华。这句话也恰好说出了对于个人仪态之美的要求。我国向来以"文明古国""礼仪之邦"著称于世，我国劳动人民历来重视道德修养和文明礼貌，具有悠久的传统美德。不同的仪态显示出个人不同的文化教养，同时也传递出不同的个人精神状态。因此，作为一个高素质、有教养的现代文明人，必须掌握仪态礼仪的规范及要领。

---

1 陈立言. 面部表情及眼神的研究及其意义[J]. 广西民族学院学报，2000(2).

讲题一　基本姿态

一、站姿

站姿是指个人的站立姿势，是人们最常采用的生活静态造型的动作，它是人的一种本能，同时也是其他各种动态身体造型的起点和基础。站姿是衡量个人外在形象和精神面貌的重要标准，人们通常可以从一个人的站姿看出他的精神状态、修养及健康状况。

（一）站姿的标准

在日常的社交活动与工作场所中，良好的站姿极其重要。总的来说，标准站姿最基本的要领就是：头正肩平、双目平视、下颌微收、表情自然、双腿并拢直立。当然，针对不同的群体，其侧重点也不一样。一般情况下，男士的标准站姿是双脚与肩同宽，双手交叉在腹前，右手大拇指与四指分开搭在左手手腕部。女士的标准站姿是双脚并拢，或双脚脚跟并拢，脚尖分开呈 30°～45°角，或者双脚呈"丁"字形，双手交叉，右手压在左手上面，交叠在腹前，双手手掌心正对肚脐，左右手大拇指内收于掌心。

（二）站姿分类

1. 正规站姿（标准站姿）（图 6.1.1）

正规的礼仪站姿是挺胸抬头、目视前方、肩平、双臂自然下垂、收腹、双腿并拢直立、脚尖分开呈 V 形、将身体重心放到两脚中间；也可将两脚分开，比肩略窄，双手合起，放于腹前。

2. 背手站姿（图 6.1.2）

背手站姿即双手在背后交叉，右手放于左手外面，贴在两臀中间。双脚可分开也可并拢，分开时，不得超过肩宽，脚尖稍向外展开，双目平视，挺胸立腰，收颌收腹。这种站姿优美中略带威严，容易产生距离感，所以此种站姿一般适用于门卫和保卫人员。如果改为两脚并立，则可以突出尊重的意味。

3. 叉手站姿（图 6.1.3）

叉手站姿即将两手交叉在腹前，右手搭在左手上。使用这种站姿时，男性可以将两脚分开，比肩略窄，距离不超过 20 cm，双手合起放于腹前。女性则可以用小丁字步，即一脚稍向前，脚跟靠在另一脚内侧，双腿并拢，脚尖分开呈 V 形，双手合起放在腹前。这种站姿端正中略带自由，郑重中略带放松。在站立时，身体重心还可以在两脚间相互转换以减轻疲劳，这是一种常见的接待站姿。

4. 背垂手站姿（图 6.1.4）

背垂手站姿即一手背在后面，贴于臀部处。另一只手自然下垂，手指自然弯曲，中指对准裤缝，两脚可并拢也可分开，还可以成小丁字步。这种站姿，多用于男性，显得自然、大方、洒脱。

以上这几种站姿既适用于日常生活，也适用于工作岗位，若能在工作岗位中适当地运用，则会给人们庄重大方、优雅挺拔、精力充沛的感觉。

图 6.1.1　正规站姿[1]

图 6.1.2　背手站姿

图 6.1.3　叉手站姿

图 6.1.4　背垂手站姿

（三）错误站姿

良好的站姿可以让人身体各个关节均匀受力，从而避免让某些特定的关节承担过多的重

1　本章所用图片均来源于 360 图片。

量。而不良的站姿不管在形体上，还是在外貌上都会对人体产生消极的影响。

1. 弯腰驼背

一个人如果在站立时弯腰驼背，不仅腰部、背部会弯曲，同时还会呈现出胸部凹陷、腹部凸起、臀部撅起等其他一些不良体态。这样会显得一个人无精打采、缺乏锻炼，甚至健康状况不佳。

2. 手位不当

在站立时，必须注意用正确的手位去配合站姿，手位不当则会影响站姿的整体效果。手位不当的站立姿势主要有：一是双手抱在脑后；二是用手托着下巴；三是双手抱在胸前；四是把肘部支在某处；五是双手叉腰；六是将手插在衣服或裤子口袋里。

3. 脚位不当

人们在站立时，可采用"V"字步、"丁"字步或平行步，但要避免"人"字步和"蹬踩式"等脚位不当的站立姿势。"人"字步即人们常说的"内八字"步；"蹬踩式"指的是一只脚站在地上，同时将另一只脚踩在鞋子或是踏在其他物体上。

4. 半坐半立

在正式场合中，必须注意坐立有别。在站立时，绝不能为了贪图舒适而擅自采用半坐半立的姿态。如果一个人半坐半立，不仅会影响个人形象，而且会给人过分随便之感。

5. 身体歪斜

在站立时身体应端正笔直，不能歪歪斜斜。若身体出现明显的歪斜，如头、肩、腿等偏斜不正，不仅会破坏人体的线条美，还会使整个人显得精神不振、萎靡消沉或自由放荡。

（四）站姿训练

1. 五点靠墙训练法

站立者背着墙站直，脚跟、小腿、臀部、双肩和头部紧贴墙壁成直线，脚后跟与墙的距离尽可能地减少，以训练整个身体的控制能力。

2. 头顶书本训练法

站立者按要领站好后，把书放在头顶上行走，努力保持书在头上的稳定性，不要让书掉下。此过程中训练者能很自然地训练头部的控制能力。

要拥有优美的站姿，就必须养成良好的习惯，长期坚持。站姿优美，身体才会得到舒展，且有助于健康；若看起来有精神、有气质，那么别人能感觉到你的自重和对别人的尊重，并容易引起别人的注意力和好感，有利于社交时给人留下美好的第一印象。

二、走姿

行走是人的基本动作之一，走姿是站姿的延续，是人体所呈现出的一种动态行为。文雅、端庄的走姿，不仅让人显得沉着、稳重，同时也能展示出个人的气度风采与文化素养。

（一）走姿的要领

简单来说，走姿的要领主要有以下三点：从容、平稳、直线。行走时上身应保持挺拔的身姿，双肩放松，抬头挺胸，平视前方，提臀收腹，双臂放松在身体两侧自然摆动，手臂距离身体 30～40 cm 为宜，脚尖稍向外或向正前方伸出，两脚之间的距离约一只脚到一只半脚，跨步均匀，步态平稳。步幅的大小应根据个人的身高、着装及场合的不同进行调整。女性在着裙装、旗袍或高跟鞋时，步幅应小一些；反之，如果穿休闲长裤等服装步伐可以稍大一些，从而凸显穿着者的靓丽与活泼。女性在穿高跟鞋时尤其要注意保持膝关节的挺直，否则会给人"登山步"的感觉，有失美观。

1. 男士走姿（图 6.1.5）

常见的男士走姿是"平行步"。男士走姿的要领是双脚各踏出一条直线，脚尖应对正前方使之平行，脚步要从容和缓，步幅大小一般以自己足部长度为准，男士步速每分钟 108～118 步。与女士同行时，男士步幅应尽量与女士保持一致。男士行走时步履要雄健有力，展现英姿潇洒、英武刚劲的阳刚之美。

2. 女士走姿（图 6.1.6）

常见的女士走姿是"一字步"。"一字步"走姿要求女士在行走时两脚内侧应在一条直线上，头正颈直，收腹直腰，肩平不摇，微收下颌。女士步幅大小一般以自己足部长度为准，女士步速每分钟 118～120 步，可根据自己所穿的鞋跟高度进行适当调整。女士行走时要步履优雅，步伐适中，展现出温柔、文静、典雅的阴柔之美。

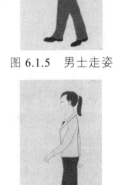

图 6.1.5　男士走姿

图 6.1.6　女士走姿

（二）走姿训练

行走属于动态美，进行全身的协调性训练使行走时身体的每一个部分都能呈现出律动之美。适当进行走姿训练也可以防止身体走样变形，甚至可以预防颈椎疾病。

1. 行走辅助训练

（1）摆臂训练。在进行摆臂训练时，首先要保持基本站姿。在距离小腹两拳处确定一个点，两手呈半握拳状，斜前方均向此点摆动，由大臂带动小臂。

（2）展膝训练。在进行展膝训练时，首先要保持基本站姿。左脚跟抬起，脚尖不能离开地面，左脚跟落下的同时右脚跟抬起，两脚依次交替进行。脚跟提起的腿屈膝，另一条腿膝部内侧用力绷直。在训练时，两膝以内靠拢，进行摩擦运动。

（3）平衡训练。进行平衡训练时，可在头上放个书本或小垫子，分别用左右手轮流扶住书本，能够掌握平衡之后，再将手放下进行练习，注意保持物品不掉落。通过训练，可以使背脊、脖子竖直，上半身保持平稳不摇晃。

2. 迈步分解动作训练

（1）保持基本站姿，双手叉腰，左脚向前点地，与右脚相距一个脚长，右腿直蹬地，髋关节迅速前移重心，右脚成右后点地，然后换方向练习。

（2）保持基本站姿，两臂自然下垂放于体侧。左脚前点地时，右臂移至小腹前的指定点位置，左臂向后斜摆，右腿直蹬地，重心前移，手臂位置不变，然后换方向练习。

3. 行走连续动作训练

（1）左腿屈膝，向上抬起，提腿向正前方迈出，脚跟先落地，经脚心、前脚掌至全脚落地，同时右脚后跟向上慢慢垫起，身体重心移向左腿。

（2）换右腿屈膝，经过与左腿膝盖内侧摩擦向上抬起，勾脚迈出，脚跟先着地，落在左脚前方，两脚间相隔一脚距离。

（3）迈左腿时，右臂在前；迈右腿时，左臂在前。

（4）将以上动作连贯运用，反复练习。

（三）行走礼仪

在日常生活和工作岗位中，走姿往往是最引人注目的身体语言，也最能表现一个人的风度和活力。因此，行走时的礼仪常规是我们必须掌握的。

1. 同行礼仪

两人并行时，行走的规则是右者为尊，前者为尊。三人并行时，中者为尊，右边次之，左边更次之；三人前后行走时，前者就是最为尊贵的。一般情况下，如果有两位女士和一位男士同行，那么男士应位于最左边的位置；如果是一位女士和两位男士同行，则女士应在中间位置。

2. 室外行走礼仪

在室外行走时，应该请受尊重的人走在马路的内侧。如果道路狭窄又有他人迎面走来时，则应退至路边，请对方先走。行走时不能左顾右盼、四处张望，时刻保持良好的仪态。

在道路上行走时，不能三人以上并行，这样会影响其他的行人和车辆正常通行，同时也是不安全的做法。

3. 其他行走礼仪规则

（1）"女士优先"是国际通行的礼仪规则，同时也是绅士行为的体现。

（2）行走时，要靠右侧行走，将左侧留给急行的人。

（3）步行要走人行道，行人靠右行走，让出盲道。

（4）如果人群拥挤不小心妨碍到他人，要及时道歉，并给予必要的帮助；如果别人不小心妨碍到自己，应善意提醒并予以体谅。

（四）走姿的禁忌

行走时最忌讳八字步态，也就是平常说的内八字和外八字。此外，我们在行走时切记不能弯腰驼背、左顾右盼。同时，还要注意行走的方向和速度，方向不定、速度多变都是不规范的。上述这些禁忌动作既有失大雅，也不礼貌。因此，我们在与他人交往时，要时刻留意自己的姿态，向他人展示自己的魅力。

三、坐姿

（一）坐姿的含义及要领

1. 坐姿的含义

坐姿通常是指人体坐着时候的姿态，是一种主要的休息姿势。良好的坐姿，不仅有利于健康，同时也能展现个人良好的气质和风度。

2. 坐姿的要领

（1）头正颈直，双目平视，下颌微收，面带笑容。

（2）双肩平放，放松下沉。

（3）上身略微前倾，面向服务对象。

（4）双臂弯曲，双手自然交叉放于腿部。

（5）双膝并拢。

（6）入座轻稳，动作协调、文雅。

（7）落座以后，上身自然挺直，收腹立腰。

（8）落座时，坐椅子的2/3处。

（二）坐姿的种类

1. 正襟危坐式

正襟危坐式是最基本的坐姿，多用于正规的场合。其要求是上身与大腿，大腿与小腿，小腿与地面，都应当成直角，双膝完全并拢。双手虎口相交轻握放在腿上。（见图6.1.7）

2. 双腿斜放式

该坐姿适用于穿裙子的女性在较低处就座使用。其要求是双膝先并拢，然后双脚向左或向右平行斜放于一侧，使斜放后的腿部与地面呈45°角。（见图6.1.8）

3. 双脚交叉式

该坐姿适用于各种场合，男女都适用。其要求是双腿并拢，平行斜放于一侧，然后双脚在踝处交叉。交叉后双脚既可内收，也可斜放。（见图6.1.9）

4. 双腿叠放式

该坐姿适用于穿短裙的女士（或处于身份地位高的场合），造型极其优雅，给人以大方高贵之感。其要求是将双腿一上一下完全交叠在一起，大腿和膝盖紧密重叠，交叠后双腿间没有缝隙，成一条直线。双腿斜放于左右任意一侧，斜放后的腿部与地面呈45°夹角，叠放在上的脚尖垂向地面。（见图6.1.10）

5. 垂腿开膝式

该坐姿适用于男士，也较为正规。其要求是上身与大腿，大腿与小腿，皆成直角，小腿垂直地面。两膝分开，但距离不得超过肩宽。双手分别放在两膝上。（见图 6.1.11）

6. 大腿叠放式

该坐姿多适用男性在非正式场合采用。其要求是两条腿在大腿部分叠放在一起。叠放之后位于下方的一条腿垂直于地面，脚掌着地。位于上方的另一条腿的小腿则向内收。（见图 6.1.12）

7. 前伸后屈式

该坐姿是女性适用的一种优美的坐姿。其要求是双膝并拢，先向前伸出一条腿，然后将另一条腿后屈，两脚脚掌着地，双脚前后要保持在同一条直线上。（见图 6.1.13）

8. 双脚内收式

该坐姿适合在一般场合采用，男女皆宜。其要求是两条大腿首先并拢，双膝可以略为打开，两条小腿稍许分开后向内微屈，双脚脚掌着地。双手叠放腿上。（见图 6.1.14）

图 6.1.7　正襟危坐式　　图 6.1.8　双腿斜放式　　图 6.1.9　双脚交叉式　　图 6.1.10　双腿叠放式

图 6.1.11　垂腿开膝式　　图 6.1.12　大腿叠放式　　图 6.1.13　前伸后屈式　　图 6.1.14　双脚内收式

（三）几种错误坐姿

（1）脚跟触及地面。入座后通常不允许仅以脚跟触地，而将脚尖跷起。

（2）随意架腿。坐下之后架起腿来未必不可，但正确的做法应当是两条大腿相架，并且不留空隙。如果架起"二郎腿"来，即把一条小腿架在另外一条大腿上，并且大大地留有空隙，就不妥当了。

（3）腿部抖动摇晃。在别人面前就座时，切勿反复抖动或是摇晃自己的腿部，以免令人心烦意乱，或者给人不够沉稳的感觉。

（4）双腿直伸出去。入座之后不要把双腿直挺挺地伸向前方。身前有桌子的话，则要防止把双腿伸到其外面来。不然不但损害坐姿的美感，而且会有碍于他人。

（5）腿部高跷蹬踩。为了贪图舒适，将腿部高高跷起，架上、蹬上、踩踏身边的桌椅，或者盘在本人所坐的座椅上，都是不妥的。

（6）脚尖指向他人。坐后一定要使自己的脚尖避免直指别人，跷脚之时，尤其忌讳这一动作。令脚尖垂向地面，或斜向左右两侧，才是得体的。

（7）双腿过度叉开。面对别人时，双腿过度地叉开，是极不文明的。不管是过度地叉开大腿还是小腿，都是失礼的表现。

四、蹲姿

（一）蹲姿的含义及要领

蹲姿是指人处于静态时的一种特殊体位。尽管在日常生活及正式场合中，蹲姿使用的频率较小，但是，偶然之中体现个人的涵养。因此正确运用蹲姿及其要领是人们特别是职场人士必须掌握的。

正确的蹲姿应做到以下三要点：迅速、美观、大方。下蹲拾物时，双腿应合力支撑身体，头、胸、膝关节在一个角度上，脊背保持挺直，注意避免弯腰翘臀的姿势。女士无论采用哪种蹲姿，都要将双腿并紧，臀部向下。

（二）蹲姿的种类

1. 交叉式蹲姿

交叉式蹲姿一般适用于女性，它的特点是造型优雅大方。下蹲时右脚在前，左脚在后，右小腿垂直于地面，全脚着地。右腿在上，左腿在下，左膝由后方伸向右侧，左脚跟抬起，并且脚掌着地。两腿前后靠紧，合力支撑身体。上身略向前倾，臀部向下。（见图6.1.15）

2. 高低式蹲姿

高低式蹲姿男士使用较多，女士也可选用这种蹲姿。下蹲时右脚在前，左脚在后，两腿靠紧向下蹲。右脚全脚着地，小腿基本垂直于地面，左脚脚跟提起，脚掌着地。此时左膝低于右膝，左膝内侧可靠于右小腿内侧，形成右膝高左膝低的姿态。臀部向下，基本上用左腿支撑身体。（见图6.1.16）

图 6.1.15　交叉式蹲姿

图 6.1.16　高低式蹲姿

3. 半蹲式蹲姿

半蹲式蹲姿多在行走时临时采用。它的正式程度不及前两种蹲姿，但在需要应急时也可采用。该蹲姿的基本特征是身体半立半蹲，主要要求是：在下蹲时，上身稍微弯下，但不要与下肢构成直角或锐角；臀部必须向下，不可撅起；双膝稍微弯曲，其角度可根据需要调整，但一般应为钝角；身体的重心应放在一条腿上；两腿距离不宜分开太大。（见图 6.1.17）

4. 半跪式蹲姿

半跪式蹲姿也叫单跪式蹲姿，它是一种非正式蹲姿，多用于下蹲时间较长，或为了用力方便之时。该蹲姿的基本特征是双腿一蹲一跪。要求在下蹲之后，变为一腿单膝跪地，臀部坐在其脚跟之上，用其脚尖着地。另一条腿则应全脚着地，小腿垂直于地面。双膝应同时向外，双腿应尽力向内靠拢。（见图 6.1.18）

图 6.1.17　半蹲式蹲姿

图 6.1.18　半跪式蹲姿

（三）蹲姿注意事项

在日常生活及工作中，蹲姿常用于下蹲拾物。弯腰捡拾物品时，应自然、得体、大方。如果用左手捡东西，可以先走到物品的右边，右脚向后退半步后再蹲下来。男性可适度地将两腿分开，而女性应并紧双腿，穿旗袍或短裙时需更加留意。下蹲时应尽力避免两腿叉开、臀部向后撅起等不雅观的姿态。

【思考题】

1. 仪态的定义及内涵。
2. 四种基本姿态的要领是什么？

讲题二 表情神态礼仪

表情神态主要是指人通过眉、眼、鼻、口及面部肌肉等各器官组织的运动、变化来表现的各种情绪状态，主要包括眼神和笑容。面部表情是极其重要的非语言交往手段，在人际交往中，神态表情可以真实地反映人们的思想感情以及其他一切心理活动和变化。眼神和笑容是最能拉近人与人之间距离的有力工具。因此，社会工作者在接待案主时，如果能正确运用眼神与笑容，将更易取得案主的信任。

一、眼神

眼神指眼睛的神态，是对眼睛的总体活动的一种统称。眼睛是心灵的窗户，它能传递出人们最精细、最微妙的内心情感，从一个人的眼神中，往往能看到他所有的心理活动。一个良好的交际形象，目光应该是自然、亲切、和蔼、有神的。

因此，社会工作者在接待案主时要注意眼神的运用，特别要注意注视的部位、时间、角度等三方面的礼仪规范，如不了解而不能正确运用会导致失礼，不利于工作的开展。

（一）眼神的规范

1. 注视的部位

注视的部位指的是在沟通交流中目光所及之处。注视交往对象的部位不同，既表明了自己的态度不同，也说明双方关系有所不同。

（1）注视双眼。注视这一区域，表示自己对对方很重视，但时间不宜过久，被称为关注型注视。

（2）注视额头。注视这一区域，表示严肃认真、公事公办，适用于极其正规的公务活动，被称为商务型注视。

（3）注视眼部至唇部。注视这一区域，表示亲切友好，是社交场合中面对交往对象时常用的视线交流位置，被称为社交型注视。

（4）注视唇部到胸部。注视这一区域，表示友善亲密，多用于朋友或关系密切的男女之间，故称为亲密型注视。

2. 注视的时间

社交场合中，人们通过眼神来与对方进行交流。心理学家梅里比安说："一个人看谁的时间越长，表示越喜欢他（她）。"因此，如果面对一个陌生人或者不太熟悉的人，不宜长时间盯着对方的眼睛，长时间凝视会使对方感到不安和尴尬。在交谈的过程中，比较恰当的做法是，视线接触对方脸部的时间占全部相处时间的 30%～60%。

（1）表示友好：应不时注视对方，大约占全部相处时间的 1/3。

（2）表示重视：应不断把目光投向对方，大约占全部相处时间的 2/3。

（3）表示轻视：目光经常游离，注视对方的时间不到全部相处时间的 1/3。

（4）表示敌意或感兴趣：目光始终盯着对方，偶尔离开一下，注视对方的时间占全部相处时间 2/3 以上，可以视为有敌意，也可以表示对对方感兴趣。

3. 注视的角度

（1）平视，也叫正视，即视线呈水平状态。这种注视方式适用于身份、地位平等的人进行交往。

（2）侧视，即位于对方侧面时，面向并平视对方。它是正视的一种特殊情况，重点在于面向对方，如果斜视对方，则为失礼。

（3）仰视，即主动位于低处，抬眼向上注视他人。它表示对交往对象的尊重，适用于晚辈对长辈、下级对上级之间。

（4）俯视，即低头向下注视他人。一般用于身居高处之时，可用于长辈对晚辈表示宽容、怜爱，也可用来对他人表示轻视、歧视。

（二）眼神礼仪的禁忌

在日常交际活动中，人们的眼神运用会受到文化的严格规范。作为一名社会工作者，如果不了解眼神礼仪的规范，就会在工作中以及公关交际中失礼。

1. 长时间凝视

不能对关系不熟或一般的人长时间凝视，否则将被视为一种无礼行为，这也是全世界范围内通行的礼仪。动物之间互相威胁对方是用眼神对抗的形式，人也是如此。所谓"仇人相见，分外眼红"，就是利用眼神对抗表示仇恨、威胁的意思。所以，眼神的礼仪要求是，除了亲密的关系外（如恋人的长时间对视），凝视的对象只能是职业行为主体（如演员）或非人（如艺术作品）。

2. 超时型注视

与人交谈时，眼睛应正视对方的眼、鼻"三角区"，标准注视时间占总的交谈时间的 30%～60%，这叫"社交注视"。眼睛注视对方的时间超过整个交谈时间的 60%，属于超时型注视，一般这样长时间看人是失礼的。

4. 低时型注视

眼睛注视对方的时间低于整个交谈时间的 30%，属低时型注视，一般也是失礼的注视，表明他的内心自卑或企图掩饰什么或对人对话题都不感兴趣。

5. 眼睛转动幅度过快或过慢

眼睛转动的幅度与快慢都必须遵循一个"度"，不能太快或太慢，眼睛转动稍快表示聪明、有活力，但如果太快则表示不诚实、不成熟，给人轻浮、不庄重的印象，如"挤眉弄眼""贼眉鼠眼"指的就是这种情况。但是，眼睛也不能转得太慢，否则就是"死鱼眼睛"。眼睛转动的范围也要适度，范围过大给人以白眼多的感觉，过小则显得木讷。

6. 眯视、斜视、瞟视、瞥视

眯视、斜视、瞟视、瞥视这几种注视方法都是不当的。而眯视除了给人有睥睨与傲视的感觉外，也是一种漠然的语态。另外，在西方，对异性眯起一只眼睛，并眨两下眼皮，是一种调情的动作。眼睛的语言，其实透示着一个人的品质与修养。

二、笑容

笑容，即人们在笑的时候面部所呈现出的神情状态，它通常表现为脸上露出喜悦的表情，有时还会伴以口中发出的欢喜的声音。恰当地运用笑容，可以缩短人与人之间的心理距离，消除彼此间的陌生感，为进一步的沟通和交往创造温馨和谐的有利氛围。

（一）笑的种类

在人际交往中，符合礼仪规范的笑容，大致包括以下几种：

（1）含笑。含笑指不出声、不露齿的笑容，仅仅面带笑意，是程度最浅的一种笑，用来表示接受对方，为人友善，适用范围较为广泛。

（2）微笑。微笑是一种程度较含笑深的笑，唇部向上移动，略呈弧形，面部出现明显变化，但牙齿不外露。微笑常用来表示自乐、友好。在人际交往中，微笑最常见，适用范围最广。

（3）轻笑。轻笑比微笑程度更深，嘴巴稍微张开一些，上齿显露出来，但不发出声响。轻笑表示欣喜、愉悦，适用于向熟人打招呼等场合。

（4）浅笑。浅笑表现为笑时抿嘴，下唇大多被含于牙齿之中，常见于年轻女性害羞之时，也可称为抿嘴而笑。

（5）大笑。大笑的特点是面部变化十分明显。由于表现太过张扬，一般不宜在工作场合中使用。

（二）笑的方式

笑是人们用眉、眼、鼻、口、齿以及面部肌肉和声音所进行的协调行动。笑的共同之处是面露喜悦之色，表情轻松愉悦。但发笑的方式不同，就会给人带来不同的感受。有些显得亲切自然，有些显得虚伪做作。

（1）发自内心的笑。笑的时候要自然大方，显得很亲切。

（2）声情并茂的笑。笑的时候要做到表里如一，使笑容与自己的举止、谈吐有很好的呼应。

（3）气质优雅的笑。笑的时候，要讲究笑得适时、尽兴，更要讲究精神饱满，气质典雅。

（三）笑的禁忌

在正式场合笑的时候，应尽量避免以下行为举止：

（1）假笑。假笑即笑得虚假，也就是平常说的皮笑肉不笑。它是在违背自己意愿的情况下显示出的笑容。

（2）冷笑。冷笑是含有轻蔑、讽刺、不屑、无可奈何、愠怒等意味的笑，往往是对别人的观点表示不赞同和不满意的表现。

（3）怪笑。怪笑指笑得怪里怪气，让人心里不舒服。大多含有恐吓、嘲讽的意味，令人反感。

（4）媚笑。媚笑指有意讨好别人而故意敷衍的笑。它并不是发自内心的笑，存在一定的功利性目的。

（5）窃笑。窃笑即偷偷地笑，暗自欣喜而不表现于面部。多表示洋洋得意、幸灾乐祸或看他人的笑话。

（四）微笑礼仪

在人际交往中，个人的面部表情是最能迅速传递信息给对方的。微笑是一种令人感到愉悦的面部表情，是人类美好感情的流露，展示出一个人内心深处的真、善、美。拿破仑·希尔说过："真诚的微笑，其效用如同神奇的按钮，能立即接通他人友善的感情，因为它在告诉对方：我喜欢你，我愿意做你的朋友。同时也在说：我认为你也会喜欢我的。"

微笑是人际交往中最常用的礼仪，是个人最好的名片。一个简单的微笑会缩短人与人之间的心理距离，为深入沟通和交往营造出和谐氛围。微笑是国际通用的礼仪，它不分文化、种族或宗教，是最易被人接受的礼仪。（见图 6.2.1）

图 6.2.1　微笑

1. 微笑的作用

在笑容中，微笑最自然、真诚、友善，是人类最美的表情。世界各族人民普遍认为微笑是基本笑容和常规表情。在人际交往中，保持微笑至少有以下几个方面的作用。

（1）微笑强化第一印象。

第一印象又称首因效应、首次效应或者优先效应，是指人们初次与他人交往时给人留下的深刻印象。第一印象形成的时间短，持续的时间长，在他人的头脑中形成并占据着主导地位，比以后得到的信息对于事物整个印象产生的作用更强。心理学研究发现，与一个人初次会面，45秒钟内就能产生第一印象。第一印象主要是根据对方的性别、年龄、仪态、谈吐、穿着打扮、表情神态等来判断对方的性格特征和内在素养。如果第一次见面时面带微笑，就可以获得热情、友善、真诚的第一印象。

（2）微笑化解交往矛盾。

在人际交往中，人与人之间产生了矛盾纠纷，如果一方能够以微笑面对对方，往往可以避免矛盾进一步激化。俗话说，"伸手不打笑脸人"，无论是同事、朋友还是陌生人之间，微笑就像和煦的春风，可以融化严冬的寒冰。因此，在与他人的交往中，微笑是极其重要的。虽然微笑不是有声的语言，但往往比任何语言更加有力。

（3）微笑表现敬业精神。

敬业精神是中华民族的传统美德。所谓的敬业就是要求人们专心致力于自己的学业或工作，热爱自己本职工作，认真履行自己的职责，严格遵守职业道德的工作态度。敬业表现的是一种积极乐观的人生态度。在工作岗位中，特别是服务行业，大都要求从业者微笑服务。因为，微笑是敬业精神的一种体现。

2. 微笑礼仪的标准

（1）微笑是动态的。

微笑是所有表情中最美的一种。表情应该是自然、鲜活的，但如果将微笑的某个瞬间定格，就会使表情失去了生气，让整个交往过程显得刻板、僵化。

因此，正确的微笑应该体现出动态的特点。其要点在于：

①微笑的时机。在与人交往时，展现笑容的时机是至关重要的。正确的做法是在与交往对象目光接触的一瞬间展现微笑，表示友好。反之，如果与对方目光接触的瞬间面无表情，就会给人冷漠、敌视的感觉，即使随后微笑也会让人觉得虚伪、做作。

②微笑的层次变化。在日常人际交往中，微笑的程度是有所变化的。交往过程中保持微笑是必要的，但也要松弛有度。微笑的程度有很多层次，比如眼中含笑、浅浅一笑，当然也有热情爽朗的微笑。

③微笑维持的长度。当我们与他人交谈时，交谈过程可长可短，有的几分钟，有的几小时。为了向他人展现积极良好的情绪，展现个人的自信与涵养，在整个交往过程中可能需要

我们始终保持微笑。如何控制表情，也能体现一个人的修养。在交往过程中，视线停留在对方身上的时间应该占整个交往过程的 1/3 ~ 2/3。在这个时间段内，与对方目光接触时应该展现出灿烂的笑容。剩下的时间段内，应该适度地将笑容收拢，保持亲切自然的态度就可以了。

（2）微笑是自然的。

在我国的历史长河中，微笑的礼仪规范是笑不露齿。但现代很多礼仪培训教材都提到，标准的微笑要露出 6 至 8 颗牙。每个人都有各自的特点，有的人热情开朗，有的人含蓄内向，他们微笑的方式肯定是各不相同的，不应该用标准化的形式加以规定。由此可见，微笑也可以是个性化的表情。如果要求每个人的微笑一致是不符合礼仪的，与人交往时自信真诚的微笑可以展现个人独特的气质。

（3）微笑是协调的。

笑是人们的五官以及面部肌肉所进行的协调运动。微笑要由眼睛、眉毛、嘴巴等多方面协调配合来完成。发自内心的微笑，人的五官会自然被调动，共同来完成笑的动作：眼睛眯起，眉毛上扬，鼻翼张开，嘴角上翘，脸肌收拢。微笑要注意整体配合，才会亲切可人，若忽视其整体的协调配合，微笑便难以打动人心。在日常交往中，微笑还常常与其他体态语言结合使用，代替有声语言进行沟通。

（4）微笑要适时、适地、适度。

微笑是社交场合中最基本的礼仪，但是在一些特定场合，微笑却是不合时宜的表情。比如在悲痛伤感或庄重肃穆的场合，就应该保持符合四周的环境和气氛的表情，而不应该流露出笑的表情。礼仪不仅是对他人，也是对周围环境气氛的一种尊重，只有融入环境之中，并做出合乎时宜的反应才是礼的表现。

"子曰：质胜文则野，文胜质则史。文质彬彬，然后君子。"（《论语·雍也》）意思是说，朴实多于文采，未免粗野；文采多于朴实，未免虚浮。文采与朴实配合得当，才是君子。可见，微笑要有度。因此，即使是在应该展现微笑的时间和场合中也要适度运用微笑。不能为了展现微笑的表情，让笑容显得过于夸张。虽然微笑是人内心感情的自然流露，但是也要注意有所控制，根据时间和场合的不同，恰当地展现微笑，这样才能够体现出一个人的修养。

在人际交往中，微笑是最有吸引力的表情。在微笑的礼仪标准的制定上前提是要遵循礼仪的基本要求，再者从表情本身出发，突出其人性化的特点。礼仪是一种修养，微笑不仅是一种表情，更是一种积极向上的人生态度。一个人只有积极乐观地面对他人和社会，才能做到由内而外地真诚自然地微笑。有魅力的微笑是天生的，但依靠自身的努力也完全可以拥有。

3. 微笑的训练方法

（1）简易训练方法（含箸法）。

选用一根洁净、光滑的筷子，用门牙轻咬住筷子横放在嘴中，两边嘴角都要翘起，仔细观察连接嘴唇两端的线是否与筷子处于同一水平线上。保持这个状态 10 秒，然后轻轻地拔出筷子，保持微笑的状态。

（2）细节训练方法。

微笑是在放松的状态下训练形成的，练习的重点在于嘴角上升的程度是否一致。如果嘴角歪斜，微笑就会不太好看。在不断地反复训练过程中，我们就能发现最适合自己的微笑。

小微笑：两端嘴角向上提起，稍微露出 2 颗门牙，保持微笑。坚持几秒钟后，嘴角放松并恢复到原来的状态。

普通微笑：两端嘴角向上提起，露出大约 6 颗上门牙，眼睛也笑一点。坚持几秒钟后，嘴角放松并恢复到原来的状态。

大微笑：两端嘴角向上提起，拉紧肌肉，露出 10 颗左右的上门牙，也稍微露出下门牙。坚持几秒钟后，嘴角放松并恢复到原来的状态。

微笑是最有魅力的体态语之一。发自内心的微笑是渗透情感的微笑，包含着对人的关怀、热忱和爱心。在社交场合中，尤其是服务行业的从业人员的微笑，必须合乎礼仪规范的要求。

微笑的美在于优雅、适度。微笑不仅要合乎礼仪规范，更应做到亲切自然。微笑要真诚友善，做到"诚于中而形于外"，切记不可虚情假意、故作笑颜。日常生活中，学会用善良包容的心与他人相处，用无私奉献的热情对待工作。只有调适好个人的心态，才可以展现出表里如一的微笑。

【思考题】

1. 眼神礼仪的规范有哪些？
2. 微笑的作用是什么？
3. 理论联系实际，思考社会工作者在与案主交流时如何正确运用眼神与微笑。

讲题三 手势礼仪

在工作岗位中，对于站、走、坐、蹲等基本姿态都有规范的要求，这些姿态是动态美和静态美的结合，而这一举一动都离不开手势。手是人体最为灵活的器官，它是人们体态语最重要的传播媒介。因而手势是人体语言中最丰富、最富有表现力的体态语言，它具有模拟、象征、情意、指示等功能。手势是人体两只手臂所展现出的不同动作和体位的姿势。人们通常在说话时，为了增强语气、语调，强调表达内容，往往借助手势帮助我们与他人进行交流，刻画出人们心中的言外之意。

一、手势礼仪

手是人体态语中最重要的传播媒介，不同的手势表达不同的含义。在人际交往中，手势的运用是必不可少的，与他人交流时恰当地运用手势，可以增进感情的表达，表示你对对方的尊重，拉近交流双方的心理距离。因此，社会工作者在与案主交流时，如果能适当地运用手势，可以获得对方的信赖与认可。

（一）手势的原则

1. 大小适度

在人际交往中，要注意手势的幅度大小。一般情况下，手势的上界不能超出对方的视线范围，下界不低于自己的胸部，左右摆动的范围不要太宽，应在人的胸前或右方进行。正规场合中，手势动作幅度不宜过大，次数不宜过多，不宜重复。

2. 自然亲切

手势要与语言表达相一致，要符合对象、场合的需要，与人交往时，多用柔和曲线的手势，少用生硬的直线条手势，以求拉近心理距离。

3. 注意差异

不同国家和地区，由于文化背景的差异，同一种手势，可能表达不同的含义。如 OK 手势在巴西、意大利、希腊、德国等国是下流的意思。

（二）手势的分类

1. 情绪手势

情绪手势是指人说话时情绪起伏展现出来的手势，常用来表达说话人的思想感情或强调说话人的观点态度。比如，拍手称快表示高兴，捶打胸脯表示悲痛，挥舞拳头表示愤怒，敲打前额表示悔恨，抚摸鼻子表示犹豫，双手叉腰表示抗议，双手摊开表示无可奈何等。情绪手势是说话人内心想法和感受的自然流露，往往与展现出来的情绪密切相关，鲜活生动，可以给对方留下深刻的印象。

2. 指示手势

指示手势是用来指向具体对象的手势动作。比如，如果想表示谈论的是自己或跟自己有关的事情，可以用手指向自己；如果要示意对方在某处就座，可以用手指向该处座位。指示手势除了辅助语言表达一定的含义外，还可以用来指示他人、事物和方向，表示数目、指示谈论中的某一话题或观点等。指示手势可以增强谈话内容的明确性和真切性，便于及时掌握听者的注意力。

3. 模拟手势

模拟手势是指比划事物形象特征的手势动作。比如，抬起手臂可以比划某人的高矮，利用拇指、食指结合起来可以比划某个物体的大小。模拟手势通常带有些许夸张意味，在一定程度上能使对方如见其人，如临其境，因而富有极强的感染力。

4. 象征手势

象征手势是用生动的形式展现抽象意念的手势动作。这些手势往往具有特定的内涵，使用十分普遍，因此，了解象征性手势语是十分必要的。比如，在第二次世界大战期间，英国首相丘吉尔推广了一种象征胜利的"V"形手势（即伸出一只手的食指和中指构成"V"形，余指屈拢）。19世纪初风行于美国而后在欧洲被普遍采用的表示顺利、赞赏、允诺等意思的"OK"手势（大拇指与食指构成一个圆圈，其他三指伸直张开），就属于象征手势。[1]再如，在我国，举起握成拳头的右手宣誓表示庄严、忠诚和坚定；跷起大拇指表示称赞、夸奖；跷起小指表示贬斥、蔑视。象征手势能给谈话制造特定的气氛和情境，从而加强语言的表达效果。

（三）常用手势

1. 指引

做指引手势时，指引者可以站在被指引物品或道路的旁边，伸出右手手臂，手掌自然平伸，五指并拢，掌心向上朝向对方，因为掌心向上的手势表示诚意、尊重他人，掌心向下的手势意味着不够坦诚、缺乏诚意。手掌和水平面呈45°角，指尖朝向所要指引的方向，以肘部为轴伸出手臂。在指示道路方向时，手的高度大约齐腰，指示物品的时候，手的高度根据物品来定，小臂、手掌和物品呈直线就可以了。无论是指人还是指物，都不能用食指指点。

（1）横摆式：横摆式常用于迎接来宾时。其要求是：手臂向外侧横摆到身体的右前方，指尖指向需引导或指示的方向，头部和上身微向伸手的一侧倾斜。

（2）直臂式：直臂式常用于指示方向或做"请往前走"等手势时。其要求是：手臂向外侧横向摆动，手臂抬到与肩同高的位置，指向前方，适用于指示物品所在地或来宾要去的方向。

1　佚名.注意你的手势礼仪[N].中国妇女报，2005-01-07.

（3）曲臂式：曲臂式常用于手拿东西的同时又要指示方向或做"请"的手势时。其要求是：手臂抬起弯曲，由体侧向体前摆动，距离身体 20 cm 左右，手臂高度在胸部以下。

（4）斜臂式：斜臂式常用于请来宾入座时，手臂先从身体的一侧抬起，由上向下斜伸摆动，摆向座位的地方。

2. 垂手

垂手手势要求双手掌心向内，指尖朝下，伸直手臂，然后将双手紧贴于两腿裤线之处；双手伸直后自然相交于小腹处，掌心向内，一只手在上一只手在下地叠放或相握在一起。双手伸直后自然相交于背后，掌心向外，两只手相握在一起。

3. 递物

递接物品时应使用双手，不方便双手并用时，一般使用右手，用左手递接物品通常视为无礼；如果递交文字的物品给他人时，必须要正面面对对方；如果递交带尖、带刃或其他容易伤人的物品给他人时，应将尖、刃朝自己的方向。

4. 展示

展示物品分为两种情况：一是将物品举至高于双眼之处，这种方式适用于物品被人围观时；二是将物品举至眼部至胸部的区域，这种方式适用于一般情况下展示物品时。

5. 招手

招手手势一般用于打招呼。向近距离的人打招呼时，伸出右手，手的高度在肩部上下，五指自然并拢，手指自然弯曲，抬起小臂挥一挥即可。如果与对方距离较远，可适当加大手势幅度。一般情况下，不能向上级和长辈招手。

6. 鼓掌

鼓掌一般用于表示欢迎、祝贺、赞同、致谢等含义。鼓掌时，一般将双手抬至胸前，距离身体 30～40 cm，四指并拢，虎口张开，用右手掌轻击左手掌发出声响，表示喝彩或欢迎。

二、握手礼仪

握手是人际交往中最常用的一种礼节。握手的力度、姿势与时间的长短往往能够表达出不同礼遇与态度，给人留下不同的印象，也可通过握手了解对方的个性，从而赢得交际的主动。握手礼仪主要应用在如下几个场合：一是人与人之间的初次相识，无论是主动认识、他人介绍还是被动结识都可以利用握手礼仪。二是熟人之间久别重逢，通过长时间、热烈的握手可以传递出对友情的珍惜和对重逢的喜悦。三是在告别的仪式可以通过握手来表达自身强烈的情感和情绪。四是，在特殊场合中，有力的握手可以表达出慰问、感激、和解和祝贺等多重意义。[1]

---

1 张雅莉. 正确把握商务场合握手礼仪[J]. 才智，2014(4)：319.

（一）握手礼的起源

握手礼仪是当今世界最为流行的礼节。握手礼的由来有以下两种说法。

第一种说法认为握手礼仪起源于中世纪的欧洲。战争期间，骑士们都头顶铜盔、身披铠甲，除了眼睛外，全身都包裹在盔甲里，就连双手也罩上了铁套。如果表示友好，互相走近时就免去铜盔，脱下铁套，伸出右手，表示没有武器，与之握手。后来，这种表示友好的方式流传到民间，就成了握手礼。因此，在当代，行握手礼也都要先脱去手套，才能施握手礼，表示对交往对象的尊重。

第二种说法认为握手礼来源于原始社会。追溯到远古时代，那时人们以狩猎为生，如果遇到陌生人，为了表示友好，人们会扔掉手里的狩猎工具，并摊开双手给对方看，以此表示手中没有藏东西。后来，这个动作被武士们学到了，他们为了表达友谊，结交朋友，不再互相争斗，见面时就互相摸一下对方的手掌，向对方展示手中没有武器。随着时代的变迁，这个动作就逐渐形成了现在的握手礼。

握手礼是人类在长期交往过程中逐渐形成的一种重要礼节。现代握手礼通常是先打招呼，然后相互握手，同时寒暄致意。握手礼流行于许多国家，是人际交往时最常见的一种见面、离别、祝贺或致谢的礼节。握手不仅适用于见面致意和告辞道别，在不同场合中还可以表达支持、信任、鼓励、祝贺、安慰、道谢等多种意思，是沟通心灵、交流感情的一种行之有效的方式。

（二）握手的种类

1. 对等式握手

对等式握手是指握手时两人伸出的手心都不约而同地向着左方。这是最常见的一种握手方式，一般适用于双方社会地位不相上下时，它是一种表示友好和平等的握手方式。

2. 支配式握手（"控制式"握手）

支配式握手是指用掌心向下的姿势握住对方的手。以这种方式握手的人一般想要展现自己控制对方的支配态度。如果交往双方社会地位差距较大，社会地位较高的一方可采用这种方式与对方握手。

3. 谦恭式握手（"乞讨式"握手，顺从型握手）

谦恭式握手是与支配式握手相对的，用掌心向上或向左上的手势与对方握手。

4. 双握式握手（美国人称政客式握手）

双握式握手指的是伸出右手紧握对方右手的同时，再把左手搭在右手、手臂或肩部上。这种握手方式可以传递出一种亲切友好、诚实可靠的感觉，表达自己对对方的信赖和友谊。

5. 无力型握手，又称"死鱼"式握手

无力型握手指的是握手时伸出的手无任何力度、质感，不显示任何信息。这种人的特点如果不是生性懦弱，就是对人无情无义，待人接物消极傲慢。

6. 捏手指式握手

捏手指式握手指的是伸出右手握住对方的几个指节，男性之间使用这种握手方式，表明双方关系亲密融洽。女性与男性握手时，为了展现自己的矜持与稳重，也可采取这种握手方式。

7. 拉臂式握手

拉臂式握手指的是将对方的手拉到自己的身边握住，一般相握的时间较长。这常常是社会地位较低者，特别是那些有较强自卑感的人在与社会地位较高者握手时采用的形式。

8. 抠手心式握手

抠手心式握手指的是两手相握之后，不会很快松开，而是两只手掌相互缓慢滑离，让手指在对方手心适当停留。这种方式一般只适用于恋人或者心有灵犀的好朋友之间。

（三）握手的礼仪规范

1. 握手的姿势

常规的握手姿势应该伸出右手，虎口相接，以轻触对方为准。握手时，掌心向左虎口向上。男女相握则有所不同，从男士角度要体谅到女性的矜持，轻轻握住女士的四指，不可太紧；从女士角度可以伸出四指轻轻与男士半握。但作为现代女性，尤其在职场，还是应热情大方地与男士全握。

2. 握手的顺序

总的来说，各种场合的握手应该按照上级在先、长辈在先的顺序进行。在具体操作中应注意以下几方面：

（1）与长辈、女性、主人、领导、名人握手时，为了表示对他们的尊重，一般由他们决定是否愿意握手。但如果另一方先伸了手，那么不管是长辈、女性或者主人、领导、名人等身份，为了表示礼貌，也要伸出手来回应对方。

（2）见面时，如果对方不伸手，那么可以采用点头或鞠躬的方式表示敬意。

（3）见面时，如果对方是自己的长辈或贵宾，并且对方先伸出手，则应先快步走近，用双手握住对方的手表示尊敬，并加以适当的问候，如"您好""见到您很高兴"等。

（4）一个人如果要与多人握手，那么最有礼貌的握手顺序应该是：先上级后下级；先长辈后晚辈；先主人后客人；先女士后男士。

3. 握手的时间

握手的时间大致为上下两三次，一般不超过 5 次；时间 1~3 秒钟，轻摇晃动 1~3 下即可。既不要像触电似的一握就松，让对方感觉你在走过场，也不要长久握住不放，显得热情过度，尤其是对女士更不要久握，以免带来尴尬。

4. 握手的力度

握手的力度一般决定于交往双方的情感强弱。握手力度要适中，力度过大会给对方造成疼痛感，有气无力则会给人以冷漠无情、虚伪之感。

5. 眼神柔和

握手时双眼应该注视对方，表情要专注。由于文化背景和人种差异，西方人握手时习惯直视对方眼部，散发着真诚的目光，中国人习惯用虚光环视对方面部，流露出亲切的眼神。眼神飘忽、心不在焉显得不礼貌，目光下垂显得拘谨，所以要注意表情神态的掌控。

（四）握手礼仪的禁忌

1. 目光他视

与任何人握手，都要在握手时看着对方的眼睛，这不仅表示对对方的真诚，也能充分展现自信。如果单手与人相握，另一只手不可插在衣服或裤子的口袋里，最好的做法是贴着大腿外侧自然下垂。

2. 时间过长、用力过大

最佳握手时间为 1 ~ 3 秒钟。尤其是与异性握手时，如果时间过长会让对方觉得没礼貌。握手时用力过大会显得粗鲁无礼。

3. 左手相握

握手时不能使用左手与他人相握，尤其跟外国人握手时，左右两只手往往有分工的不同，一般用右手行使礼仪。比如，与阿拉伯人、印度人握手时切忌使用左手，因为在他们看来左手是不洁的。

4. 交叉握手

社交场合中，常常会与多人握手，一般按照前文提到的礼仪顺序握手，或因地制宜由近及远地依次握手即可，但切忌交叉握手。不管是自己双手握住不同的人，还是直接跨过正在握手的两人中间去握住另外一个人的手，都是不可取的。这样很容易构成西方人忌讳的"十字架"形态，很不吉利。当然，有一种情况例外——剪彩。剪彩时，一般受时间、场地的限制，所以当剪彩嘉宾站成横排时，允许交叉握手。

5. 掌心有汗

不管在什么情况下和别人握手之前要注意一下自己的手是否洁净，如果不洁净，可以用别的方式进行打招呼。此外，手心有汗或手心冰凉都是非常不礼貌的行为，如果时间允许可以进行适当处理后再与他人握手。

6. 戴手套握手

与他人握手时不能戴手套，在寒冷的冬天一定要摘掉手套再握手。按照国际惯例，只有女人在社交场合可以戴着薄纱手套不摘，但用来御寒的手套一定要摘。

7. 掌心下压

与他人握手时掌心下压会给对方造成居高临下甚至傲慢藐视之意。想要表达对他人的尊重，握手时掌心应略微向上表示谦恭之意。

【思考题】

1. 手势的原则有哪些？
2. 握手礼仪的规范是什么？
3. 结合所学知识，思考社会工作者在与案主交流时应怎样恰当地运用手势。

【本章小结】

社会工作者的仪态礼仪包括基本姿态礼仪、表情神态礼仪和手势礼仪，在对社会工作者仪态礼仪基本知识进行学习（培训）之后，我们要熟练掌握不同仪态的礼仪规范及要领，包括站、坐、行、蹲的基本姿态、眼神和笑容的运用及手势礼仪的规范等，并且将这些理论知识融入社工的工作岗位中去，正确规范地运用礼仪姿态不仅能使社会工作者给客户和案主留下良好的印象，而且对社工自身的形象塑造也能起到积极的促进作用。

【推荐阅读】

1. 周思敏：《你的礼仪价值百万》，中国纺织出版社 2012 年版。
2. 金正昆：《社交礼仪教程》，中国人民大学出版社 2013 年版。

第七章 社会工作的沟通礼仪

【学习（培训）目标】

通过本章学习（培训），你应该：

1. 了解社会工作语言沟通的基本概念与特征。
2. 掌握社会工作语言沟通礼仪的种类。
3. 了解社会工作非语言沟通礼仪的基本概念。
4. 掌握社会工作非语言沟通礼仪的具体形式。

【核心概念】

沟通　礼仪　社会工作语言沟通礼仪　社会工作非语言沟通礼仪

【本章概览】

本章主要的学习（培训）任务是社会工作语言沟通礼仪和社会工作非语言沟通礼仪。教师通过运用案例分析、知识讲授、分组讨论、情景模拟等多种教学方法，对社会工作语言沟通礼仪和社会工作非语言沟通礼仪进行介绍，让学生（学员）认知社会工作语言沟通礼仪和社会工作非语言沟通礼仪，了解社会工作语言沟通礼仪的种类和社会工作非语言沟通礼仪的具体形式，会将社会工作语言沟通礼仪和社会工作非语言沟通礼仪运用到具体的社会工作实践中去。具体内容包括：社会工作语言沟通的基本概念与特征，掌握社会工作语言沟通礼仪的种类，了解社会工作非语言沟通礼仪的基本概念，掌握社会工作非语言沟通礼仪的具体形式等。

【导入案例】

救助社会工作"高效沟通"怎么来?

沟通，作为社会科学中通用的词汇，有其丰富的内涵。在中国现有的文化中，沟通指的是人与人之间、人与群体之间思想与感情的传递和反馈的过程，以求思想达成一致和感情的通畅。沟通由编码、媒介、解码和反馈四个过程构成。在每一个过程中，社会工作者都需要注意多方面的因素，以求沟通的顺利达成。

一、编码

编码，通常指的是密码学上的用于将一组词汇或者词组汇编成一组甚至多组译码的过程。编码是沟通的首要过程，其作用非同寻常。

救助社会工作中，作为一名一线社工，沟通是其首要能力，也是其获得服务对象信息的主要方法。在沟通中，编码其实就演变为"如何问？"，救助社工在访谈中将访谈的问题编码成提纲，再结合自己的语言习惯，与服务对象进行交流。

在编码中，要充分考虑服务对象的特殊性及个性化。社工在合理地编写自己的数码时需要注意以下几个方面：

1. 开放式问题＞封闭式问题

开放式的问题能够帮助我们收集到更多的讯息，也能避免访谈冷场的尴尬。如"可以谈谈家里最近怎么样吗？"等。

2. 专业术语的转化

社工作为一名专业人员，专业术语常在机构内部和同行间使用，而面对各类服务对象，专业术语的转化就尤为重要。如我们可以说"我们主要是来了解你的困难，并尽我们最大的能力帮助你走出困境"等。

3. 避免承诺

承诺是社工经常会做的，但是对于低保家庭，我们不能轻易承诺，特别是经济帮助方面，我们无法实现的承诺对低保家庭将造成二次伤害。如我们可以说"我会去居委、街道帮你咨询一下是否有相关的政策或者补贴"等。

二、媒介

救助社工最通常运用的媒介是电话和面对面交谈。

电话，作为现代社会快速联系的媒介，日渐成为社工沟通的主要手段。但是在救助社会工作中，电话要成为第二媒介。电话的运用会带来一些隐性的劣势。其一，服务对象家庭情况、居住环境、家庭成员态度等无法收集。其二，服务对象的情绪无法判断和及时安抚。低保对象的情绪问题是社工面临的主要问题之一，电话中我们只能通过语气来判断，而面部表情等无法呈现。其三，无法更好地介绍机构和社工的工作性质。一般情况下，低保对象会将社工理解为政府工作人员，对社工一知半解，社工也不能通过宣传材料等来更好地解释自己的工作性质和范围。

面对面会谈，作为救助社会工作的首要沟通媒介，有其独特的优势，也是社工尽力去达成的目标。面对面会谈会弥补电话会谈的劣势，但是也会产生自身的劣势。其一，时间。面对面会谈需要更多的时间去完成，会给社工的工作带来更大的压力。其二，社工自身。面对面会谈会将社工的言语、表情、肢体语言显现在服务对象的眼前，如果社工无法有效应答，会对访谈效果带来消极影响。

三、解码

解码看似是服务对象的单方面作业，但是在救助社会工作中，解码是社工与服务对象共同完成的。

面对面会谈中，解码的完成似乎就那么一瞬间，但是社工可以通过服务对象的表情和回应得知其是否解码成功。解码成功的服务对象，谈话会进行顺畅。未成功者，社工可看到服务对象皱眉、吞吐等表情，此时的社工需要立即进行再次编码，补充上一次的编码，使得交流顺畅。

四、反馈

反馈是社工与服务对象双方共同完成的。一方面，是服务对象对社工的反馈；另一方面，是社工对服务对象的反馈。

服务对象给社工的反馈，也是组织自己的语言与社工交谈的过程，是对社工上一编码过程的成功理解。

社工的反馈主要是对服务对象反馈信息的理解，社工采取合适的方式再次反馈给服务对象。这一过程需要注意以下几个方面：

1. 语言不相通的反馈

作为外地的社工，语言成为沟通的主要障碍。当社工与说本地话的服务对象交流时，社工会感到焦虑，也无法有效地反馈。此时，最好的方式是社工将服务对象的信息再次组织语言反馈给服务对象，看双方是否达到一致，以缓解语言不通带来的障碍。

2. 反馈方式的选取

反馈的方式很多，言语、表情、肢体语言等都是社工反馈的选择方式。在反馈中，肢体语言和表情的反馈远远大于单纯语言表达的反馈。在工作中，社工需要保持身体的前倾、眼神的对视、面部表情的发挥，此外加上恰当的语气词才能达到最好的效果。

编码→媒介→解码→反馈，当社工完成这一系列的过程之后，才能达到有效的沟通。而每一部分的合理的选择、运用，才能达到高效的沟通。

高效沟通包含两层含义：其一，时间方面。一般一次深入的访谈需要30～40分钟，这样才能基本了解服务对象的信息。其二，效果方面。深入访谈需要了解的不只是服务对象的基本信息，还包括其人生经历、内心的想法、家庭关系、社会支持系统、日常生活、遇到的困难等方面。

（资料来源：上海公益社工师事务所）

讲题一　社会工作语言沟通礼仪的释义

一、社会工作语言沟通的界定

（一）沟通的概念

有学者认为沟通是为达到一定目的，将信息、思想和情感在个人或群体间进行双向传播与交流的过程。有学者认为沟通是两个人之间的信息交流行为，在这个过程中，信息接收者能够完全理解信息发出者所赋予的信息的含义。

本书认为，沟通是指将某一信息（或意思）传递给客体或对象，以期取得客体作出相应反应效果的过程，即信息交流。沟通有促进服务目标实现的目的，即按照有利于目标实现的方向开展沟通活动；不同类型的工作对象，其沟通的重点有所不同；同时沟通需要知道传递什么信息、向谁传递、何时传递，以及传递信息的有效方法。

人与人之间的沟通具有以下特征：

（1）人与人之间的沟通主要是通过语言（或语言的文字形式）来进行的。

（2）人与人之间的沟通不仅是信息的交流，而且包括情感、思想、态度、观点的交流。

（3）人与人之间的沟通过程中，心理因素有着重要的意义。

（4）人与人之间的沟通过程中，出现各种沟通障碍。

（二）社会工作语言沟通的概念

社会工作语言沟通是以语言为媒介实现的沟通。社会工作沟通存在两人或多人之间的沟通。

个案社会工作中，工作者与案主进行有目的的专业沟通，社会工作者不仅要让案主接收到信息、理解信息，社会工作者传达的信息还会对案主产生影响，解决案主的问题，是一种深度有效的人际沟通。

小组社会工作中，小组的所有活动都是通过组员之间、组员与社工之间的语言和非语言沟通来实现的，在小组活动中实现有效沟通，组员之间才能更好地进行信息交流与交往，建立社工与组员间的信任关系，才能带领小组成员实现小组目标。

社区社会工作中，专业社会工作者介入社区，确定社区的问题与需求，发掘社区资源，动员和组织社区居民实现自助、互助和社区自治，这些过程中都离不开与社区里各类居民的沟通。

二、社会工作语言沟通礼仪的界定

（一）社会工作语言沟通礼仪的概念

社会工作语言沟通礼仪可以说是一种社会工作语言规范，一种在社会工作中进行有效沟通的技巧，一种处理社会工作者与服务对象关系的工作方式或工作方法。

社会工作者在工作中对待工作对象应平易近人，热情谦和，注意沟通，建立互助依赖的关系，努力满足他们的各种正当需求，并且帮助他们在心理和精神等方面获得平衡。

（二）社会工作语言沟通礼仪的特征

1. 规范性

社会工作语言沟通礼仪是指人们在社会工作场合待人接物时必须遵守的言行规范。这种规范性不仅约束着社会工作者在一切社会工作场合的言谈话语、行为举止，使之合乎礼仪，而且也是社会工作者在一切社会工作场合必须采用的"通用语言"，是衡量他人与判断自己是否自律、尊敬服务对象的一种尺度。社会工作语言沟通礼仪是根据程序、伦理规范规定的一种工作形式。因此，社会工作者在社会工作场合表现得合乎礼仪，就必须对礼仪无条件地加以遵守。另起炉灶、自搞一套，或是只遵守个人适应的部分，而不遵守不适应自己的部分，都难以被服务对象和社工机构接受和理解。

2. 限定性

社会工作语言沟通礼仪，顾名思义，主要用于社会工作场合，适用于社会工作者与社区单位、同行、服务对象沟通的情况。在这个特定范围之内，社会工作语言沟通礼仪肯定行之有效。离开了这个特定的范围，社会工作语言沟通礼仪未必有用。这就是社会工作语言沟通礼仪的限定性特征。理解了这一特点，就不会把社会工作语言沟通礼仪当成放之四海而皆准的规则，就不会在非社会工作场合拿社会工作语言沟通礼仪去以不变应万变。因为，当所处的场合不同、所扮演的角色身份不同时，所要运用的礼仪往往会不同，有时还会差异很大。

3. 操作性

切实有效，实用可行，规则专业，需要具体的操作实践，是社会工作语言沟通礼仪的一大特征。它不是纸上谈兵、空无一物、不着边际、故弄玄虚、夸夸其谈，而是既有总体上的原则和规范，又在具体的细节上以一系列的方式、方法，细致而周详地对社会工作语言沟通礼仪原则、规范加以贯彻，把他们落到实处，使之"言之有物""行之有礼"，不是空谈。社会工作语言沟通礼仪的操作性，使之被社会工作者广泛地运用于社会工作实践中，并取得可观的效果。

4. 情景性

社会工作语言沟通都是发生在一定时空情境中的，社会工作语言沟通礼仪的情景性体现在时间、地点、参与者、事件等情节中，特定情境下的沟通需要根据物理环境和社会环境的不同采用特定的沟通技巧。个案社会工作、小组社会工作、社区社会工作各有沟通礼仪。

三、社会工作语言沟通礼仪的功能和作用

当前，社会工作语言沟通礼仪之所以被提倡，主要是它有多重重要的功能，既有助于个人，又有助于社会。

（一）有助于提高社会工作者的自身素质

在社会工作中，社会工作语言沟通礼仪往往是衡量社会工作者专业能力的标尺。它不仅反映了社会工作者在社会工作中的专业技能，而且反映了社会工作者的文明程度和道德水准。通过观察社会工作者对社会工作语言沟通礼仪运用的程度，可以考察其专业能力、文明程度和道德水准。由此可见，学习运用社会工作语言沟通礼仪，有助于提高社会工作者的专业能力，有助于"用高尚的精神塑造人"，真正提高个人的文明程度。

（二）建立信任的专业关系

社会工作者与服务对象之间的专业关系必须以良好的关系为前提。良好的关系能产生安全、温暖、轻松、舒适、愉快、信任的氛围，在这种氛围下，服务对象容易减除防卫心理，产生自我开放的心态，也可以增加社会工作者对服务对象的影响力，有助于提高服务对象改变的动机和合作的意愿。倘若双方关系是充满敌意、防卫、紧张、焦虑的，社会工作者无法取得服务对象的信任，无法引发服务对象改变的意愿，而服务对象也会逃避沟通，把精力放在应对外界的刺激和压抑内心的情绪上，不能在社会工作者面前敞开心扉，无法真正面对自己。社会工作者的主要活动是与服务对象开展会谈，会谈过程既是建立与加深专业关系的过程，也是对服务对象进行治疗的过程。在社会工作会谈中，同感、接纳、真诚等建立专业关系的要素，本身对服务对象的情绪和心理就具有很好的治疗作用。

（三）收集服务对象信息，解决服务对象的问题

运用社会工作语言沟通礼仪，准确、细致地收集服务对象的基本信息、问题成因，共同评估服务对象问题的性质、程度及对服务对象的影响，评估服务对象的需求。社会工作遵循助人自助、生命影响生命的宗旨，和服务对象一起寻求解决问题的途径和方法，使服务对象自主决定并采取行动健全自己的人格，改变自己的行为，增强自己的知识与技能、增强克服不利因素的能力、增强抗逆力、提高个人与社会的协调能力等，从而充分发挥其社会生活功能。

（四）促进社会发展

社会是由个人或社会组织所组成的，社会工作语言沟通礼仪无论是在处理个人问题与困难方面，还是在处理社会组织、单位的困境方面都具有其独特的作用。当个人遇到生活、学习、工作或者是情感问题时，通过社会工作者的帮助，服务对象可走出困境，充分发展自我，实现自己的个人价值与社会价值。这样一来，社会工作既让服务对象本人摆脱了困难，同时还避免了服务对象因为一时的困难而危及他人。在家庭以及社会组织（或单位）中同样如此，

当家庭、社会组织（或单位）等出现矛盾与困境时，社会工作同样有用武之地，家庭社会工作、企业社会工作、医院社会工作等能够很好地调解矛盾，使家庭、社会组织（或单位）走出困境。从理论上而言，这样的社会工作服务促进整个社会协调发展、和谐发展的可能性就比较大。社会工作者的工作既解决了服务对象的问题，同时也起到了稳定社会、促进社会发展的作用。

【思考题】

1. 结合案例，谈谈你对社会工作语言沟通的认识。
2. 简述社会工作语言沟通礼仪的基本内涵与特征。
3. 谈谈社会工作语言沟通礼仪的功能。

讲题二 社会工作语言沟通礼仪的种类

一、社会工作的电话礼仪

电话是一种常见的通信、交往工具，打电话的礼仪也是社会工作礼仪的重要内容。社会工作过程中，社会工作者既要给来访者打电话，也要接听来访者的电话，所以社会工作的电话礼仪显得非常重要。虽然电话是只闻其声不见其人的交谈，但是人们在使用电话时的种种表现，会使对方"如见其人"。"言为心声，声如其人"，双方的声音是一个重要的社交因素，也有重要的隐含信息，声音往往代表着自己或组织的形象。因此，在接打电话的过程中一定要注意相关礼节，如通话时音量适中，语气亲切、柔和，语言言简意赅，态度热情友好，树立好自己的"电话形象"。

（一）打电话礼仪

打电话的程序：按重要程度整理谈话内容并记录，确认对方单位、姓名及电话，自报机构及本人名称，寒暄问候，商谈事项并确认注意事项，礼貌道别并轻轻放好话筒。

1. 确定合适的时间

当需要打电话时，首先应确定此刻打电话给对方是否合适，也就是说，要考虑此刻对方是否方便听电话。应该选择对方方便的时间打电话，尽量避开在对方忙碌或是休息的时间打电话。一般说来，有几点应该注意：避开对方的吃饭和休息时间。总的来说，早晨8点以前，晚上10点以后，给对方家里打电话是不合适的。除非有紧急的事。当然，当对方有可能非常忙碌的时候打电话去，也是不合适的。比如，在对方准备出门上班前几分钟打电话，可能会使对方迟到。而且工作上的事情，也尽量不要打电话到别人的家里。

如果是打电话到工作单位，最好不要在星期一一大早打过去。因为，经过一个周末，对方要处理的公务也许会很多。当然，在对方快要下班的前几分钟打电话，也是不太适合的，因为快要下班了，大家也许有些事情要处理，处理完后直接回家。如果因为你的电话而耽误了对方的私人时间，也许会使对方不快。一般情况下，也不要为私人的事情打电话到对方的单位，除非对方不介意。如果因为私人的事情打电话到对方的单位，最好问一声："你现在方便听电话吗？"而且，即使得到对方的肯定回答，也尽量要简短，因为占用对方的工作时间，可能会影响对方工作单位的正常的业务往来。

2. 开头很重要

无论是正式的电话事务，还是一般交往中的不太正式的通话，自报家门都是必需的，这是对对方的尊重，即使是你熟悉的人，也应该主动报出自己的姓名，因为接电话方往往不容易通过声音准确无误地确定打电话人的身份。另外，自报家门还包含着另外一层礼仪内涵。那就是，直接将你的身份告诉对方，那么，对方就有是否与你通话的选择权，或者说，有拒绝通话的自由。

而且在打电话之前，确定打内线或打外线是很重要的。具体的做法是：

打外线——不认识对方时，应该做详细的自我表现介绍，如："你好，我是××，××机构专职社工。"若你认识对方，而且，你也有个好记性，对方一接听电话时就马上能确定听话人是谁，那么不妨直接说出这个人的名字或正确的称呼，这样，会使对方感到被重视的荣幸。可以这么说："李先生，您好，我是××，××机构专职社工。"

打内线——可以有几种方式，如："我是××，三区计划的负责人"；"我是社区矫正项目的××"；"李先生，你好，我是××"。

3. 通话尽量简单扼要

在做完自我介绍以后，应该简明扼要说明通话的目的，尽快结束交谈。因为，随意占用对方的电话线路和工作时间是不为对方考虑的失礼行为。在业务通话中，"一个电话最长三分钟"是通行的原则，超过三分钟应改换其他的交流方式。

如果估计这次谈话要涉及的问题较多，时间较长，那么，应在通话前询问对方此时是否方便长谈。如果对方不方便长谈，就应该有礼貌地请对方约定下次的通话时间。明明需要占用一刻钟的时间，却偏偏说："可以占用你几分钟时间吗？"这就很不合适了，应该说："李书记，此次我想和您谈谈元旦晚会的事宜，时间大约需要一刻钟，您现在方便吗？"

4. 电话内容要有条理，简洁、明了

打电话前最好有"腹稿"。可以先拟出电话要点，理顺说话顺序，准备好所需要用到的资料、文件等，做好准备再打。

5. 你要找的人不在时的处理

如果你要找的人恰巧不在，你可以有几种应对方式：

（1）直接结束通话。

在事情不是很紧急，并且自己还有其他的联系方式的情况下，可以直接用"对不起，打扰了，再见"的话结束通话。

（2）请教对方联系的时间或其他可能联系的方式。

通常在比较紧急的情况下采用，具体的做法是："请问我什么时候再打来比较合适？"或"我有紧急的事情，要找李书记，不知道有没有其他的联系方式？"不管对方是否为你提供了其他的联系方式，都应该礼貌地说"再见"。

（3）请求留言。

若要找的人不在，或恰巧不能听电话，最好是用礼貌的方式请求对方转告。留言时，要说清楚自己的姓名、单位名称、电话号码、回电时间、转告的内容等。在对方记录下这些内容后，千万不要忘记问："对不起，请问您怎么称呼？"对方告知后要用笔记录下来，以备查找。

6. 适时结束通话

"谢谢您，不打扰您了，您先忙吧，以后再联系您，再见。"这是挂电话的常用语，但挂电话要注意几项原则：① "对方挂"的方式不具有可操作性；② 遵循尊者先挂电话，客户、上级、领导先挂电话；③ 所有都平等的情况下，主叫先挂电话。

（二）电话交谈礼仪

电话交谈时统一使用社会工作服务规定使用的标准语言，如普通话、英语等，也可根据来访者方便换为来访者使用的语言。

当您拿起电话听筒的时候，一定要面带笑容。不要以为笑容只能表现在脸上，它也会藏在声音里。亲切、温情的声音会使对方马上对我们产生良好的印象。如果绷着脸，声音会变得冷冰冰。打、接电话的时候不能叼着香烟、嚼着口香糖，身体不能随意瘫靠，不能与他人闲聊；说话时，声音不宜过大或过小，吐词清晰，保证对方能听明白。

对对方提出的问题应耐心倾听；表达意见时，应让他能适度地畅所欲言，除非不得已，否则不要插嘴，期间可以通过提问来探究对方的需求与问题。注重倾听与理解、抱有同理心、建立亲和力是有效电话沟通的关键。不宜煲电话粥，打电话时间不宜过长。

（三）接电话礼仪

接电话的程序：听到铃声响两次后拿起话筒，自报机构和自己的名称，确认对方姓名及单位，寒暄问候，商谈事项并确认注意事项，礼貌道别并轻轻放好话筒。

1. "铃声不过三"原则

在电话铃声响起后，如果立即拿起，会让对方觉得唐突；但若在响铃超过三声以后再接听，是缺乏效率的表现，势必给来电者留下机构管理不善不好的第一印象，同时也会让对方不耐烦，变得焦急。如果因为客观原因，如电话机不在身边，或一时走不开，不能及时接听，就应该在拿起话筒后先向对方表示自己的歉意并做出适当的解释，如"很抱歉，让你久等了"等；如两部电话同时响起应及时接听一个后礼貌地请对方稍候，分清主次分别处理。

2. 规范的问候语

在工作场合，接听电话时，首先应问候，然后自报家门。对外接待应报出机构名称，若接内线电话应报出部门名称。比如："您好，三叶草社工服务中心"或 "你好，社区矫正项目部，我是××"。自报家门是让对方知道有没有打错电话，万一打错电话就可以少费口舌。规范的电话体现的不仅是对对方的尊重，而且能反映出本机构的高效率和严管理。

3. 要找的人不在或不能接听电话时的处理

如遇要找的人不在，应回答："他现在走开了"，或"他刚外出了""他正在和案主面谈""我可以帮到您吗"。如果对方要求传话，应记下对方姓名、电话号码、事情，并尽快交至当事人。在不了解对方的动机、目的是什么时，请不要随便说出指定受话人的行踪和其他个人信息，比如手机号等。

4. 学会记录并引用对方的名字

在办公室工作的人员，应该有意识地训练自己的听辨能力。假如对方是常住居民，经常打电话来，一开口就能听出他或她的声音，那么可以用合适的称谓问好："您好，李大妈。"这样一来，会给对方留下特别受到重视的感觉，增强对方对机构的好感。

5. 学会询问对方的名字

如果对方没有报上自己的姓名，而直接询问上司的去向，应礼貌、客气地询问对方："对不起，请问您是哪一位？"

6. 学会记住重点

在电话中传达有关事宜，应重复要点，对于号码、数字、日期、时间等，应再次确认，以免出错。如："我和你确认一下刚才的内容行吗？"

7. 学会倾听

接电话时应当认真听对方说话，而且不时有所表示，如"是""对""好""请讲""不客气""我听着呢""我明白了"等等，或用语气词"唔""嗯"等，让对方感到你是在认真听。漫不经心，答非所问，或者一边听一边同身边的人谈话，都是对对方的不尊重。在聆听对方电话时，不要打断对方的话；要请对方重复时，应等到对方话告一段落时。通话中碰到有的情况需要查询，应立刻把情况告诉对方，请他等候。如："请您稍等片刻"或"我待会儿再打给您"。

8. 结束通话前

通话完毕后，可以询问对方："还有什么事吗？"或者"还有什么要咨询吗？"这一类客套话，既是表示尊重对方，也是提醒对方；请对方先放下电话，再轻放下自己的电话。

9. 接到错误的电话也应该礼貌应对

如果对方打错了电话，应当及时告知，口气要和善，不要讥讽挖苦，更不要表示出恼怒之意，请对方重新确认电话号码，并尽可能地主动提供帮助。接到错打的电话，人们很容易忽略了礼貌问题，甚至很粗鲁，这是因为人们认为错打的电话与自己没有关系。但事实上，并非错打的电话都必定与自己没有关系，有时，对方也恰恰是与自己有重要关系的人。因此，接听电话时，最好每一个电话都讲究礼貌，保持良好的接听态度。

10. 应在对方挂电话后再挂电话

当对方向你说"再见"时，别忘了你也应该说"再见"，并等对方挂了以后再挂电话，最好不要一听到对方说"再见"就马上挂电话，尤其不能在对方一讲完话，还没来得及说"再见"就把电话挂了。注意挂电话时应小心轻放，别让对方听到很响的搁机声。接到案主电话求助或咨询事宜，需要谨慎应对，最好相约面谈。

（四）手机使用礼仪

手机是现代人们生活中不可缺少的通信工具，如何通过使用这些现代化的通信工具来展示现代文明，是生活中不可忽视的问题，如果事务繁忙，不得不将手机带到工作场合，那么你至少要做到以下几点：

（1）说话要简洁明了。

（2）先拨来访者的固定电话，找不到时再拨手机。

（3）公共场合，将铃声降低，以免惊动他人。特别是楼梯、电梯、路口、人行道等地方通话，尽量使你的谈话简短，以免干扰别人，不可以旁若无人地使用手机。在公共场合使用手机，应该把自己的声音尽可能地压低一点，说话声音不要太大，以免影响他人，或泄露公务与机密。如果下次你的手机再响起的时候，有人在你旁边，你必须道歉说："对不起，请原谅"。然后走到一个不会影响他人的地方，把话讲完再回来。如果有些场合不方便通话，就告诉来电者说你会打回电话的，不要勉强接听而影响别人。比如在嘈杂环境中，听不清楚对方声音时要说明，并让对方过一会儿再打过来或你打过去。

（4）重要场合，将手机关掉或调至静音、震动。

在会议中、和别人洽谈的时候，最好把手机关掉，起码也要调到静音状态。这样既显示出对对方的尊重，又不会打断说话者的思路。在会场上铃声不断，并不能反映你"业务忙"，反而显示出你缺少修养。在看电影时或在剧院，打手机是极其不合适的。如果非得回话，采用静音的方式发送手机短信是比较适合的。在特定场合，如飞机上等，都要关闭手机。

（5）手机在没有使用时，要放在合乎礼仪的常规位置：一是随身携带的公文包里；二是上衣的内袋里。

（6）办公室或公众场合，手机铃声设定不能过于怪异，以免让他人产生不良印象。

（7）使用手机接收短信，也要留意声音状态。不要一边和别人说话，一边查看手机短信。在短信的内容选择和编辑上，应该和通话文明一样重视。因为通过你发的短信，意味着你赞同或至少不否认短信的内容，也同时反映了你的品位和水准。所以不要编辑或转发不健康的短信，记得留下你的姓名。

二、社会工作的会谈礼仪

（一）语言要求

1. 尊重

尊重是社会工作者在价值、尊严、人格等方面与案主平等，把案主作为有思想感情、内心体验、生活追求和独特性与自主性的活生生的人去看待。罗杰斯认为尊重是无条件的，整体地接纳案主的行为，不但包括他的长处，还包括案主的短处。社会工作者相信案主的价值与潜能，理解案主的现状是有其独特的原因的。这样才能给案主创造一个安全、温暖的氛围，使其最大程度地表达自己。

社会工作者在所有与案主沟通或提及案主时，应使用正确且尊重的语言。社会工作者在所有与案主沟通或提及案主的文字或语言中，不应使用诽谤的语言。

社会工作者不能从事、包容、推动或配合各种形式的歧视，包括源自民族、种族、国籍、肤色、性别、性倾向、年龄、婚姻状况、政治信仰、宗教或身心障碍等的歧视。

对于人际关系中尊重的尺度，秦炳杰等人（2002）做了如下划分：

第一个层次：工作者在与案主沟通时表现出案主的感受不值得考虑，工作者不能采取建设性的行动。

第二个层次：工作者的回应很机械，在沟通中对案主的感受和潜能很少表示出尊重。

第三个层次：工作者在沟通中表达出对案主的感受和潜能的尊重，鼓励案主建设性地处理问题。

第四个层次：工作者在沟通中极其尊重和关心案主的感受和潜能，使案主能肯定自我，体会到做人的价值。

第五个层次：工作者在沟通中表现出对案主个人极大的尊重，使案主能最有建设性地采取行动，最充分地表露自己。

以下是几位社会工作者对某案主的不同的回应，根据以上衡量尊重的尺度，体会以下不同回应的区别：

案例：丁女士，32岁，高中文化，全职主妇，是一个8岁男孩小超的继母，她丈夫早出晚归跑运输，家务和儿子的养育都由丁女士一人承担。近日，邻居发现丁女士严重地虐待她儿子，原因是小超身上被发现了多处瘀伤，甚至有被烟头烫过留下的疤痕。丁女士对社会工作者说道："小超实在是很不争气，贪玩，不爱学习，成绩总是班上倒数。可我得教育他好好学习啊，要不怎么向他爸爸交代？要不周围的人会怎么看我这个后妈？为了照顾他，我把工作都辞了，但他不喜欢我，还时常当着我的面给他生母打电话，说我的坏话，我生气极了，恨不得杀了他。"

社会工作者A："你怎么这么傻，难道不知道这是犯法的吗？"

社会工作者B："你再生气也不应该打孩子。"

社会工作者C："听得出来你很生气，也用了很多方法教育孩子。"

社会工作者D："社会对继母的要求的确更严，既要教育好孩子，又不能过于严厉，你真的很难。"

社会工作者E："作为这样一个男孩的继母，你为他付出了这么多，承受了这么多，真的很不容易，你都是怎么做到的呢？"

2. 热情

热情是社会工作者真正助人行为的真诚流露，尊重而不热情，社会工作者和案主之间就显得公事公办，将两者结合才能合情合理，感人至深。社会工作者在整个工作过程中热情、耐心、周到、细致的态度能使案主感受到社会工作者的温暖、关心，感受到自己受到友好接待。

热情最好的表达是社会工作者在社会工作中认真、耐心、不厌其烦。社会工作中有些案主可能与社会工作者存在明显的价值冲突，或在生活方式、态度上明显不同，甚至引起社会工作者的厌烦等情绪；有些案主可能缺乏逻辑性，在表达上思路不清、语无伦次；有些可能文化水平较低，让社会工作者不知所云；有些可能过于紧张，前言不搭后语；有些可能心存顾虑，顾左右而言他。凡此种种都让社会工作者难以清楚地理解案主。面对案主的种种情况，社会工作者都应该表达出对案主的热情、耐心和不厌其烦，不把自己的价值观、生活方式和生活态度强加给案主。具体表现为社会工作者应根据案主难以表达的原因，循循善诱，耐心细致地梳理。如果案主缺乏逻辑性，社会工作者应善于整理归纳，帮助案主建立理性逻辑。如果案主文化水平低，社会工作者可以帮助案主叙述，主动澄清心理问题的表现、原因过程等。

对案主任何的表达内容，社会工作者都应接纳，对案主诉说的符合社会工作目标的内容，社会工作者应予以肯定或鼓励，对没有实际意义的内容不能漫不经心，也不能厌烦，尤其应该注意不能批评案主。在对案主进行帮助的过程中，案主可能出现反复，有些原本已经改变的认知行为或情绪等也可能会回到原来的样子。此时，社会工作者不应批评指责案主，尤其应该热情、耐心，不厌其烦地帮助案主。在对案主进行启发、引导，并进行指导、解释和训练时，案主可能似懂非懂，也可能接受、改变得较慢，甚至反复，社会工作者更应表现出热情和耐心。

3. 真诚

真诚是指社会工作者在专业关系中能够以真正的自我出现，也容许自己的感受适当地在社会工作过程中表现。一个真诚的社会工作者，不会有防卫式的伪装，不会将自己隐藏于专业角色后面，更不会像一个技师一样完成例行工作。相反，社会工作者会很开放、很自由而又个性地投入整个关系中。一个真诚的社会工作者，是一个内心与外表一致、言行一致的人，这种表里如一的人也就是人格统一的人。

在社会工作过程中，一方面工作者的真挚诚恳可以解除案主的面具和伪装，使案主不再害怕受到伤害；另一方面社会工作者的真诚也为案主提供了一个良好的榜样，使案主逐渐放下伪装，自由自在地表达自己心中的喜悦兴奋或是伤痛与失望。而且开放和表里一致，可以促进彼此达成理想的沟通，而这种沟通，正是社会工作成功的重要因素之一。

4. 同理心

同理心又叫同感、共情，指社会工作者能够体会案主的感受，也能够敏锐地、正确地了解这些感受所代表的意义，并能把这种了解传达给案主。

同感的出发点是案主的感受，案主的感受就是案主看事物的眼光，不管这种看待事物的眼光是积极的还是消极的、正确的还是错误的，对案主来说都是实实在在的，这就是他/她眼中的世界，就是他/她所真真切切感受到的。所以把握案主的感受是进入案主内心世界的必要步骤。

为了达到同感，社会工作者首先要放下自己的参照标准，设身处地地以案主的参照标准来看待事物，将自己放在案主的地位和处境中来尝试感受其喜怒哀乐，经历其所面对的压力，并体会其作决定和采取行动的原因。

衡量同感表达的程度可以分为五个尺度。

第一层次：工作者没有倾听，他在沟通中根本没有意识到案主表达出来的感受和用词。

第二层次：工作者对案主表达出来的感受只有微弱的回应。

第三层次：工作者的回应与案主所表达的意义和感受协调一致，他的回应显示他对案主的表面感受有正确的了解，但仍未能对案主较深的感受作出回应。

第四层次：工作者深化了案主表达出的经历中的感受和意义，这有助于案主显露以前不能与人分享的感受。

第五层次：工作者明显地深入挖掘出了案主的感受和意思，能完全感知和回应案主。

如果要在社会工作过程中产生治疗性的功效，那么工作者最低限度要能达到第三个层次的同感。

5. 积极关注

积极关注是指社会工作者对服务对象言语和行为的积极、光明、正面的方面予以关注，从而使服务对象拥有积极的价值观，拥有改变自己的内在动力。通俗地说，积极关注就是辩证、客观地看待服务对象。

服务对象往往带着自己扭曲的认知、消极的行为模式、负性的情绪等前来求助，社会工作者也许不需要做额外的工作就很容易观察体验到服务对象消极、灰暗、负性的一面；而服务对象积极、光明、正性的一面往往需要社会工作者挖掘。一位因为丈夫出现婚外感情的女性求助者坐在个案工作室中呜呜地哭，认为自己非常不幸，不停地抱怨自己倒霉，情绪非常低落。哭，是负性情绪的宣泄；抱怨，是消极行为模式的表现。这些消极、灰暗、负性的一面显而易见。但即使如此，毋庸置疑的是服务对象还有积极、光明、正面的一面。服务对象不是被社会工作者请来的，表明服务对象有察觉自己问题的能力，有改变自己现状的愿望，想解决自身存在的问题，这些都是积极、光明、正面的。初学者可能难以觉察这些，需要在社会工作中去实践，学会辩证、客观地看待服务对象及其存在的问题[1]。

6. 通俗易懂

无论各个行业，在交谈中都应采用通俗易懂的语言，特别是社会工作职业，尤其不能处处卖弄文采，不分场合和对象"引经据典"，甚至咬文嚼字，这样只会让人望而生畏。不适用学术语言或行话。（注：行话指一组人员内部沟通中所用的专业术语或技术语言。）

7. 讲普通话

为了让别人听得懂，并且准确无误地理解和领会，必须使交谈时所使用的语言清晰、标准。

8. 会谈中要学会经常使用礼貌用语

在交谈中多使用礼貌用语，是博得他人好感与体谅的最为简单易行的做法。所谓礼貌用

---

1 许莉娅. 个案工作[M]. 北京：高等教育出版社，2004.

语，简称礼貌语，是指约定俗成的表示谦虚恭敬的专门用语。

例如，客人到来，要说"光临"。起身作别，要说"告辞"。中途先走，要说"失陪"。请人勿送，要说"留步"。请人批评，要说"指教"。请人帮助，要说"劳驾"。托人办事，要说"拜托"。麻烦别人，要说"打扰"。求人谅解，要说"包涵"。

在交谈中，要对五句十字的礼貌用语经常加以运用，俗话说："礼多人不怪"，礼貌用语多多益善。

① 您好。"您好"，是一句表示问候的礼貌语。遇到相识者与不相识者，不论是深入交谈，还是打个招呼，都应主动向对方先问一声"您好"。若对方先问候了自己，也要以此来回应。在有些地方，人们惯以"你吃了饭没有""最近在忙什么""身体怎么样""一向可好"来打招呼或问候他人，但它们都没有"您好"简洁通行。

② 请。"请"，是一句请托礼貌语。在要求他人做某件事情时，居高临下、命令语气不合适，低声下气、百般乞求也没有必要。在此情况下，多用上一个"请"字，就可以赢得主动，得到对方的照应。

③ 谢谢。"谢谢"，是一句致谢的礼貌语。每逢获得理解、得到帮助、承蒙关照、接受服务、受到礼遇之时，都应当立即向对方道一声"谢谢"。这样做，既是真诚地感激对方，又是对对方的一种积极肯定。感恩之心长存是人之常情。

④ 对不起。"对不起"，是一句道歉的礼貌语。当打扰、妨碍、影响了别人，或是在人际交往中给他人造成不便，甚至给对方造成某种程度的损失、伤害时，务必要及时向对方说一声"对不起"。这有助于大事化小，小事化了，并且有助于修复双方的关系。

⑤ 再见。"再见"是一句道别的礼貌语。在交谈结束、与人作别之际，道上一句"再见"，可以表达惜别之意与恭敬之心。

（二）谈话内容

1. 个案会谈

个案会谈是个案工作的基本形式，贯穿于个案社会工作全部实践过程。个案工作者通过会谈与案主建立专业关系，通过会谈这种直接的沟通方式了解案主的情况与需要、诊断问题并协助案主处理其问题、困难。社会工作会谈是必不可缺的，会谈的效果将直接影响助人服务的效果。

1）个案会谈的特点与形式

个案会谈是社会工作者与案主之间互有目的的专业谈话，是一种特殊的谈话方式。个案会谈和一般的谈话有共同之处，但是也有本质的区别：① 个案会谈是有目的的。会谈内容根据会谈目标确定，与会谈目标无关的问题都应加以排除。② 个案工作者与案主之间有明确的角色与职责区分，工作者掌握会谈的内容和程序，向案主提供服务，而案主也应遵守契约。③ 个案会谈是经过详细计划、深思熟虑、有意识地选择后进行提问的。④ 会谈是一次正式的谈话，所以要正式地安排会谈的时间、地点。⑤ 会谈不能避免不愉快的事实和感受。

会谈的形式有传统形式的个别会谈，即两人之间面对面的方式相互交谈。还有个案工作者与两人以上的被会谈者共同讨论的家庭会谈、夫妻联合会谈和团体会谈等。依据个案会谈的性质的不同，个案会谈可分为收集资料会谈、分析诊断会谈和治疗服务会谈。

2）个案会谈的阶段和技巧

按照时间进程，个案会谈一般包括开始、发展、结束三个阶段，不同的阶段有不同的内容、目标和技巧。在实际的会谈中可能难以明确划分，但是为了学习与分析需要，我们还是把个案会谈分为三个阶段。

（1）开始阶段。此阶段的主要目标是使个案工作者与案主之间彼此认识，建立初步关系，共同确定会谈内容，并确定工作者与案主之间共同接纳的会谈目的。

首先，个案工作者在会谈前应做好充分准备，包括会谈地点选择、场所和时间安排、会谈过程的计划及可能出现的不利情况的预测等，以保证会谈的顺利进行。会谈室内的环境应舒适、温和、安静，具有隔音效果，以减轻案主因寻求协助产生的不安全感。当案主进入会议室时，工作者应热情主动地与案主接近，如与案主打招呼，进行简短的社交谈话等。其次，个案工作者在正式会谈前，应让案主清楚了解到机构所能提供的服务，以及案主对问题解决的责任，共同合作来寻求问题的解决方法。当一切就绪后，个案工作者以"开场白"作为正式会谈开始的讯号，开场白宜用各种启发性的语句，以使案主进入状态。

开始阶段的会谈内容涉及的是比较一般性的问题，不宜激起太多的情绪反应。会谈的深浅度将视案主当时的状态来进行。鼓励案主多想、多表达，社会工作者则静心倾听来了解其需要或困难。

（2）发展阶段。这个阶段是个案会谈的主要部分，也是个案工作者运用专业技巧把与案主之间的互动朝着会谈的目标推进的过程。同时，个案工作者要同案主分析问题、商定具体的服务方案，建立并发展良好关系。为达到此目标，工作者应注意会谈的范围、深度和话题转移。

个案工作者应运用其特殊的表达技术和询问技术使会谈涉及恰当的范围，不应忽略某些重要的方面，注意讨论与案主的问题有关的每个细节。然而，范围和深度是矛盾的，如果会谈的范围过大，就无法兼顾会谈的深度，所以应采取策略使得二者平衡。

个案工作者在一般内容的会谈之后，应将焦点转移到某一特殊的领域以深入讨论，这种深入的探讨可能会卷入较多的情绪因素，因此要妥善运用同感技术和安慰技术。话题的转移可以由个案工作者或案主任何一方发起。当转移发生时，个案工作者应运用其敏感力及判断力把握话题内容，紧紧围绕会谈目标的实现来进行会谈。

（3）结束阶段。这是会谈的最后阶段。通常在个案会谈之初，个案工作者都应告诉案主会谈的时间（45～50分钟），在会谈结束前10分钟左右，个案工作者开始做结束前的准备。在此阶段，个案工作者应协助案主从强烈的情绪中摆脱出来，恢复平静的心情，而不能让案主带着未平息的情绪离开；总结此次会谈的收获，让案主感受到会谈对其问题的作用。在结束会谈的同时，要为下一次会谈做准备，如：约定下次会谈的时间、地点，并将案主送至会议室门口。

古希腊伟大的思想家亚里士多德曾经指出：交谈由谈话者、听话者、主题等三个要素组成，"要达到施加影响的目的，就必须关注此三要素"。主题即会谈的中心内容。在会谈中，每个人都会有一种自我表现的欲望，希望较早地把自己的想法或者自己了解的事实告诉对方，因此，很多人习惯把自己的思想、经历和感受作为会谈的主要内容，所以会谈中应注意选择可以谈论的内容和忌谈的内容。在不熟悉对方，不知道对方的性格、喜好和品性，又没有多做了解和考虑的情况下，不宜冒昧地提出特殊话题。

2. 宜选话题

永远中立和安全的话题：经济、政治、体育、天气等方面的好消息。

个案会谈、小组活动前必要的寒暄。

拟谈话题。根据个案会谈的阶段、服务对象的需求，小组活动的阶段和状况，社区工作服务的内容，拟定社会工作过程中的话题。

3. 禁忌话题

要让一场会谈顺利地开始而愉快地结束，双方得到顺利的沟通，还有一些忌讳是不可触犯的，有一些话题是不应该在公共场合和社交场合提出、谈论的。它们是涉及个人隐私的问题，主要有：

病亡、穷困；涉及对方隐私和敏感区：如年龄、婚姻、收入、健康、经历等，与对方生理缺陷相关的问题等；对不熟悉或初相识的人，不要询问对方衣服的质量、价格，身上的首饰等问题。个人不幸的事情，或是在别人不幸的时候讨论自己的好运气。

（三）谈话艺术

1. 谈话的环境

谈话的环境主要是指能够传递信息的时间和空间。时间在传递信息中有重要作用。与人约会姗姗来迟，传达给对方的可能是不认真、时间观念不强、对对方不重视等信息，进而引起对方失落、不信任、不愿意合作等。而说话的时机把握不好，例如抢话，也体现出缺乏对人的等待和耐心，影响沟通效果。个案会谈工作的时间安排：每次会谈时间 40~50 分钟为宜，最好在工作时间。不同案主的会谈时间应该有 15 分钟的间隔，使工作者有片刻休息，也使案主对机构的保密有安全感；每次会谈中应该设法安排两至三次较为轻松的话题，以缓和会谈气氛；会谈后，预留部分时间记录会谈的一些细节内容。小组工作的时间安排要配合小组目标，并把小组分成几个阶段展开；小组聚会的频率，原则上每周一次，每次聚会时间以每位小组成员都能分享为原则，不宜超过 2 小时。

空间因素是指人与人之间的距离、位置以及沟通场所的气氛。一般而言，人与人之间相隔 0 ~ 15 cm 是亲密距离，其语意是亲密而热烈，适用于很亲密的朋友关系、亲人关系；15 ~ 75 cm 是个人距离，语意是亲切友好；75 ~ 25 cm 是社交距离，语意是严肃而正式；25 cm 以上是大众距离，表明彼此之间没有心理的联系，适用于不太正式的聚会。由此可见，应该视与沟通对象的关系把握沟通距离。个案会谈工作的环境要求：独立封闭的房间，空间大小适宜，会谈桌椅以会谈者与受会谈者成 45°斜角为宜；室内外环境要清静，不受噪音的干扰；室内光线充足，空气新鲜，使双方身体舒适；家具布置简朴，避免空间过分空旷或狭小；具有保障个人隐私的隔间或单间，防止外人随便进入，具有隔音效果。而在小组工作中，物理距离会影响人的心理距离，而空间的安排也会影响小组的动力。空间的安排应该给每一个人一种安全感和归属感。尤其小组中的座位安排，通常每个人都会有座位偏好，座位表现了互动特征和领导关系。坐面对面的人互动较多，但常具有对话性和竞争的需求；并肩而坐的人是合作的对象；座位距离越远，越缺乏友善、认识与平等地位；领导者或爱出风头者，经常会坐在上座和主座；领导者也可能出现在人多的一排。

2. 会谈的原则

① 接纳。接纳的原则要求工作者视每位服务对象为有价值、个人尊严、气质、特征、思想、观念和行为的独立个体。接纳不等同于赞同。接纳是一种容忍的了解，既不表示赞同也不表示反对，承认服务对象的特质，不带任何评判性。采取中立立场的接纳态度可以创造自由的气氛，有目的地使服务对象表达积极和消极的情绪、披露建设性和破坏性的态度和行为，这样便于工作者确定问题的症结，有针对性地进行工作。不能因为服务对象沟通困难、理解反应慢、自我调适能力低而拒绝与其会谈，应该进一步查找其原因；尊重案主的自由选择和自决权，但如果服务对象的自我决策对其自身不利时，工作者应该运用专业职权保护服务对象。

只有出于自己真诚的内心，才能算是一种真正的接纳而不是一种技术的应用。在社会工作中，接纳就是一种用非评判的态度进行沟通的思想和一种处理个人和个人行为之间不同的一种能力。接纳是工作者对待服务对象的一种行动原则，包括接纳他/她的优点、缺点以及与工作者不相投的一些特质，他/她积极的和消极的情绪，他/她建设性和破坏性的态度和行动，保持对服务对象天赋人权的尊严和价值的尊重。许多初学者会感到困惑，如果我们对什么事情都接纳，那我们不就没有原则了吗？那些不好的行为甚至是触犯了法律的行为我们也要接纳吗？对于社工来说没有好与坏的标准吗？接纳的内涵是"接受事实"或"承认那是真的"，接纳不等于"认同"或者"赞同"。接纳不是接纳服务对象的偏差态度和行为，不是接纳"不好的"，而是接纳已经发生的事实。对于一个有暴力倾向的学生，接纳的回应是："我相信你的愤怒是有原因的，但暴力的使用真的帮助你解决了问题吗？也许我们可以讨论一下当压力来临的时候我们还有哪些选择……"而如果回应是："你真的是很勇敢，大家都怕你……"，这样便是认同了对方的行为。

② 保密。工作者与服务对象会谈的内容，除了专业上的需要外，均应该采取充分的保密

措施。即使服务对象没有提出保密要求，工作者也应对服务对象的一切资料保密。当工作者和服务对象建立起良好的专业关系后，随着工作的深入，服务对象有时可能会倾诉一些个人隐私问题。这需要工作者给服务对象建立一个安全的氛围，使得服务对象能在工作者面前敞开心扉，畅所欲言，并消除其隐私被暴露出去的后顾之忧。而这就涉及社会工作的保密原则。保密原则就是保守服务对象在专业关系中所显露的秘密。为了寻求帮助，服务对象需将自己的问题以及与生活有关的事项告诉工作者，其中可能包括服务对象内心不为人知的隐秘、感受和先前的一些不良行为。因此一方面社会工作者对不必要的事项不要探究；另一方面对必要的资料应注意保密。即便服务对象没有提出保密要求，工作人员也应对服务对象的一切资料予以保密，这是社会工作的基本准则。

保密的方式包括不向他人透露服务对象的姓名、资料；不向他人提及会谈的过程及内容；不让外人旁观。另外，还需注意避免让不同的服务对象在等待约谈时相互碰面。社会工作者未经服务对象准许，在教学或培训的讨论中，不得泄露服务对象的身份资料。或者除非服务对象同意或有迫不得已的理由，社会工作者在向他人咨询时不得泄露服务对象的身份资料。不得在公共或半公共场所谈论机密资料。服务对象的记录，包括电子档案，应该存放在安全的地方。此外，应采取合理的防范措施以便在出现社会工作者终止工作、失去工作能力或死亡的情况时，能保护服务对象的隐私。但是，当服务对象提供的资料涉及违法犯罪行为或是服务对象有威胁到自己生命的行为时，则不必保密。

③ 个别化。该原则要求社会工作肯定个人由于先天的遗传、后天的经验，认同和了解服务对象在生理上、心理上、社会环境上的独特性，注重服务对象对其所处的情境、所遇到的困难或问题有个人的感受和看法。在协助服务对象解决问题时，把服务对象看成独特的个人，尊重每一个体的差异，运用不同的处理方式来协助案主，即提供因人而异的个别化服务。

注重服务对象的个别化，从服务对象会谈过程中特有的神情，了解其独特的内心感受和需求。个别化原则就是将服务对象看成独特的个人，重视服务对象对待困难和问题的个人感受与看法。这一原则要求社会工作者认同和了解每个个案的独特性，并运用不同的原则和方法来帮助服务对象达成较好的适应。尽管服务对象们的问题看来很相似，工作者也很可能会把他们分类与组合然后以一定的模式去处理。但是，个别化的原则仍是重要的，因为只有靠个别化原则才能确保个案工作者对每个个案作出适当、精确以及有独特功效的诊治。个别化原则表明了个案工作的复杂性。社会工作的对象是人，而人的状况与问题是复杂的，所以个案工作不能以刻板的方式进行。从一定意义上说，个案工作是一门艺术，需要社会工作者具有敏锐的观察能力与灵活的处事技巧。

④ 非评判。以非评判的态度澄清案主面临的问题。如果真的能做到接纳，非评判也就是自然而然的事情了。工作者的角色是了解和帮助案主，而不是对案主进行是非对错的评判。评判的态度也是审判的态度，其最关心的是得出某种价值判断，在个案工作中指用语言或非语言的行为责备案主应该对自己的行为负责。评判会引起案主的紧张，从而阻止他的自我表

达。因此，工作者必须以非评判的态度了解案主及其问题，在适当的时候向案主说明工作者的工作是帮助他，而不是审视他、评判他、给他作结论。工作者采用非评判的态度不等于不关心法律道德，如果工作者对道德法律不在意，服务对象会无所适从。如果你对服务对象伤害他人这种行为表示理解，也并不意味着你对这个事情不在意，因为你仍然解决不了服务对象因此受处分的困境和尴尬，反而让服务对象更加不知所措。非评判有助于案主客观地正视自己的问题，并作建设性的改变。[1]

3. 会谈的技巧

1）面质

面质是指当个案管理员发现面谈对象出现言行不一致、前后语言内容不一致、理想与现实不一致等情况时，直接指出面谈对象身上存在着的矛盾之处，以推动其对自己的行为、所处情境、所具有的潜能等进行深入了解，从而鼓励受助人员认真面对现实，由此产生富有建设性的活动。

例如：

社工：你能告诉我他们经常在什么时候把你弄醒么？

受助人员：大概2点吧。

社工：你觉得他为什么要弄醒你？

受助人员：是想捉弄我呗，弄得我一直睡得不好。

社工：嗯，2点，快到起床时间了。如果他们不弄醒你，你知不知道也要起床了？

受助人员：……（沉默了一阵）知道。

社工：你知道2点钟就要起床了，他们叫醒你时你觉得他们在骚扰你睡觉，你现在还觉得他们是在故意不让你睡么？

受助人员：不是，我只是不喜欢被他们用脚踩。

需要注意的是，面质具有质问的色彩，对面谈对象会造成一定的威胁感或压力。因此，面质需要以良好的沟通关系作为基础，个案管理员对于面质的内容要有事实根据，避免由面质转为发泄情绪。

2）提问技巧

提问的方式有两种。一种为开放式提问，即个案管理员通过运用"什么""如何""为什么""能不能""愿不愿意"等方式向受助人员提出问题，让其就有关问题的思想情感、事实等给予详细的说明。开放式提问有助于受助人员自由、自然地讲述相关信息，无需要搜肠刮肚地思考以应对个案管理员。

例如：

社工：你能跟姐姐讲讲吗？刚才在餐厅发生什么事情啦？

---

1 王思斌. 社会工作导论[M]. 北京：北京大学出版社，2011.

受助人员：我把菜撒到地上了，阿姨有点不高兴，可我是不小心的。

另一种为封闭式提问，即个案管理员使用"是不是""对不对""要不要""有没有"等语句提问，而受助人员也以"是""否"式的简单方式回答。这种提问方式有助于个案管理员收集资料并加以条理化，澄清事实，获取重点，缩小讨论范围。当受助人员谈话偏离正题时，也可用封闭式提问适当中止其叙述。

例如：

受助人员：嗯，桶在地上，阿姨的脚在这里，菜撒了。

社工：哦，勺子掉了，碰到她身上，阿姨不高兴了，是吗？

受助人员：嗯（点头）。

需要注意的是，当个案管理员与受助人员还处于关系建立时期，要谨慎使用封闭式提问，同时也避免一口气提出太多的问题，否则将会使受助人员产生被调查、被审讯的感觉。

3）鼓励和重复

鼓励和重复是指个案管理员重复受助人员的话或仅以某些词语，如"嗯""讲下去""是这样""后来呢""还有吗"等，来强化受助人员叙述的内容，并鼓励他进一步讲下去。鼓励和重复必须在与个案管理员良好的非言语行为相结合时才会给受助人员一种被认真倾听、被关注、被接受的感觉，从而愿意继续讲述。

例如：

社工：姐姐看到你最近排练"六一儿童节"节目时很认真啊！

受助人员：嗯，可是，其实现在我不想表演节目了。

社工：嗯？不想表演节目了？

受助人员：嗯，就是特别烦，有些小朋友经常说我，笑我跟 W 牵手，说我喜欢她，还说了很多类似的话，我恨不得不演这个节目了。

4）内容反应

内容反应是指个案管理员把受助人员所讲的所有内容加以综合整理，用自己的话语言简意赅地再反馈给受助人员。如果个案管理员阐述准确，受助人员就会受到鼓励，认为个案管理员听明白了他所讲的意思，就愿意更进一步地交流下去。需要注意的是，个案管理员在阐述和表达受助人员语言时不能超出受助人员所陈述的内容，避免加入自己的主观看法。另外，与鼓励和重复不同的是个案管理员要尽量使用自己的语言，不要重复受助人员的话。

例如：

受助人员：我敢肯定我爸他不相信我了，因为我说过很多次了。我读了又不读了，下个学期我又想去玩一下，我又跟他说我想读书了，他又给我整进去另外一个学校，然后下个学期我又不读了，等到了另一个学期我又想读书了，他又给我整进去，现在还不知道他会不会相信我。

社工：哦，你的意思是你反反复复换学校，给你爸爸的打击太多次了，怕他不相信你。

受助人员：嗯。

5）情感反应

情感反应是指个案管理员理解了受助人员语言及非语言行为中所隐藏的情绪然后以适当的语言反映给受助人员。通过情感反应的方式，个案管理员既可以促使受助人员觉察自身的情绪，也有助于个案管理员澄清对受助人员含糊不清的感觉。

例如：

社工：明天有叔叔送你去××救助站，然后再送你回家，你知道了吗？

受助人员：知道了，生活老师跟我说了，为什么你不跟他们说我不想回家？我爸会打死我的，我想直接去广州打工。你们这样送我回去我又要花笔钱出来，亏大了。

社工：听起来你很害怕你爸再打你。

受助人员：是的，我害怕他，我也恨他。

6）具体化

具体化是指个案管理员在听到受助人员讲述的内容比较模糊，概括时用"发生了什么事""哪些人""什么时间""能具体说说吗"等问题来协助受助人员清楚、准确地表述他们的观点、所应用的概念、所体验到的情感以及所经历的事件。简单地说，具体化的目标就是澄清事实，避免面谈的双方交流含糊。

例如：

社工：嗯，你刚提到睡觉时被同宿舍的人骚扰，能具体说说你跟室友发生了什么事吗？

受助人员：就是××和××咯，他们天天在我午觉还没睡醒的时候就拿脚踩我大腿，将我弄醒，真讨厌他们。

7）即时化

即时化是指个案管理员对面谈中的正在发生的一切有着敏感性，对面谈中受助人员的"此时此刻"的状况做及时处理，以便深入了解受助人员当下的感觉，进而建立良好的沟通关系或是向受助人员澄清自己的角色，使受助人员对自己的心理状态有所觉察。

例如：

社工：刚才你提到妈妈时落泪了，能告诉我你想到了什么吗？

社工：我感觉你不太愿意和我说话，我猜，你还不太信任我，是这样吗？

8）总结

总结技巧可以用于面谈的开始，通过对上一次面谈内容的总结，为本次面谈做铺垫；也可用于面谈的结束，将面谈中受助人员的言语和非言语行为包括情感综合之后，进行归纳整理。

例如：

社工：嗯，今天你跟姐姐讲了你和亲人之间的关系，总的来说，姐姐能感觉到你在家里有那么多人关心你、爱护你。姐姐也能看出你很想回家。那我们今天就聊到这儿吧，姐姐一会儿就去找救助管理科的叔叔，根据你讲的信息去查查你家的地址，这样好吗？

受助人员：嗯，好！

9）情感表达

情感表达是指个案管理员向面谈对象说出自己的情绪、情感活动状况，表达出自己能够理解对方；同时，也为面谈对象做示范，鼓励其进行积极的自我表达。

例如：

社工：姐姐看到你最近一段时间的行为有了很大的改善，我很开心。

10）自我分享

自我分享是指个案管理员在必要的情况下适当地将自己类似的感受、经验和行为与面谈对象分享以增进面谈对象对自己的问题的了解和获得自我改变的有益信息。救助机构内的个案管理员与受助人员接触时始终会存在信任问题，利用适当的自我分享，有助于促进受助人员获得心理的认同感，感受到彼此之间的平等关系，从而增强对个案管理员的信任度。但是，个案管理员需要掌握住自我分享的适当时机以及程度，否则自我分享会变成个案管理员的自我吹嘘或自我发泄的独角戏。

例如：

受助人员：我爸用鞭子打我，我就跑了。

社工：那样子……确实很吓人。我小时候也有过被我爸打的经历，那次是因为我生病不吃药，我爸就用棍子打我打了好久，当时我挺恨我爸的，但后来想想他也是为我好。你能跟哥哥说说你是因为做了什么事被打的吗？

受助人员：我连续 3 天在网吧，花了很多钱。我爸在网吧找到我，就把我带回家，用鞭子抽了我。

11）影响性总结

影响性总结是指个案管理员将自己所讲述的主题、意见等组织整理后，再以简明扼要的形式表达出来。它可以在面谈过程中使用，但普遍的应用是在面谈即将结束前，个案管理员总结面谈对象的主要问题、行为原因及影响等，然后对双方所进行的沟通进行小结，概述自己的主要观点。影响性总结可以帮助面谈对象对整个面谈过程的脉络了解得更清楚，有利于其加深印象。

例如：

社工：通过这次聊天，姐姐了解到其实你还是很想回家的，只是因为偷了家里 300 块钱，害怕挨打所以不敢回去。刚刚姐姐也跟你讨论过父母发现你偷了钱离家出走可能会很生气，也可能会很担心你的安全。既然你也愿意接受姐姐的建议，告诉了姐姐妈妈的电话号码，那姐姐就先尝试跟你妈妈联系，好好聊一聊，然后告诉她你的情况，咱们再做下一步打算，好吗？

三、具体会谈礼仪

（一）安慰礼仪

人生的道路不平坦，逆境常多于顺境。不幸的事，人人难免。身处逆境，面对不幸，当事者迫切需要别人的安慰。人是社会性动物、合群性动物、有感情的高级动物。痛苦再加孤寂，痛苦倍增；痛苦有人分担，痛苦减半。"患难见真情"，安慰如"雪中送炭"，能给不幸者以温暖、光明、力量，帮助他分担痛苦、减轻精神重负、重振前进的勇气。高明的安慰，应含有鼓励的含义。比如：服务对象向社会工作者诉苦，说自己干了十多年的笔墨生涯至今仍无能力找到房子去容纳一张宽大的书桌。那位社会工作者安慰说："世界上的伟大著作都是在小书桌中产生的。环境太好，反而什么也写不出来。"寥寥数语，使那个人得到无限安慰。

例如，安慰丧亲的不幸者，不要急于劝阻对方的恸哭，强烈的悲痛如巨石积压在心头，愈久愈重，不吐不快，让其宣泄、释放出来，反而如释重负，有利于较快恢复心理平衡和平静的状态。你应当注意倾听对方的回忆、哭诉，并多谈谈死者生前的优点、贡献，人们对他的敬仰、怀念。

（二）拒绝礼仪

拒绝就是对他人意愿或行为的一种间接的否定。拒绝时应注意：你应该向对方解释自己拒绝的理由；拒绝的言辞最好用坚决果断的暗示，不可游移；不要把责任全推在人家身上，含糊其词；不能伤害他人自尊心，否则定迁怒于人；让对方明白你的拒绝出于万不得已，很是抱歉。

例如：当服务对象要向工作者赠送礼物时，工作者必须了解服务对象的动机以决定是否接受。如果服务对象的动机是企图建立私人关系，工作者应该拒绝接受并详细解释拒绝的理由，可以简单告诉服务对象机构禁止接受礼物。一般情况下，服务对象是在双方关系即将结束时赠送礼物。这时，工作者可以接受一些不贵重的小礼物。

（三）感谢礼仪

感谢是指一个人在获得他人的帮助、接受他人给予的鼓励或他人提供的方便、恩惠、利益，使自己得到提高、进步、完善、圆满、成功之后，出于内心的感激之情，用言行向对方表达谢意的行为。社会工作者面对服务对象的表扬、称赞、建议等，要"此时此刻"地表达感谢之情，投以微笑。

（四）赞美礼仪

"良言一句三冬暖，恶语伤人六月寒。"赞美是指发自内心的对于自身所支持的事物表示肯定的一种表达，是一种说话的艺术，每个人都渴望得到别人的尊重，渴望别人认可自己的价值观，渴望体现自己的重要性。赞赏他人能对人的行为产生深刻的积极影响；能帮助他人走出困境，并使人激发潜能，能使沟通效果锦上添花。赞美的基本原则：要真诚、要恰当、要具体。社会工作中，社会工作者要及时发现服务对象的改变，并加以肯定和赞美。

例如：为了从源头上消灭老谭的轻生念头，社工特意利用缅怀往事疗法，引领话题，引导老谭回忆过去的点点滴滴，学习、生活、工作，酸、甜、苦、辣，无所不谈。同时不吝赞美老谭昔日的成就，肯定老谭的能力，并通过老谭自述的种种例子最终指出，无论是因困难而造成的环境改变，还是因环境改变而产生的困难，他都曾经克服过，目前面临的困难虽大，却依然并非无法克服的，或许换个角度去看待，换个方式来解决，困难就迎刃而解了。

（五）自我介绍礼仪

社会工作者要主动向服务对象介绍自己。一般来说，当社会工作者接受有关人士的要求而介入服务对象的生活中时，很多时候会引起双方的愤怒和焦虑。无论是对个人、家庭还是群体来说，与社会工作机构和社会工作者接触都意味着他们需要协助，这在一个非常看重面子的社会里不是件很容易的事情。

有些服务对象由于不了解机构和社会工作者的意图而对他们怀有很强的戒心，要打消服务对象的戒心和防卫，一个好办法就是社会工作者主动介绍自己，向服务对象说明协助的目的，主动介绍机构的目标和功能、自己的工作经验和专长，对求助受助的看法等。这些都会有助于消除服务对象的疑虑，使他们顺利进入受助者的角色。

社会工作者在做自我介绍时，可以告诉对方可以怎么称呼自己，同时询问服务对象希望社工怎么称呼他/她。倘若服务对象用带有明显的消极负面的词语，例如"失败者""笨蛋"等来称谓自己，社工就要引起重视了，需要进一步了解服务对象如此定义自己的原因，而不是直接接受服务对象对自己的负面称谓。

（六）道别礼仪

社会工作结束时，社会工作者应与服务对象道别，约定下次会谈的时间和地点。正确处理服务对象在结案时的离别情绪。

【思考题】

1. 简述社会工作语言沟通礼仪的类型。
2. 理论联系实际，谈谈你对社会工作会谈礼仪的认识。
3. 以下是几位工作者对某案主的不同回应，请你根据衡量同感表达的五个尺度，来评价一下这些回应。

案例一：

"期末考试快到了，好烦哦，期中考试我考得那么差，如果这次又考不好，我可能就要被退学了。"

社会工作者 A："不会的，你只要好好用功念书就可以考好了。"

社会工作者 B："你为什么不先去找班主任讲一讲，看看有没有什么补救方式？"

社会工作者 C："不要烦恼，看开点儿。"

社会工作者 D："你很担心期末考试考不好就要被退学了。"

案例二：

"我快受不了了，我都长这么大了，我妈妈什么事情都要管我，我每次跟同学出去玩儿，还要问东问西，老是把我当小孩子看待。"

社会工作者 A："天下的妈妈都是这样子，我也跟你一样啊。"

社会工作者 B："你是不是平常就让他们很不放心呢？"

社会工作者 C："妈妈老是为你操心，让你觉得很多事情都不能自己做主。"

社会工作者 D："你觉得自己已经长大，妈妈还管你这么多，替你过度操心，真的让你心烦。"

讲题三　社会工作的非语言沟通礼仪

一、社会工作的非语言沟通礼仪的释义

（一）非语言沟通

1. 非语言沟通的含义

非语言沟通是相对于语言沟通而言的，是指通过身体动作、体态、语气语调、空间距离等方式交流信息、进行沟通的过程，是一种人与人之间的心理沟通，是人的情绪和情感、态度和兴趣的相互交流和相互感应。它比言语交流更常见，也更富有表达力。在沟通中，信息的内容部分往往通过语言来表达，而非语言则作为提供解释内容的框架，来表达信息的相关部分。因此非语言沟通常被错误地认为是辅助性或支持性角色。

2. 非语言沟通的类型

①标记语言。如聋哑人的手语、旗语，交警的指挥手势，裁判的手势，以及人们惯用的一些表意手势，如"OK"和胜利的"V"，以及许多现代企业的标识。

②动作语言。例如，饭桌上的吃相能反映出一个人的修养；一位顾客在排队，他不停地把口袋里的硬币弄得叮当响，这清楚地表明他很着急。在柜台前，拿起又放下，显示出她拿不定主意。

③物体语言。总把办公物品摆放很整齐的人，能看出他是个干净利落、讲效率的人；穿衣追求质地，不跟时尚，这样的人一定有品位有档次。

3. 非语言沟通的特点

①无意识性。非语言沟通是连续的，通过声音、视觉、嗅觉、触觉等多种渠道传递信息，绝大多数是习惯性的和无意识的，在很大程度上是无结构的，并且是通过模仿学到的。一个人的非语言行为更多的是一种对外界刺激的直接反应，这种反应基本上都是无意识的。

②情境性。非言语沟通一般不能够单独使用，不能脱离当时当地的条件、环境背景，包括与相应语言情境的配合。只有那些善于将非语言符号与真实环境背景联系起来的人，才能把非语言符号运用得准确、适当。

③可信性。语言信息受理性意识的控制，容易作假；人体语言大都发自内心，极难压抑和掩盖。当语言符号和非语言符号所代表的意义不一样时，人们往往相信的是非语言所代表的意义。

④个性化。一个人的肢体语言，同说话人的性格、气质等紧密相连。因此了解沟通对象的性格有助于沟通顺利进行。

4. 非语言沟通的作用

信息传递 100%=7%的语言+38%的语音+55%的态势语言。

体态语言的作用：

（1）体态语与口语和书面语共同构成完整的人类语言表达系统。

（2）准确、形象、全面地表达主体的思想感情。

（3）更完整地体现出主体的气质、风度和价值。

非言语沟通的功能作用就是传递信息、沟通思想、交流感情。归纳起来是：

（1）使用非言语沟通符号来重复言语所表达的意思或加深印象的作用；具体如人们使用自己的言语沟通时，附带有相应的表情和其他非言语符号。

（2）替代语言，有时候某一方即使没有说话，也可以从其非言语符号上比如面部表情上看出他的意思，这时候，非言语符号起到代替言语符号表达意思的作用。

（3）非言语符号作为言语沟通的辅助工具，又作为"伴随语言"，使语言表达得更准确、有力、生动、具体。

（4）调整和控制语言，借助非言语符号来表达交流沟通中不同阶段的意向，传递自己的意向变化的信息。

（二）社会工作的非语言沟通礼仪

社会工作非语言沟通礼仪是相对于语言沟通而言的，是指以身体动作、体态、语气语调、空间距离等方式为媒介交流信息、进行沟通的过程，在此过程中形成的一种社会工作非语言规范，一种在社会工作中进行有效沟通的技巧，一种处理社会工作者与服务对象关系的工作方式或工作方法。在社会工作非语言沟通中，非语言要与语言表达意思一致。

二、社会工作的非语言沟通礼仪的具体形式

（一）倾听

美国学者对沟通行为比例作过统计，结论是书写占 9%，阅读占 16%，倾听占 40%，交谈占 35%。心理学研究表明，人在内心深处，都有一种渴望得到别人尊重的愿望。

但我们常常忽略倾听的重要性，认为倾听不过是一件自然而然、不费吹灰之力的事情。可是事实是：我们有多少次误解了别人的话？又有多少次没能弄懂对方的意图？我们从别人谈话中能够获得多少信息？面对对方的漫不经心，你可能生气地问：你到底有没有在听我说话？可见谁都不喜欢自己白费口舌，每个人都希望自己在说的时候，对方能够用心专心地听，并了解和体会你说的话。

真正的倾听很难，不知你们是否注意到：要是有一个谈话的机会，大多数人都是不太爱听别人谈话，而是喜欢别人听他说话的。还有一种常见的现象是，大多数人喜欢谈和自己有关的事情，而不是和对方有关的事情。

界定一个社会工作者是否已经入门的重要标准，就是看在整个社会工作过程中，能不能很好地倾听。简单一点讲，我们甚至可以武断地给来访者提供一个判定标准，以作为他们选择社会工作者的依据。这就是看一个社会工作者在整个咨询的过程中，是说得多还是听得多。或者更简单的说法，在一个咨询中，看看是社会工作者说得多还是来访者说得多。社会工作者说得多，就表明他还没入门。

　　1. 倾听的层次

　　一个人从层次一成为层次四倾听者的过程，就是其倾听能力、交流效率不断提高的过程。下面是对倾听四个层次的描述：

　　第一层次——心不在焉地听。

　　倾听者心不在焉，几乎没有注意说话人所说的话，心里考虑着其他毫无关联的事情，或内心只是一味地想着辩驳。这种倾听者感兴趣的不是听，而是说，他们正迫不及待地想要说话。这种层次上的倾听，往往导致人际关系的破裂，是一种极其危险的倾听方式。

　　第二层次——被动消极地听。

　　倾听者被动消极地听所说的字词和内容，常常错过了讲话者通过表情、眼神等体态语言所表达的意思。这种层次上的倾听，常常导致误解、错误的举动，失去真正交流的机会。另外，倾听者经常通过点头示意来表示正在倾听，讲话者会误以为所说的话被完全听懂了。

　　第三层次——主动积极地听。

　　倾听者主动积极地听对方所说的话，能够专心地注意对方，能够聆听对方的话语内容。这种层次的倾听，常常能够激发对方的注意，但是很难引起对方的共鸣。

　　第四层次——同理心地听。

　　同理心积极主动地倾听，这不是一般的"听"，而是用心去"听"，这是一个优秀倾听者的典型特征。这种倾听者在讲话者的信息中寻找感兴趣的部分，他们认为这是获取有用信息的契机。这种倾听者不急于做出判断，而是感同身受对方的情感。他们能够设身处地看待事物，总结已经传递的信息，质疑或是权衡所听到的话，有意识地注意非语言线索，询问而不是辩解质疑讲话者。

　　2. 有效倾听的技巧

　　第一，倾听即是通过语言和非语言行为向对方传达一个信息。

　　第二，面谈中的倾听不仅是为了了解情况，也是为了建立专业关系，鼓励对方更加放开自己，以使社会工作者能更多地了解服务对象的情况。在这个意义上，倾听最重要的是理解对方所传达的内容和情感，不排斥、不歧视，把自己放在对方的位置上来思考，鼓励其宣泄，帮助其澄清自己的想法。因此，倾听需要设身处地地感受，不但要听懂对方通过言语、行为所表达出来的东西，还要听出对方在交谈中所省略的和没表达出来的内容。

　　第三，倾听时不仅要"听"，还要有"参与"，与服务对象互动，对服务对象的叙述给予适当的回应。回应既可以是言语性的，也可以是非言语性的。比如，用"嗯""是的"然后呢"

"请继续"等言语来鼓励对方继续说下去，或者用微笑、眼睛的关注、身体的前倾、相呼应的点头等传达你的关注。

（二）表达专注

前来求助的服务对象，都是生活中遇到种种困难或问题，内心或多或少会有无助感、孤独感和无力感的人，这个时候，有人陪伴是非常重要的。专注是指工作者愿意和服务对象在一起的心理态度，可以给服务对象带来安全感，稳定服务对象情绪，令服务对象容易敞开心扉，从而缩短工作者与服务对象的心理距离，促进良好的专业关系，有利于工作者全面观察、了解服务对象。工作者可以通过"SOLER 原则"的体现，向服务对象表达关注，表达出愿意和服务对象一起的态度。

S（squarely）——面向服务对象：工作者以一种参与的态度面对服务对象，是助人者采取的一种表征投入的姿势。在北美文化中，正面地面对一个人有"我同你在一起，你随时能得到我的帮助"的意味。面向服务对象的角度可以视当时情况而适当调整。就中国人的习惯而言，如果不熟悉的人正面面对会引起些不自然，因此工作者和受助人员之间的角度可以调整为 90 度，这样工作者既容易观察到服务对象的整体面貌，包括坐姿、体态、面部表情等，又因为两个座位之间茶几的存在缓解了服务对象的紧张不安、焦虑等情绪，使其获得心理上的安全感。

O（open）——开放的姿势：工作者开放的姿势，意味着对服务对象及服务对象所说的事采取接纳的态度。开放的姿势表现在双手放开而不是抱住双肩。工作者双手交叉会削弱自己给他人的关心以及愿意提供帮助的感觉。开放的姿势可以成为一个信号，显示出工作者对服务对象所讲的话持开放接纳的态度。可以想象一下，如果一个人的身体绷得很紧，双臂与双腿交叉，身体靠后，可能给对方一种不能接近和想远离的信息。对于内心已经持有一定抵触、不信任的受助人员，这种姿势也往往表露出一种高高在上的优越感。

L（lean）——上半身适当向对方前倾：工作者坐在椅子上，上身略微前倾。通常两个亲密交谈的人身体都会向对方倾斜，自然而然地表现出关心。前倾的姿势意味着"我对你和你说的话感兴趣""我对你是友好的"，而后倾的身体姿势则意味着"我的心没有完全在这里"或"我觉得很烦"。中国有个成语叫侧耳倾听，反映的就是当我们想听得清楚、听得认真时会不自觉地将身体努力地朝向声音源。但是，要注意前倾的角度不要过分，否则会令服务对象不舒服，或感到压迫和威胁。

E（eye）——良好的视线接触：会谈中工作者应与服务对象保持稳定、坦诚的视线接触，而不是眼睛盯在别处或四处巡视，否则会让服务对象觉得你心不在焉，或你不愿意与服务对象发展这种亲密的关系。保持良好的目光接触代表着："我与你同在，我想听听，听你要说的话"。如果助人者偶尔将目光投向远处，也是可以的。我们经常讲"眼睛是心灵的窗户"，这句话也非常适用于个案面谈过程中。工作者应该通过自己专注、友善、关心、鼓励的目光让服务对象感受到他是受重视的，并有继续说下去的信心。但工作者也不要目不转睛地盯着服务对象，可以想象，在这样的视觉压迫下，服务对象是不可能保持轻松开放的心态与你谈话的。

R（relax）——放松状态：在上述四个行为中做到相对的放松。杰拉德认为放松意味着两件事情：第一是不要出现局促不安或不自然的面部表情；第二是指在利用身体作为交流和表达工具时应该是轻松自如的。工作者的放松状态能给服务对象营造出一个轻松的氛围，否则会使服务对象更加紧张、焦虑。人们在交往过程中会相互影响，如果工作者的言谈和行为尽量保持放松，那么服务对象会逐渐被这种放松的情绪所感染，也会逐渐放松下来。因为工作者放松的姿势不仅代表着他的自信，而且也反映出一种对待受助人员的态度。因此，放松的姿态本身就有一定的作用。[1]

（三）鼓掌礼仪

鼓掌是一种肯定，一种鼓励，一种尊重。例如：在小组活动中，组长在一开始就强调对组员的非批判态度，不仅包括主持人对组员的非批判，还包括组员之间不能相互批评。在爱的付出环节，一位组员表示为自己的付出感到满意，其他组员认为该组员行为可笑时，组长没有批评，而是采取优势视角："谢谢你的坦诚，为你的真诚鼓掌！"避免了组员之间的批判。

【思考题】

1. 简述社会工作的非语言沟通礼仪的基本含义。

2. 简述社会工作的非语言沟通礼仪的具体形式。

3. 结合社会工作实践，讨论社会工作非语言沟通礼仪的倾听技巧。

【本章小结】

对社会工作沟通礼仪的认识可以从以下几个方面进行：

1. 社会工作语言沟通礼仪可以说是一种社会工作语言规范，一种在社会工作中进行有效沟通的技巧，一种处理社会工作者与服务对象关系的工作方式或工作方法。

2. 社会工作语言沟通礼仪分为社会工作的电话礼仪和会谈礼仪。

3. 社会工作非语言沟通礼仪是相对于语言沟通而言的，是指通过身体动作、体态、语气语调、空间距离等方式为媒介交流信息、进行沟通的过程，在此过程中的一种社会工作非语言规范，一种在社会工作中进行有效沟通的技巧，一种处理社会工作者与服务对象关系的工作方式或工作方法。

4. 社会工作非语言沟通礼仪的具体形式有倾听、表达专注、鼓掌礼仪。

---

1 郑轶. 个案工作实务[M]. 北京：中国轻工业出版社，2014.

【推荐阅读】

1. 徐震，林万亿：《当代社会工作》，五南图书出版公司1985年版。

2. 朱眉华，文军：《社会工作实务手册》，社会科学文献出版社2006年版。

3. 张乐天：《社会工作概论》(第三版)，华东理工大学出版社2007年版。

4. [美]里瓦斯等主编，李江英译：《社会工作实务案例分析》(第三版)，中国人民大学出版社2006年版。

5. [美]库珀，莱塞著，库少雄译：《临床社会工作实务——一种整合的方法》，华东理工大学出版社2005年版。

6. [美]多戈夫等著，隋玉杰译：《社会工作伦理：实务工作指南》(第七版)，中国人民大学出版社2005年版。

7. 陈钟林：《社区工作方法与技巧》，机械工业出版社2005年版。

8. 宋林飞：《社会工作概论》(修订版)，南京大学出版社2002年版。

第八章 社会工作者的出行礼仪

【学习（培训）目标】

通过本章学习（培训），你应该：

1. 了解出行礼仪的基本概念。
2. 了解社工出行礼仪分类。
3. 掌握出行礼仪的具体要求。
4. 能在不同场景中熟练运用出行礼仪。

【核心概念】

公共礼仪　行路礼仪　驾乘交通工具礼仪　住宿礼仪

【本章概览】

本章主要的学习任务是社工出行礼仪的基本概念及其使用。教师通过运用案例分析、知识讲授、分组讨论、情景模拟等多种教学方法，对社工出行礼仪进行介绍，让学生认知社工出行礼仪，了解当前国内外社工出行的基本礼仪要求，能掌握在不同情形下的礼仪使用，进而在实际工作中适当运用本章知识处理好出行过程中的常见礼仪问题。具体内容包括：社工出行礼仪的内涵，社工出行礼仪的基本类型，以及各类礼仪的具体内容等。

【导入案例】

社会工作专业学生小王被学校分配到 C 市的 M 社工机构进行毕业实习。一天，小王被安排去机场接一位客户，由于飞机晚点，小王和司机到机场后等待了近两个小时才接到客户，等待期间小王很是烦躁，在机场不停地抱怨；接到客户后，小王让客户坐在了轿车后排，而后自己坐到了前排司机旁边；回去的路上，小王不停地催促司机开快点，以便早点把客户送到酒店；在酒店，小王带着客户去预订好的房间，进电梯时小王先一步进入电梯并按好楼层按钮；待客户放下行李后，小王又带着客户在酒店餐厅吃自助，由于实在太饿了，小王一次性拿了很多食物，结果却没有吃完；最后，小王带领客户去办公室进行参观，参观过程中客户看到一些老员工在办公室抽烟，忍不住咳嗽了两声，最后匆匆离开。

　　同学们，这个案例涉及了哪些出行礼仪呢？小王和机构其他员工的做法有哪些是符合礼仪的，又有哪些应当改正呢？

讲题一　出行礼仪

一、出行礼仪的界定

社工的出行礼仪又称公共礼仪，主要是指社工在工作及生活中体现社会公德的行为，良好的公共礼仪可以使人际之间的交往更加和谐，使人们的生活环境更加美好。

社工在出行时需要遵循两项原则：

（一）遵守公德

社会公德是社会生活中最简单、最起码、最普通的行为准则，是维持社会公共生活正常、有序、健康进行的最基本条件。因此，社会公德是全体公民在社会交往和公共生活中应该遵循的行为准则，也是作为公民应有的品德操守。《公民道德建设实施纲要》用"文明礼貌、助人为乐、爱护公物、保护环境、遵纪守法"二十个字，对社会公德的主要内容和要求作了明确规范。

（1）文明礼貌。在社会公共生活中，人与人之间应该和谐相处，对己要保持仪表卫生、服饰雅观、举止文明、不说脏话；对人要以礼相待、态度亲切，交谈时使用敬语，切勿随便猜疑、欺骗他人。这不仅仅是社工的礼仪要求，也是处世做人最起码的准则。

（2）助人为乐。助人为乐是指社会公民怀着道德义务感，主动给他人以帮助，并引以为乐的一种道德行为和道德情感，是社会成员在公共生活交往中用以调整相互关系的最基本的行为规范之一。赠人玫瑰，手有余香，在公共生活中，人与人之间应该团结友爱、相互关心、相互帮助。作为社工，更应该积极发挥爱心、责任、服务、奉献的社工人文精神，在工作生活中将助人为乐、见义勇为的精神发扬光大。

（3）爱护公物。我国《宪法》规定："社会主义公共财产神圣不可侵犯。"爱护公共财物不仅是社会公德极其重要的内容，也是每个公民应尽的义务之一，每个公民都有责任爱护和保护公共财产，并坚决同一切损害和侵犯公共财产的违法犯罪行为作斗争。

（4）保护环境。保护环境是指人类有意识地保护自然资源并使其得到合理的利用，防止自然环境受到污染和破坏；对受到污染和破坏的环境做好综合的治理，以创造出适合于人类生活、工作的环境，协调人与自然的关系，让人们做到与大自然和谐相处。为了保持社会公共生活的环境整洁、舒适、干净，保障社会成员的身体健康，每个公民都应当讲究公共卫生、保护生活环境，这也是社会公共生活中人们应当遵循的最基本的行为规范。

（5）遵纪守法。法律是对公民行为的必要约束及规范，自觉遵守法律法规是社会公德最基本的要求。社工在公共生活中要想顺利地进行社会活动，就必须遵循一定的行为规范，既要遵守国家颁布的有关法律、法规，也要遵守特定公共场所的有关规定，同时社工在从业过程中也必须遵守纪律和法律，尤其要遵守职业纪律和与职业活动相关的法律法规。只有每个社会成员都依照法律、法规及纪律的有关规定行事，才不妨碍他人的正常活动，不会给社会造成损失和伤害，保持社会公共生活相对稳定和和谐，保证社会的健康发展。

社会公德是人类社会不断沉淀与积累的文明成果，具有以下特点：

（1）基础性。在社会道德体系中，社会公德属于基础层次，它是每个社会最起码的道德准则，是保证社会公共生活正常运行最基本的道德要求。社会公民对公德的遵守程度可以作为评判这个社会道德风气好坏的标准之一。

（2）全民性。从适用范围来讲，社会公德具有最广泛的群众性，是可以适用于全体社会成员的道德规范。在同一社会中，不管一个社会成员属于哪个阶级或从事何种职业，对于社会公共生活的简单规则都必须遵守，否则就会受到道德的谴责和舆论的攻击。

（3）相对稳定性。从历史发展的角度来看，社会公德作为"多少世纪以来人们就知道的、千百年来在一切行为守则上反复谈到的、起码的公共生活规则"，是人类在发展过程中调整公共生活中最一般关系的经验结晶。这种最一般的关系，不论在中国或是外国，不论在过去、现在或是将来都存在着，因而，调整这种关系的社会公德在历史上比起其他各种道德分支来具有更多的稳定性。

（4）简明性。从内容上来看，社会公德大多是社会公民在相互交往过程中对生活经验的总结和风俗习惯的提炼，具有简洁明了的特点，往往不需要以明文规定的形式体现出来，也不需要做更多的说明就能被人们理解。

（5）渗透性。社会公德作为调节公共生活的准则，包含着非常广泛的内容，诸如遵守公共秩序、保持公共卫生、敬老爱幼、尊师爱生、言而有信、礼貌待人、互相关心、互相帮助、互相谦让、济困扶危、拾金不昧、见义勇为等，可以涵盖到社会公共生活的各个方面，具有很强的渗透性。

（二）勿碍他人

人生而自由，却无往不在枷锁之中。当社工置身于公共场合时，无论是为过客、休闲、生活需求，还是商务、接待、工作所需，都会在公共场合与一些陌生人发生交集。勿碍他人原则就是社工在公共场合面对他人时的具体行为规范，它的基本含义是：在公共场合，社工应当有意识地检点、约束自己的个人行为，并尽一切可能，自觉地防止自己的行为影响、打扰、妨碍到其他任何人。从个体方面来讲，勿碍他人可以促进人与人之间关系的和谐，使人心情愉悦；从社会方面来讲，不妨碍他人能使社会井然有序、更加和谐，有利于社会的发展。

二、具体出行礼仪概览

（一）社工出行常见情形基本礼仪要求

（1）外出行走。单人出行时要遵守行路规范、约束自我不良行为，多人出行时要注意相互体谅、保持适当距离。

（2）驾乘交通工具。驾车时要严格遵守交通规则，不闯红灯、不追逐竞驶，遇到老弱病残动作迟缓者，要给予谅解并主动礼让；乘车、乘船时在候车室、候船室里要保持安静，不要大喊大叫；上车、登船时要依次排队，不乱挤乱撞；上车后按票就座，不得把物品放到座位上替别人占座，若遇老弱病残孕及怀抱婴儿的乘客应主动让座；在车厢、轮船里，要保持卫生，不得随地吐痰、乱丢纸屑果皮；车到站时要依次排队，谦让妇女、儿童、老年人及病残者。

（3）外出住宿。对服务员要以礼相待，对他们所提供的服务表示感谢；在任何酒店居住都不要在房间里大声喧哗，以免影响其他客人。

（二）特殊公共场所礼仪要求

（1）影剧院。观影前尽早入座，如果自己到场较晚而座位又在中间，则应礼貌地向已就座者表示歉意，请其稍作调整，为自己留出通道，通过让座者时切记要与其正面相对，绝对不能让自己的臀部正对着别人的脸，这是很失礼的行为；入座后应注意衣着仪表，即使天气炎热，也不能袒胸露腹；在观影观剧过程中将手机调成震动或静音状态，不得大呼小叫、笑语喧哗，实在不得已也需要压低声音讲话，尽量不要打扰到其他人；演出结束后带走自己制造的垃圾有秩序地离开，不要推搡拥挤。

（2）图书馆、阅览室。图书馆、阅览室是公共的学习场所，身在其中时首先要保持安静和卫生，小心走动、轻声谈话，尽量不携带吃食进入；其次要注意整洁，遵守规则，不能穿背心和拖鞋入内，不抢座、不占座，查阅目录卡片时不可翻乱卡片，不得在卡片上涂抹画线；另外，图书馆、阅览室的图书及桌椅板凳等都属于公共财产，应该注意爱护，不要随意刻画、破坏，特别是不得直接在图书上随意涂画，以保证图书可循环使用。

（3）旅游观光。爱护景区的公共财物，对公共建筑、设施和文物古迹甚至花草树木，都不能随意破坏。不在柱、墙、碑等建筑物上乱写、乱画，不随地吐痰，不乱扔果皮纸屑，保持景区优美的环境。

（4）饭店进餐。尊重服务员的劳动，对服务员应谦和有礼，当服务员忙不过来时，应耐心等待，不可敲击桌碗或喊叫；对于服务员工作上的失误，要善意提出，不可冷言冷语，加以讽刺。

【思考题】

1. 谈谈你对出行礼仪的认识。
2. 简述社会公德的基本内涵与特征。
3. 思考出行礼仪的原理。

讲题二　行路礼仪

一、单人行路礼仪

（一）行走路线要固定

一个人独自出行时，行走的路线应尽量成直线，除非找寻失物，否则不要在行进中左顾右盼，东奔西窜。

（二）遵守行走规则

（1）走路要走人行道，没有设置人行道的则靠路边行走。

（2）横过马路时走人行横道、过街天桥或地下通道，不得随意横穿马路。

（3）遵守交通信号，红灯停，绿灯行，黄灯亮了等一等。

（4）严禁跨越防护栏等交通隔离设施。

（5）不侵占盲道，遇到盲人时主动让路。

（6）不一边走路一边看书，不在马路上追逐猛跑、嬉戏、打闹、游戏。

（7）夜间步行要尽量选择穿戴浅颜色的衣帽和在有路灯的地方横过马路。

（三）加强自律、约束不良行为

（1）不要一边走路一边吃东西。在行路时大吃大喝不仅不雅观、不卫生，更有可能会对其他行人造成不便，妨碍他人正常行进。

（2）不吸烟。在公共场所吸烟，是一个人缺乏修养、没有道德观念的体现。吸烟者在大庭广众之下旁若无人地吞云吐雾，完全不考虑他人的健康和烦恼，这虽然只是一小部分人存在的陋习，却影响了整个群体的文明形象。根据我国现行法律规定，在公共场所吸烟是一种违法行为，将会受到行政处罚。

（3）不乱扔废弃物。在现代社会高度文明化的今天，走在大街上随处可见垃圾桶，社工出行时对于废弃物应当按照垃圾分类投入专用垃圾桶，不要"天女散花"或"射门"，以免投掷不进，破坏环境。

（4）不随地吐痰。行路时若要清嗓子，需待无人注意时将口痰吐在纸巾中，并投入垃圾桶，不得随地乱吐，不要"自行消化"，也不要直接吐向垃圾桶里。在新加坡，相关法律对随地吐痰作出详细规定，对随地吐痰者，第一口将处以 1000 新元的罚款，第二口则将罚款 2000新元。

（5）不在路上久驻攀谈或是围观看热闹，也不得成群结队在街上喧哗打闹，破坏正常的公共秩序，情形严重者可能会触犯治安管理条例，被处以行政处罚。

（6）不毁坏公物、不窥视私宅，不攀折树枝、采摘花朵、蹬踏雕塑，不在墙壁上乱涂乱画；对于与自己毫不相关的私人居所不要偷窥，不要打扰，尊重他人的隐私和自由。在美国，对于那些未经许可进入私宅并可能威胁到自己安全的闯入者，美国的房主被授权可以使用致命武力来应对。

二、多人行路礼仪

从人数上讲，两人左右并行之时以右者为尊，前后同行时以前者为尊；三人一排并行时中为尊、右次之、左最次，三人前后同行时，前者最尊；四人以上同行时不宜直接并行，最好分前后两排或多排行走。从性别上讲，男女同行时，男士应该主动走在靠近街一边，让女士在自己的右侧行走，若女士随身携带大件非贵重物品，则男士应主动表示愿意代劳。若为恋人同行，在遵从以上规则的基础上切记不可过分亲昵，不要勾肩搭背、搂搂抱抱，女士轻轻挽住男士手臂即可。

（一）相互体谅

（1）礼让为先。遇到比较拥挤的路段，一定要排好队有秩序地依次通过。一般来说，青年应主动让路给老年人，健康人应主动给残疾人让路，男士应主动给女士让路。

（2）问候熟人。行进途中遇见熟人时要主动打招呼，以示友好，不要假装没看见或不认识。若是遇到久别重逢的朋友，有聊不完的话题则应自觉靠边站立而后交谈，不要停在路中间妨碍他人行走。如遇到街道另一边行进的朋友，同他打招呼时点头致意就行了，不可高呼狂叫、惊扰他人。

（3）礼貌问路。若到了不熟悉的环境中需要向他人询问路线时，最好寻找环卫工、出租车司机等对当地路况比较熟悉的人问路，问路时要尊重对方、礼貌用语，并对自己的打扰表示歉意，可以这样说："先生（女士）您好，对不起，我可以向你问个路吗？"也可用"请问""劳驾"等词开头。待对方回答之后，不论自己是否感到满意，都应诚恳地说声"谢谢"，另外，驾车者问路时最好下车后再问以示尊重。

（4）留神碰撞。社工外出行走时经常需要带着公文包或工作相关材料，要留神不要让自己提的东西阻挡或碰撞了他人，提东西时最好用右手而不要左右开弓。如果一群人并行，提东西的人则应走在外侧。

（二）保持距离

在多人行进过程中，相互之间保持怎样的距离才会让彼此都觉得舒适呢？这取决于并行者相互之间的亲密程度，不同亲密关系决定了不同的距离。

（1）亲密距离。亲密距离是指彼此之间距离保持在 45 cm 以内，这种距离适于双方关系最为密切的场合。一般来说，该种距离多用于情侣之间，也可以用于父母与子女之间或知心朋友间。同时，由于性别的原因，两位成年男子之间一般不采用此距离，但两位女性知己间往往喜欢以这种距离交往。在社会交往中，亲密距离属于很敏感的领域，社工在与同事、案主或其他人交往时要特别注意不能轻易采用这种距离。

（2）私人距离。私人距离一般在 45～120 cm 之间，表现为伸手可以握到对方的手，但不易接触到对方身体，这一距离对讨论个人问题是很合适的，朋友、熟人或亲戚之间往来一般以这个距离为宜，同时，社工进行心理疏导时在取得对方信任的情况下也可以适用私人距离。

（3）社交距离。社交距离大约在 120～360 cm 之间，主要用于处理非个人事务的场合中，如进行一般社交活动，或在办公、办理事情时，属于礼节上较为正式的交往关系。一般工作场合人们多采用这种距离交谈，在小型招待会上，与没有过多交往的人打招呼可采用此距离。

（4）公共距离。公共距离指大于 360 cm 的空间距离，一般适用于演讲者与听众或彼此极为生硬的交谈及非正式的场合。在商务活动中，根据其活动的对象和目的，选择和保持合适的距离是极为重要的。

三、特殊情景

（一）陪同引导

社工在工作中遇到需要接待客户时，一般接待人员应在客人的左侧行走，以示尊重。如果自己是主要陪同人员，那么应该主动与客人并排同行，如果是随行人员，则应走在客人和主陪人员的后边。需要对来访人员进行引导时，应走在客人左前方一两步远的地方和客人的步速一致，遇到路口或转弯处，应用手示意方向并加以提示。具体情形的接待礼仪如下：

（1）引导来访人员通过走廊时，接待人员应走在客人外侧二三步之前，让客人走在内侧。

（2）引导来访人员上下楼梯时，应注意客人的安全，并随时注意让自己处于客人的下方，即上楼时，应让客人走在前面，接待人员走在后面，若是下楼时，应该由接待工作人员走在前面，客人走在后面。

（3）引导客人乘坐升降梯时，接待人员应当主动按亮电梯按钮，并先行进入电梯使电梯门处于打开状态，等客人进入后再关闭电梯门，到达相应楼层后，接待人员按"开门"的按钮，让客人先走出电梯，自己紧随其后。

（4）引导客人走入会客厅时，接待人员应用手指示方向，带领客人至相应座位，待客人坐下后，行点头礼后离开。

（5）引导客人乘车时，接待人员应先行打开车门，请客人上车，同时将手背贴近车门上框，以免客人不小心碰到头，待客人坐稳后，再关门开车；若同时接待两位贵宾，接待人员应先打开后排右边的车门，让尊者先上，再迅速地从车的后部绕到车左侧开门，让另一位客人上车。

（二）排队等候

（1）自觉排队、遵守顺序。遇到比较拥挤的情况时，首先要有排队的意识，按照先来后到、依次而行的顺序排好队。在队列中时，要保持耐心，不起哄、不拥挤、不夹楔，即使前面有熟识的人，也不要去插队。

（2）保持距离、相互尊重。在空间允许的情况下，排队时人与人之间最好保持前后 0.5 m 的间隔，不要侵入他人的私人空间，更不能紧紧贴在他人身边，让他人感到压抑或不舒适。

（3）不横穿队伍。如果在自己行进途中遇到横在面前的队伍，尽量绕到队伍后方通过，不要从别人的队伍里横穿过去，在不得已的情况下需要横穿队伍时，需寻觅空隙较大的地方，并对排队者表示歉意，先说声"对不起"，而后穿过。

（4）不同场合排队的特殊礼仪：

① 银行。到银行办理业务时，应按照银行规则自觉取号并耐心等待，前人在办理业务时，不得催促、窥视、越步上前询问或未等前人办完就争抢办理业务。若是在自助取款机前排队等待，前人在办理业务时，后者应严格遵守银行规定在 1 m 线后等待。

② 餐厅。餐厅或食堂都是公共场所，排队等候需要有一定的耐心，不要敲击碗筷，制造不安的气氛，在自助取餐时不要边排队边吃东西，这是很不礼貌的行为。

③ 如厕。在商场等场所的公厕排队时要注意区分性别，而在飞机、轮船、游览车、火车等交通工具上，洗手间一般是男女共用的，男女一起按次序排队即可，不必讲究"女士优先"。

（5）遵守公共秩序是每个社会成员应尽的义务，对不守秩序的人进行批评制止也是帮助维护公共秩序的行为，因此，在排队过程中如遇到有人插队，则可以明确提醒对方遵守秩序，如若无效，可向现场维持秩序的保安或其他工作人员求助，请他们维持秩序，制止插队行为。

（三）乘坐升降电梯

（1）正确选择所乘电梯。社工人员出行乘梯时要注意区分客梯与货梯，准确认识该梯是否能在自己需要前往的楼层停靠，若遇到电梯正在检修或维修则不要乘坐，耐心等待下一辆电梯的到来即可。

（2）严格遵守乘梯安全规定。乘梯时不得将易燃、易爆品带入电梯内，不得在电梯内吸烟；当电梯超载警报拉响时，最后入梯的人员应依次退出，直到警报解除；当电梯门快关闭时，还未进入的人员不可强制冲进电梯，切忌采用一只脚在内一只脚在外等行为阻止电梯关门，也不能将携带的物品放在间隙处阻止梯门关闭，已经进入电梯内的人不要伸手伸脚、探头探脑，这些都是非常危险的行为；电梯内设置的应急按钮是为了应对意外情况而安装的，电梯在正常运行时，千万不要去按应急按钮，否则会造成秩序混乱，影响自身及他人的正常出行。

（3）发生意外不要慌张。外出时若遇到电梯运行中出现故障而停止不动时，首先应尽量保持镇定，设法通过电梯内按钮或自身携带的通信工具通知维修人员救援，不要乱动乱按，静静等待是保障安全的明智选择，若电梯内报警无效，可间歇性大声呼叫或用力拍打电梯以将自身所处险情传达出去；如果电梯开始下坠，应迅速从低到高按下每个楼层的键钮，按完键钮后，立即将背部及头部紧紧贴在电梯内墙上，保持膝盖弯曲，如果电梯里有把手，应用力抓住把手固定身体，如果电梯没有把手，可使劲撑住电梯墙面，用这些动作让全身保持在一条直线上，这样可以减缓电梯坠落撞地时产生的强烈撞击对脊椎造成的损害；另外，在被困后切忌自行扳动电梯设备，如强行扒门、从安全窗爬出等，因为被困时无法确认电梯所在位置，即使打开电梯门，电梯外壁的油垢还可能使人滑倒，这样会带来新的险情，电梯天花板若有紧急出口，也不要爬出去，出口板一旦打开，安全开关就使电梯刹住不动，但如果出口板意外关上，电梯就可能突然开动令人失去平衡，在漆黑的电梯井里，可能被电梯的缆索绊倒，或因踩到油垢而滑倒，从电梯顶上掉落下去。

（四）乘坐自动扶梯

（1）出行分缓急，站立分左右。在商场、地铁站等人员密集处乘坐自动扶梯时，在不着急的情况下社工人员应主动靠右侧站立，空出左侧通道，以便有急事的人通行；如需从左侧急行通过时，应礼貌地请求别人让路，并向给自己让路的人致谢，切不可横冲直撞、用力推搡。

（2）双手握紧扶手带，出入关口不停留。在运行的扶梯上一定要靠扶梯右边站立，双手紧握扶手带，防止被人推挤、电梯突然停止等意外情况摔倒；同时，不得在扶梯入口或出口处停留，这两处是重要的关卡，你的停留可能让别人来不及躲闪，从而导致直接撞到彼此，或引起连环撞击。

（3）保持身体在扶梯内，不得蹦跳、打闹、反向行走。在扶梯上一定要将身体各部位始终放在扶梯内，不可将身体任何部位伸出扶梯外面，以免撞到外侧物体，造成不必要的伤害；运行的扶梯有一定的速度，如果在上面蹦跳，可能会跌倒或滚倒；另外，在扶梯上绝对禁止反向行走，有的人为了体验新奇，走上了反向运行的自动扶梯和扶梯比速度，这样的危险行为很容易给他人和自己都造成伤害。

【思考题】

1. 谈谈你对行路礼仪的认识。
2. 简述行路礼仪的基本内涵与特征。
3. 熟练掌握行路礼仪的运用情形。

讲题三 驾乘交通工具礼仪

一、汽车

（一）驾车礼仪

社工在工作过程中若驾车出行，必须意识到自身的驾驶行为关系到本人、乘客、行人、通行车辆及其他相关人员人身安全，需要时时刻刻提高警惕，严格遵守交通规定，做到出行有礼、礼让三先，在技术合格、服从管理、安全驾驶、礼让他人四个方面努力表现得好上加好。

1. 上车前的礼仪

检查车辆号牌是否清晰、是否被遮挡等，根据我国现行法律规定，故意遮挡遮盖车牌号的，可由交警部门处以罚款 200 元、记 12 分的处分。同时，查看车辆周围有无儿童、老人及其他障碍物，确认安全后上车发动。

2. 启动车辆的礼仪

（1）系好安全带。启动车辆前，司机自身系好安全带，并提醒前后座乘客系好安全带。据高速警方的事故统计显示，发生碰撞时，安全带起到的保护作用达 90%，即便车辆装有安全气囊，在未使用安全带的情况下，安全气囊很难发挥有效的保护作用。汽车事故调查也表明，在发生正面撞车时，如果系了安全带，可使死亡率减少 57%，侧面撞车时可减少 44%。根据相关法律规定，不系安全带不仅危险，而且是一种违法行为，汽车行驶时，驾驶人未按照规定使用安全带的将被处以 50 元罚款，如果这种行为发生在高速公路或者城市快速路上，驾驶人还要被记 2 分。

（2）开启转向灯。系好安全带后，打开左转弯灯提醒后方车辆，避开其他行人和车辆，缓缓起步，如若不打转向灯就突然启动驶出停车位的话，容易让后方同向驶来的车辆来不及避让，极易发生交通事故。

3. 转弯变道的礼仪

需要转弯时，应当首先从后视镜中确认是否安全，而后开启转向灯提示后方车辆，再减缓车速平稳转弯；准备变道时，也需要提前开启转向灯提示后车，待后车减速避让后，平稳驶入目标车道，如果后方车辆不停闪光拒绝，则应减速暂缓变道计划，切不可强行并线、硬性变道。根据我国《道路交通安全法》规定，机动车应当按照下列规定使用转向灯：① 向左转弯、向左变更车道、准备超车、驶离停车地点或者掉头时，应当提前开启左转向灯；② 向右转弯、向右变更车道、超车完毕驶回原车道、靠路边停车时，应当提前开启右转向灯。不按规定使用转向灯的处 100 元罚款，记 1 分。另外，在道路同方向划有 2 条以上机动车道的，变更车道的机动车不得影响相关车道内行驶的机动车正常行驶，违反上述规定将被处以 100 元罚款。

4. 通过路口、避让行人的礼仪

车辆驶进路口前适当减速，看清前方交通信号灯并按交通规则行进。一般来说绿灯亮时，观察确认安全后稳速通过，红灯亮时，依次在停止线后等待，黄灯亮时，若已越过停车线则可以继续通行，但同时《道路交通安全法》也有特别规定，绿灯亮时，准许车辆通行，但转弯的车辆不得妨碍被放行的直行车辆、行人通行；红灯亮时，右转弯的车辆在不妨碍被放行的车辆、行人通行的情况下，可以通行。转弯时妨碍直行车辆、行人按交通信号通行的处 50 元罚款，记 3 分。遇到斑马线时不论是否设置红绿灯都应主动减速，缓慢通过，若有行人正在跨越斑马线则应缓缓停车，让行人先行；如果遇到路侧有行人通行，应闪烁大灯提示其注意安全。

5. 超车会车的礼仪

需要超车时，首先应开启转向灯，而后驶入超车道，闪烁大灯并鸣笛告知前车，确认安全后加速超过。若两车对向行驶，应及时提示前方车辆注意避让。遇到障碍需借对向车道行驶时，如果对向车辆闪烁大灯表示拒绝，则应让其先行通过，不要强行插入。

6. 保持间距、正确停车的礼仪

行车过程中应当与前车保持足够安全距离，若遇后车紧紧跟随，可间断亮起刹车灯、开启双闪灯提示后车注意，或开启转向灯，驶入其他车道行驶。停车时，应当首先观察周围环境，确认安全后开启转向灯，并逐步减速向停车地点停靠。停车必须停在规划的停车位内，以免妨碍他人正常通行。另外，若遇突发情况紧急停车时，务必开启双闪灯提示他人注意。

（二）驾车注意事项

1. 开车不可接打电话

驾车时使用手机等设备会分散驾驶精力，一旦遇到紧急或突发情况，极易造成交通事故。若以我国城市路段 40 km/h 的限速来看，在看手机的短短两三秒内，车辆就已经走过了 30 多米的距离。根据我国法律规定，驾车拨打或接听手持电话、观看电视等，将被处以 50 元罚款并记 2 分。

2. 不得向车窗外抛物

车窗抛物这种陋习不仅仅污染环境，更重要的是该行为十分危险。有实验证明，仅重一两的空矿泉水瓶，在约 100 km/h 的高速状态下，能够将钢化玻璃砸碎。由此可见，车窗抛物可能带来十分严重的后果。根据我国《道路交通安全法实施条例》规定，驾驶机动车不得有向道路上抛撒物品的行为，违反上述规定的将被处以 50 元罚款。

3. 过水坑要减速

下雨天遇到积水路段时，应当减速而行，一是因为水坑深浅不明，莽撞而行可能会导致熄火等意外发生，二是若汽车在水坑中飞驰而过，那么同行的其他车辆或路旁行人都会被溅一身污水。

4. 不可穿高跟鞋或拖鞋驾车

对于女性而言，出行过程中经常穿高跟鞋，但穿高跟鞋驾车却十分危险，因为高跟鞋的鞋跟把脚的支点抬高了，增大了踩刹车的力度和角度，一旦发生紧急情况，很难及时达到正常的刹车效果；而穿拖鞋开车则可能会因为鞋子不跟脚而延误刹车时机造成交通事故。总之，无论男女驾驶员，都应穿薄底、柔软的休闲鞋驾驶车辆，如果平时着装要求较严则可以在车中备一双鞋专供开车时用，但需要注意换下的鞋不能放在驾驶座下或驾驶座旁，避免鞋子滚至制动踏板下，影响刹车。

（三）座次排序

在社工日常工作和生活中更多的时候是需要坐轿车出行的。在坐车时一定要分清座次的尊卑，并在自己适合之处就座。下文中图 8.3.1 到图 8.3.4 为不同车型在司机驾车和车主驾车两种不同情形下的座次排序，其中①为最尊，其余依次顺延。如图 8.3.1 中标注的最为常见的双排五座轿车，当车主驾车时前排座位最尊，后排右边座位其次，左手边座位第三，后排中间座位最后；当有专职司机驾驶时，后排右边座位最尊，后排左边座位其次，后排中间座位第三，前排座位最后。

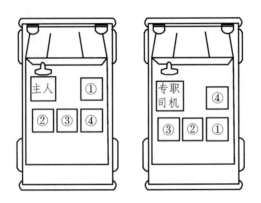

图 8.3.1　双排五人座轿车排座

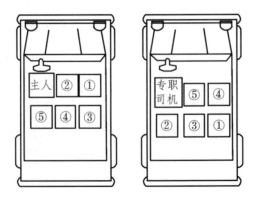

图 8.3.2　双排六人座轿车排座

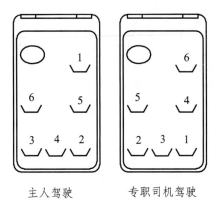

主人驾驶　　　　专职司机驾驶

图 8.3.3　三排七人座轿车排座

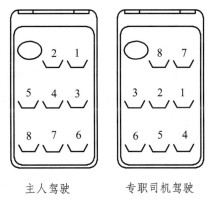

主人驾驶　　　　专职司机驾驶

图 8.3.4　三排九人座轿车排座

二、乘坐公交车

社工乘坐公交车出行时应注意以下礼仪：

1. 候车必排队，上（下）车讲秩序

排队候车时要在指定地点候车，等车停稳后按先后顺序从前门上车，如果十分拥挤可以在征询司机同意的情况下在前门刷卡投币后再从后门上车。在候车或上车时如果相互拥挤，既耽误了大家的时间，又容易造成一些不愉快的事情，甚至引发意外伤害事件，同时拥作一团也给了不法分子可乘之机，容易造成财产的损失。

2. 上车主动投币，车上相互礼让

上车后主动投币或刷卡，有座位则安静坐下，不要挤到其他人，若座位在靠里侧则应对外侧的乘客要说："麻烦您让一下，谢谢！"如果在车上遇到老、弱、病、残、孕乘客时应主动让座，并帮助其坐下。如若没有座位，则应找到人相对较少的地方站好扶稳，不要拥作一团或挤在门口。车上人多时，乘客之间难免拥挤和碰撞，乘客应互相谅解。

3. 头手请勿伸出窗外，安全时刻记在心上

乘车时不要将头、手或身体任何部位伸出窗外，免得遭受伤害。时刻遵守乘车安全规定，防范人身财产损失，不携带易燃、易爆和危险品上车，不带未经包装的刀具、未受约束的宠物上车。车内比较拥挤时，要尽量将自己的背包放到胸前，以免物品丢失；发现失窃应立即通知驾乘人员或报警，遇到危急情况时应服从驾乘人员安排，切不可私自开启车门。

4. 物品合理摆放，行为勿碍他人

上车后应将随身所带的物品放到适当位置，不要放在座位上或挡在过道上，自己坐好后，可以把物品放到腿上或自己脚下，如果不小心碰到他人，要真诚致歉；如遇下雨天乘车，上车后应把雨伞折拢，雨衣脱下叠好，避免弄湿其他乘客的衣服，也避免弄湿坐凳；在车内不要大声交谈、嬉笑打闹，也不要随便乱坐扶手、发动机盖、窗沿等处；到站后等车停稳时再起身下车，如果碰到别人则应真诚致歉。

5. 爱护环境，讲究卫生

自觉保持车内的清洁卫生，乘车时不要吸烟，不吃带皮带核的东西，也尽量不吃散发气味的东西，不在车站和车内吐痰、乱丢废弃物，不向车窗外乱扔垃圾。爱护公共设施，不乱写乱画，不踩踏座椅。若随身携带机器零件或鱼、肉等其他暴露的物品，应将所带物品包好，以免弄脏车内装饰及其他乘客的衣物。

三、城市轨道交通

随着经济发展，地铁、轻轨等城市轨道交通越来越受大众欢迎。社工在出行过程中如果要乘坐城市轨道交通工具一定要注意以下礼仪：

1. 凭票乘车，一票一人

由于地铁入口是机器检票而非人工检票，导致出现了一种非常不道德的逃票现象，即刷票后安全门打开时，两人或多人一同从狭小的检票通道中挤过，这种行为不仅不道德，也非常危险。社工在日常出行中切记要凭票乘车，不可贪小便宜。

2. 遵守规定，不带禁物

乘坐地铁时，严禁携带的物品有：

（1）易燃、易爆、有毒、腐蚀性、放射性和杀伤性等危险品（如雷管、炸药、鞭炮、汽油、柴油、煤油、油漆、电石、液化气、管制刀具、各种酸类等）以及其他危害公共安全的物品。

（2）超长（1.8 m以上）、易碎（如玻璃及易碎玻璃制品等）、笨重（如自行车、洗衣机、电视机、台式电脑显示器、电冰箱等）、妨碍公共卫生、妨碍车内通行和容易污损地铁设备和站、车环境的物品及动物。

以上规则是为了保护地铁上每个人的安全而制定的，必须严格遵守。若因为特殊原因必

须要携带这些物品，可以选择换乘其他交通工具，切不可纠缠为难安检工作人员。

3. 服从管理，严守规定

在地铁站内候车时需服从车站工作人员的管理，听从工作人员指挥，配合工作人员工作。为了自身及他人的人身安全，候车时禁止越过黄色安全线或倚靠屏蔽门；按秩序排队候车，先下后上；车门或屏蔽门开、关过程中，禁止强行上下列车；车门或屏蔽门关闭后，禁止扒门；乘车时禁止手扶、挤靠车门；严禁在车厢连接处上下车。

4. 先下后上，礼让有序

不同于公交车，地铁并未设置"前门上车、后门下车"的规定，因此，为了保证良好的秩序，乘坐地铁时必须要遵循"先下后上"的原则，不要为了抢座位就在地铁里的乘客下车时硬挤进去，更不可伸开双臂或用手提包等随身物品给他人占位；进入地铁车厢内以后，若无座位则应主动往人少的地方走去，并抓好扶手，不要堵在门口，阻碍上下车的乘客；部分乘客乘坐地铁时只图自己下车方便，站在门口不愿往里走，因此造成列车门口处人满为患，而车厢内部却空空荡荡，不仅阻碍了下车乘客的通行，也让后面的乘客无法再乘车，加大了出行负担。如果确实十分拥挤而不得不站在列车门口，为了方便里面的乘客下车，在到站时可先暂时下车，等下车的乘客下完后再上车。

5. 注意仪态，文明乘车

在地铁上，不论人多人少均应该端正坐姿，不要跷"二郎腿"，因为轨道交通车厢内的座位朝内，和前进方向是垂直的，坐着的乘客跷"二郎腿"，会影响其他乘客通行，更不可看见人少还有空座就脱下鞋子在座位上盘腿、斜卧甚至平躺；若在地铁上需要使用通信或娱乐设备，请调低音量、小声交谈，不要影响到其他乘客。

四、乘坐火车

乘坐火车必须实名制购票，同时携带身份证件与火车票才可进站坐车。社工在生活工作中需要乘坐火车出行时应注意以下礼仪：

（一）进站候车的礼仪

（1）提前到站。火车、高铁、动车等轨道交通都是严格按照时刻表发车，为避免错过所乘班次，建议提前到达火车站进行等候，并在规定的时间内出示有效身份证件与火车票经安检进站，接受安检时所有行李均应通过安检设备，同时在进行人员安检时要主动配合安检人员，不得刁难、辱骂安检人员。

（2）在候车厅等候时，要爱护候车室的公共设施，不要大声喧哗。携带的物品要放在座位下方或前部，不抢占座位或多占座位，不要躺在座位上使别人无法休息。保持候车室内的卫生，不要随地吐痰，不要乱扔果皮纸屑。

（3）检票时要在正确的检票口前自觉排队，不拥挤、不插队。进入站台后，要站在安全线后面等候，等火车停稳后，方可在指定车厢排队上车。上车时一定要按秩序排队，不可为了抢座而使劲往上冲。

（二）乘坐火车的礼仪

1. 入座的礼仪

进入车厢后首先找到属于自己的座位对号入座，并将行李安放在行李架上，除非行李架已无空处否则不得将行李放在过道上或小桌上；若自己的座位上已有他人，在确认自己的车票无误后，可以礼貌地请该乘客让出座位，并出示车票，如果对方不配合也不必动气，请乘务员来协助处理即可；若自己不小心误坐他人座位，则应快速起身让座，并向他人表示歉意。

2. 休息的礼仪

在座席车上休息时需端正坐好，不要东倒西歪、靠在他人身上或把脚跷到对面的坐席上，更不要卧倒于坐席上下、茶几上、行李架上或过道上；在卧铺车厢休息时，若居于下铺应主动为上铺、中铺乘客提供便利，不可无理禁止他人接触该床位或小桌板，居于上铺或中铺时，上下床应尽量不影响下方人员的休息，在征得下铺乘客同意后可在其床铺上就座。

3. 用餐的礼仪

需要用餐时尽量去餐车，在餐车按先来后到顺序排队买饭。由于列车上乘客较多，用餐时应节省时间，不要大吃大喝甚至猜拳行令，用餐完毕后即刻离开，为其他乘客就餐提供便利；若的确不方便去餐车用餐，那么在就座车厢吃饭时要注意尽量不吃有刺激性气味的食物，吃完后立即清洗餐具或扔掉餐盒，若不小心将食物汤汁溅洒到他人身上应当立即道歉并协助其清理衣物。

五、坐船

（一）乘船旅行，安全第一

这一条对于任何乘客都没有例外，乘客乘坐客轮时，务必要具有安全意识，遵守安全规则，采取安全措施，尽一切努力确保旅途顺利、平安。

乘船时必须顾及的安全问题，具体涉及以下几点：

（1）乘船时不得随身携带易燃品、易爆品、易腐蚀物品、枪支弹药、腐烂性物品、家畜动物，以及其他一切违禁品。为了自己和他人的健康，一定要遵守有关规定，不要擅自偷带此类违禁物品上船，以致危及行船安全。在登船之前接受安全检查时要积极配合，不要加以非议或加以拒绝。另外，所带行李的重量必须符合有关规定，不要超过标准。

（2）上下客轮的时候，一定要注意安全、依次排队、相互礼让，不要为了争时间、抢速度而影响自己或他人的安全。登船前应早到一些，以便在时间上留有余地。上船时应依次排队，如遇到长者、女士、孩子应该给予帮助，不要加塞、插队、乱挤或人为制造拥挤不堪局面，进而产生可能危害安全的诸多问题。下船前要提前收拾好行李、做好准备工作，与其他乘客要相互礼让、依次而下，与长辈、女士、孩子一起下船时，可以手相扶，或是请其走在自己身后，这样万一对方有个闪失，走在前面的自己还能有个照顾。

（3）在轮船上进行室外活动时，处处仍须以安全为重，切勿心存侥幸心理，自找麻烦。乘船旅行途中，如果遇到了难以预料的天灾人祸，如火灾、沉船、撞船、触礁、劫船、台风等，不要惊慌失措，应当在船上工作人员的指挥下积极进行自救。如果需要离船，应当按照船员的安排乘坐合适的交通工具，并先让老人、女士和小孩撤离，不要慌不择路、盲目跳水逃走。遇到这类事件，不仅要奋起自救，而且要尽心尽力地救助其他人，只有"一人为大家，大家为一人"，才有可能使大家皆保平安。

（二）船舱内的礼仪

（1）入座的礼仪。一般来说，乘船时要对号入座的，若没能买到座号、铺号船票切不可争抢、占据不属于自己的座席。如果自己所买的是不对号的散席船票，则上船之后要听从船员的指挥安排，前往指定之处休息，若无人指挥则选择不拥挤的地方安静坐下即可。

（2）放松娱乐的礼仪。进入自己所属的船舱后，可在不妨碍他人的情况下自行安排自己的一切活动，可以选择看书或看视频等方式进行自娱，使自己的船上生活过得更加充实有趣，也可以与同行人员聊天或做一些有趣的事情，但无论是自娱或是与他人一同娱乐，切记不要影响其他乘客，不可影响别人的休息或给别人带来不便。另外，长时间的乘船往往会使人产生疲乏与不适，在这种情况下，可走出船舱适当进行一些活动以放松身心，如到船舱外远眺、在甲板上作日光浴等，但在做日光浴时请一定注意着装，不可穿着暴露，以免引起他人不适。

（3）保持卫生的礼仪。在乘船过程中无论人多人少，都要自觉地维护环境卫生，保持环境整洁。在船只航行期间除了要做到日常要求的不得将吃剩的食物、废弃的物品、果皮纸屑等扔到甲板上或是水中以外，如果因晕船而呕吐，也千万不可直接吐在地上或就着船边吐到水中，应当去洗手间进行处理或是吐在呕吐袋里，万一不小心吐到地上应立即将其打扫；若航行时间较长则要注意个人卫生，及时地刷牙、洗澡，消除体味、汗臭，若患有汗脚，在休息时尽量不要脱鞋袜，以防影响他人。

六、乘机

（一）基本原则

（1）严守规定。乘坐飞机出行时，社工从走进机场的那一刻开始就必须无条件地遵守机场的所有规定，并自觉配合有关人员做好工作。如果一时疏忽，没有按照有关规定办理，要自觉听从有关人员的安排，不可争吵辩解，甚至无理取闹。

（2）增强安全意识。航空安全不得儿戏，社工乘坐飞机出行必须时刻牢记安全第一。上机前要积极配合安检，不携带易燃易爆或有毒、有腐蚀性、有放射性及其他可能危及人身财产安全的各种危险品、违禁品；上机后尽快熟悉机上安全装备，了解和熟悉安全通道以及救生衣、氧气面罩等所在位置及使用方法，不得随意乱动飞机上的设备。

（3）注重机舱礼仪。上下飞机时，乘务人员一般都站在机舱门口迎送，并热情问候，对此应以礼相报，点头致意，不可面无表情。在机舱内应时刻注意严于律己、勿扰他人，有服务需求时尽量一次说完，不给乘务人员增加太多负担。

（二）具体礼仪

（1）进入机场后持本人身份证、有效票证到人工柜台或自助值机处办理登机手续；小件行李可随身携带，大件行李则需要办理托运，且托运行李重量有上限，如果超重则要收费。必须接受机场的安全检查，被查出违禁品的可以返回办理托运，或留置在机场并于两个月内取走，切不可纠缠辱骂安检人员。

（2）候机时应该安静地排队等待验票登机，登机时主动出示登机牌，并对乘务员的问候予以礼貌回应。进入客舱通道后，应对号入座并快速地将行李放置到行李架上，以免妨碍其他乘客的正常通行。坐下后，当机上开始播放"安全须知"时应当认真观看，此内容在紧急撤离时极为重要。飞机关舱门后，请遵从安全规定，自觉关闭电子设备，配合乘务员的安全检查。

（3）飞机起飞时应当遵守机舱的规定安静地坐在座位上并系好安全带、收起小桌板、调直座椅靠背；飞机平稳飞行期间，机舱娱乐系统正常开启，对于娱乐设备应当爱惜，不要敲打破坏，最好戴上耳机以免影响其他乘客休息；在机舱休息期间请不要高声讲话或大声喧哗，要注意保护机舱内的环境卫生，不乱扔废物，晕机呕吐时应使用专用垃圾袋；自觉礼貌待人、不要左顾右盼，如遇其他乘客主动打招呼应友好应对，不可拒人千里之外。

（4）在飞机上进食时，要注意卫生，防止传染疾病；由于机上餐食种类相对固定，如果你需要素食餐、低热量餐、果盘、糖尿病特殊餐、犹太教餐、欢乐儿童餐、纯水果餐、无面筋麦麸餐或者无盐餐等特殊餐则应该在订飞机票的时候提前预订的，切不可因为机上没有准备这些餐食而无理取闹；如果需要加餐，可待乘务员给所有乘客都发放完餐食后，提出申请加餐要求，如果没有多的餐食也应该礼貌道谢；食用完毕后，乘务员会来回收餐盒，归还时最好按乘务员发放的餐盒原样归还，以便于乘务员运输。

（5）如需使用机上洗手间，可根据洗手间上方提示灯判断是否有人正在使用；进入洗手间后，请先确定洗手间内是否有厕纸，确认自己是否会使用冲水开关，如果找不到开关或者不知如何使用，请询问空乘；随后关闭洗手间门，找到纸质的一次性马桶座圈垫，取出一张展开并按照折痕撕下中间一块，再将其铺在马桶圈上使用，使用完毕后及时冲水，并将垃圾投入专用垃圾箱内；使用完洗手液等卫生用品后，记得放回原位；另外，很重要的一点就是千万不可在厕所内吸烟，这样会引起烟感系统报警，影响航行安全。

（6）飞机降落后会有较长的滑行距离，在此期间应当安静坐好，不可使用通信工具，也不要急于解开安全带提拿行李或站在过道中，应当耐心等待飞机停稳后，方可起身提拿自身行李和物品；临走时建议将座位周边整理干净，带走垃圾，减轻保洁人员负担，也为后继航班留下良好环境；下飞机时礼貌地和空乘人员道别。

（7）下机后去提取托运的行李时应耐心等待、仔细辨认，切不可误拿他人行李；若在提取行李处未找到自己的行李则应立即跟机场服务台联系请求帮助，以快速找回自己的行李。

（三）相关强制性规定

由于飞机的特殊性，社工在乘机出行时不仅需要注意以上出行礼仪，还需要对相关强制性规定有所了解，以免扰乱航空秩序、触犯法律规定。以下列举《中华人民共和国民用航空安全保卫条例》部分相关规定：

第十六条　机场内禁止下列行为：

（一）攀（钻）越、损毁机场防护围栏及其他安全防护设施；

（二）在机场控制区内狩猎、放牧、晾晒谷物、教练驾驶车辆；

（三）无机场控制区通行证进入机场控制区；

（四）随意穿越航空器跑道、滑行道；

（五）强行登、占航空器；

（六）谎报险情，制造混乱；

（七）扰乱机场秩序的其他行为。

第二十四条　禁止下列扰乱民用航空营运秩序的行为：

（一）倒卖购票证件、客票和航空运输企业的有效订座凭证；

（二）冒用他人身份证件购票、登机；

（三）利用客票交运或者捎带非旅客本人的行李物品；

（四）将未经安全检查或者采取其他安全措施的物品装入航空器。

第二十五条　航空器内禁止下列行为：

（一）在禁烟区吸烟；

（二）抢占座位、行李舱（架）；

（三）打架、酗酒、寻衅滋事；

（四）盗窃、故意损坏或者擅自移动救生物品和设备；

（五）危及飞行安全和扰乱航空器内秩序的其他行为。

第三十二条　除国务院另有规定的外，乘坐民用航空器，禁止随身携带或者交运下列物品：

（一）枪支、弹药、军械、警械；

（二）管制刀具；

（三）易燃、易爆、有毒、腐蚀性、放射性物品；

（四）国家规定的其他禁运物品。

以上规定一旦触犯将会受到严厉的处罚，所以社工在乘飞机出行时一定要严守规定，不可以身试法。

【思考题】

1. 谈谈你对乘坐交通工具出行礼仪的认识。
2. 简述驾车出行的礼仪。
3. 简述乘坐飞机礼仪。

讲题四　外出住宿的礼仪

一、预约的礼仪

不论是社工出差或是有客户到当地考察，需要住宿时最好提前预订酒店，这样既方便自己又利于酒店的管理，尤其是在旅游旺季订酒店，这一项工作就更是必不可少。随着科技的进步，预订酒店的方式也更加多样化、便捷化，电话、上网、信函、电传等方式都是可以的。

1. 电话预订

确定想要入住的饭店并拨打前台电话进行联系，告知对方入住需求，如入住时间、退房时间、入住的人数、入住房型等，确认有房间后与对方确认房费及支付方式，最后将申请住房人的姓名和到达饭店的大概时间告知对方，请其为自己保留房屋。在没有支付费用的情况下，酒店一般会将房间保留到入住当天 20 点整，如果超过这个时间不能到达则应尽快打电话联系酒店说明情况并请其为自己继续保留房间，否则预订就会被取消，当然如果需要取消房间，则应该及时打电话取消，这样酒店就可以将房间租给他人，不会造成不必要的损失。另外，如果入住人员对房间有什么特殊的要求，比如不靠近街边等，也可以在预约时提出，这样能保障入住人可以休息得更加舒适和方便。

2. 网络预订

网络预订可以通过酒店官方网站或相关软件进行预订。在网上进行预订时需准确输入入住需求相关信息，同时可以选择线上付款和到店付款两种方式，如果行程安排比较确定，可以直接在网上付款，这样房间就会一直保留下来。

二、登记入住的礼仪

1. 办理入住手续的礼仪

到酒店进入大堂后，首先应该到前台办理入住登记，如果有门童帮助搬运行李，可以将行李交给对方并礼貌地致谢。在办理住宿登记手续时，应礼貌地配合工作人员，耐心回答服务台工作人员的询问，按酒店的规章制度办理登记手续，出示身份证或其他证件，若对房间有特殊要求亦可在此时提出，请前台工作人员为自己协调房间。

2. 前往客房的礼仪

在办完登记并支付押金后就可以拿到房卡前往房间入住了。在此过程中要注意了解酒店内部布局，知晓自己入住房间附近的紧急出口和安全出口，若乘电梯前往，则乘梯时主动为后来的客人扶住门，中途下电梯前，自己按下关门的按钮，尽量减少给别人带来麻烦。

三、入住客房的礼仪

社工外出入住客房后需要意识到酒店只是自己的暂居之所，虽然自己付过房款，但并不是酒店客房的主人，须得时刻注意入住礼仪。

1. 讲究卫生

住进客房后应讲究卫生，不要到处乱扔果皮、纸屑，废弃物应当扔进纸篓；不要在床上吸烟或吃东西，以免弄脏床单被罩；在洗手间时不要把水开得太大以至于溅得到处都是；淋浴时将浴帘的下部放到浴缸里面，不要把地弄湿了，用完之后，把自己落在盆里的头发拾起来；自己随身携带的生活用品应尽量摆放得整齐有序。

2. 厉行节约

入住酒店时大多酒店会为旅客提供免费的日用品，此时应当本着节约的原则适量取之，不可因为是免费提供的就胡乱浪费。电视电脑等电器若不使用的话应当将其关闭，不要一直打开影响自己和他人的休息；使用空调时调至舒适温度即可。离开房间时务必关水断电，贯彻节约的好习惯。

3. 重视安全

从本质上来讲酒店也属于公共场所，虽然设置了安保系统，但身在其中时也要进行安全防范。进入房间后首先应该检查该房间内的消防设施是否齐备，住宿期间若遇到有人敲门，除非来者说明身份否则不要轻易开门；不在酒店内使用电炉、电熨斗、电饭煲等大功率电器，以免电线短路引起火灾；不要把现金或贵重的物品放在房间里，要尽量随身携带，若不便携带可交到服务台办理保管手续；离开房门时注意关好房门，关水断电。

4. 体谅他人

酒店是公众休息的场所，暂居其中时应尽量保持安静，以免影响他人休息；如果是和同事或朋友同住一室，应当互相关照，熄灯后尽量少发出声响，如果男同志脱鞋后有异味应当立即清洗，并将鞋袜放置通风处以免污染空气；如果在同一间酒店连续住多天，则可以告知清洁人员不必每天更换床上用品，这也是体谅他人的一种体现。

四、就餐的礼仪

（一）就餐前的礼仪

不同酒店会设置不同的餐厅，有部分餐厅属于自助餐厅，也有部分餐厅需要点菜，从支付方式来讲，一些餐厅可以直接刷房卡，在离店时一并结算，有些则需要现场付款，因此就餐前可以先了解清楚就餐规则，以免引发误会。

（二）餐桌礼仪

1. 姿态端正

入座后脚踏在本人座位下，不可任意伸出，手肘不倚靠桌缘或放在邻座椅背上，送食物入口时，两肘应向内靠，不直向两旁张开以免碰及邻座；取菜舀汤应使用公筷公匙，掏牙时应用牙签，并以手或手帕遮掩；口内有食物时不要讲话，在餐桌上不能只顾自己，也要关心别人，避免在餐桌上咳嗽、打喷嚏、打嗝，万一不禁，应说声"对不起"。

2. 吃相文雅

用餐时须温文尔雅，必须小口进食，不要大口地塞，食物未咽下前不可再塞入口；吃进口的东西，不能吐出来，如是滚烫的食物，可喝水或果汁冲凉；如吃到不洁或有异味的食物则不可吞入，应将入口食物轻巧地用拇指和食指取出，放入盘中并以纸巾覆住；倘发现盘中的菜肴有昆虫和碎石，不要大惊小怪，宜候侍者走近，轻声告知侍者更换。

3. 举止文明

喝酒宜各自随意，敬酒以礼到为止，切忌劝酒、猜拳、吆喝；如餐具坠地，可请侍者拾起；如不慎将酒、水、汤汁溅到他人衣服，须立即表示歉意；如欲取用摆在同桌其他客人面前的调味品，应请邻座客人帮忙传递，不可伸手横越，更不可直接起身长驱取物；就餐结束后，餐具务必摆放整齐，不可凌乱放置，餐巾亦应折好，放在桌上。

4. 特别注意事项

就餐过程中不宜抽烟，如需抽烟，需到专门的吸烟区吸烟；在餐厅进餐，不能因为抢着付账而相互推让、大声喧哗，这都是非常不雅的行为，如果是接受别人的邀请去就餐，在未征得朋友同意前亦不宜代友付账；进餐的速度宜与男女主人同步，不宜太快，亦不宜太慢；餐桌上不要谈论悲戚之事，否则会破坏欢愉的气氛。

五、离店的礼仪

结账离店是和酒店的最后一次接触了，社工在离店过程中应尽量给人留下一个完美的最后印象。在准备走之前，可以先给前台打个电话通告一声请其安排员工来房间打扫卫生，如果行李较多，也可以请他们安排一个人来帮忙提行李。到服务台后，将房卡退还，并主动告知自己使用了哪些付费商品，请对方一同结算，切勿因贪小便宜而妄图隐瞒，这是非常失礼的行为，被揭穿后也会十分尴尬。一切手续办妥后，便可礼貌地与工作人员道别离开。

【思考题】

1. 谈谈你对住宿礼仪的认识。

2. 讨论入住礼仪与离店礼仪的重要性。

3. 熟练掌握各种礼仪的具体运用。

【本章小结】

对社工出行礼仪的认识可以从以下两个方面进行：

1. 了解现代社会的礼仪规定，结合中国传统礼仪思想，联系社会工作实际状况，合理运用社工的出行礼仪。

2. 社工的出行礼仪包括行路礼仪、乘坐交通工具礼仪及住宿礼仪，这些都是与公共群体或公共场所密切相关的礼仪，熟练掌握以上礼仪能使社工给客户、案主留下好的印象，为社会对社工团体的评价起到积极的促进作用。对于具体场景的礼仪运用一定要建立在遵守公德、勿碍他人两大原则之上，真正将这两大原则融入社工的工作生活中去。

【 推荐阅读 】

1. 金正昆：《社交礼仪教程》，中国人民大学出版社 2013 年版。
2. 张建宏：《社交礼仪与沟通技巧》，国防工业出版社 2015 年版。

第九章　社会工作行政礼仪

【学习（培训）目标】

通过本章学习（培训），你应该：

1. 了解社会工作行政礼仪的含义、特点。
2. 掌握社会工作行政礼仪的各个方面。

【核心概念】

社会工作行政礼仪

【本章概览】

本章主要的学习（培训）任务是社会工作行政礼仪。教师通过运用案例分析、知识讲授、分组讨论、读书指导等多种教学方法，对社会工作行政礼仪进行介绍，让学生（学员）认知什么是社会工作行政礼仪、社会工作行政礼仪里面包括哪些部分。了解社会工作行政礼仪里面的每一个部分在具体的操作中应该怎样去做。具体内容包括：社会工作会议礼仪、公文礼仪、社会工作接待礼仪、社会工作宴请礼仪和社会工作者办公氛围的营造。

【导入案例】

2014 年 8 月 3 日 16 时 30 分，在云南省昭通市鲁甸县（北纬 27.1 度，东经 103.3 度）发生 6.5 级地震，震源深度 12 千米，余震 1335 次。截至 2014 年 8 月 8 日 15 时，地震共造成 617 人死亡，其中鲁甸县 526 人、巧家县 78 人、昭阳区 1 人、会泽县 12 人；112 人失踪，3143 人受伤，22.97 万人紧急转移安置。受灾范围 108.84 万人受灾，8.09 万间房屋倒塌，中央财政下拨救灾资金 22 亿元；解放军和武警部队近万兵力抗震救灾。为进一步加强鲁甸地震灾区社会工作服务介入工作，更好地引导社会工作服务机构、相关社会组织和社会工作专业人才，遵循有效联动、专业化运作的原则，推动云南灾害社会工作发展，由云南省民政厅、昭通市民政局、鲁甸县民政局和巧家县民政局共同斥资亿元[1]，设立"鲁甸 803 地震社会工作服务中

---

[1] 邹爱群. 灾后救助中过渡安置初期的社会工作行政介入过程研究[D]. 云南大学，2015.

心"，社会工作服务中心作为灾区社会工作服务的中间协调媒介，其功能发挥直接影响社工服务支援计划的成效。社工服务中心在履行其职能的过程中，通过社会工作行政手法，在政府、专业社会工作队伍及社会组织三者的互动之间发挥着作用。

（资料来源：参考消息网，2014 年 8 月 8 日）

讲题一　社会工作行政礼仪的内涵

一、社会工作行政礼仪的定义

社会工作作为一个专业刚开始引入中国的时候，国内的一些学者对于社会工作行政的含义理解比较广泛，往往将"社会工作行政""社会行政""社会福利行政"等几个概念替代使用。[1] 国内外的专家对社会工作行政的定义有着各式各样的解释。王思斌在其主编的教科书中交替使用社会行政、社会工作行政概念。2006 年 7 月，他领衔主编的《社会行政》教材出版，在该书中，王思斌明确指出："社会行政也叫社会工作行政和社会福利行政。"国内最早一本社会工作行政教材的编著者张曙在 2002 年出版的《社会工作行政》中，明确写道："社会工作行政简称社会行政。"[2] 曾群（2007）在其编著的《社会工作行政》中说："社会工作行政（也称'社会福利行政'或'社会行政'）是 20 世纪 40 年代以后发展起来的一种社会工作实务方法。"[3] 国内的部分学者对社会行政、社会工作行政和社会福利行政不加以明确的区分，认为三个词组可以通用。[4] 与上述几乎一边倒的学术主张不同，陈为雷（2010）对于将这三个概念混淆交替使用的现象提出不同意见，在其编著的《社会工作行政》一书中提出："社会工作行政、社会行政和社会福利行政的英文用法不同，这种不同体现在中文上就是三个不同的词组。"[5] 综上所述，我们可以给社会工作行政下定义：社会工作行政不是一种直接服务的专业方法，它是通过对社会工作机构进行科学有效的行政管理，是一种最大化满足服务对象社会需求的专业活动。

根据社会工作行政的定义我们可以看出社会工作行政的含义包括社会工作行政是一种间接的社会工作专业方法，而不是一个行政部门；社会工作行政的对象是社会工作机构，而不是直接作用于接受服务的案主。社会工作行政的终极目标是服务对象需求的最大化满足，而不是满足社工机构自身的利益；社会工作行政借鉴社会公共行政的工具和方法，内容包括组织、计划、领导、评估、人事、财务、督导等，但是在具体运用时，又有其社会工作专业独特的理论视角和价值伦理[6]。

礼仪是在人类发展中不断形成的，在我国几千年的文明中占有非常重要的地位。它不仅

1　史柏年. 社会工作行政涵义辨析[J]. 社会工作，2013(2)：2.

2　史柏年. 社会工作行政涵义辨析[J]. 社会工作，2013(2)：2.

3　曾群. 社会工作行政[M]. 上海人民出版社，2007：10-35.

4　史柏年. 社会工作行政涵义辨析[J]. 社会工作，2013(2).

5　陈为雷. 社会工作行政[M]. 中国社会出版社，2010：15-35.

6　史柏年. 社会工作行政涵义辨析[J]. 社会工作，2013(2).

有助于人们自我价值的实现，对社会和谐起着促进作用。从道德方面看，失礼、不讲礼、不守礼的行为会受到社会舆论的谴责，从治国角度来看，礼仪的作用远远大于道德层面。中国古代封建君主甚至直接将礼仪和法制相连接。礼仪具有稳定性、时代性和传承性，是人类社会发展的产物，在漫长的岁月里，逐渐形成了沿用至今的礼仪规范，这些礼仪规范成为我国传统文化的代表。礼仪作为政治制度的时代已经远去，作为一种行为规范和道德标准，其精华的部分经过时光的洗涤和磨砺得以一代代传承下来。到如今，礼仪仍然被用于调节人际关系。

目前，礼仪在我国的应用范围越来越广泛。我们主要从三个方面来讨论礼仪在社会工作行政中的作用：一是礼仪在社会工作行政中的定义；二是社会工作行政中礼仪的适用范围；三是礼仪在社会工作行政中需要解决的问题。[1]在社交中形成的、促进人际关系形成的行为规范通常称为"礼仪"。礼仪应用在社会工作行政中，通常称为社会工作行政礼仪，是指社会工作者在对社会工作机构实行科学有效管理时需要遵循的、得到社会认可的行为规范。

二、社会工作行政礼仪的特点

1. 社会共通性

社会工作行政礼仪源于一般社会礼仪。人们需要遵循的基本礼仪规范一般也会通过社工行政礼仪的方式呈现出来。好比在怎么做人这一问题上，各行各业的要求都是与基本的礼仪规范相符合的，而基本的文明礼仪运用到具体的职业中亦是可行的。特别是社工行政管理人员，由于岗位的特殊性，更应该践行礼仪规范。

2. 专业特殊性

社会工作行政也是社会工作的工作方式之一，所以社会工作礼仪比基本礼仪更规范。由于社会工作行政在工作中面对的对象上至政府机关、各个职能部门，下至各个机构的负责人、各个机构部门的主管，对外代表了机构的形象和文化，对内是社工机构上下所模仿的榜样，所以社会工作行政礼仪的内容体现出了社会工作行政礼仪的特殊性。

3. "礼""仪"结合

礼仪不仅仅是一种外表，也是一种表现个人涵养的素质和行为。社会工作行政礼仪是一种人的一种内在意识。"礼貌"是通过"仪态"体现出来的，即"仪"是"礼"的外在表现形式。在社会工作行政中，行政人员举止优雅、落落大方等这些外在的表现可以给人一种严谨和专业之感，在代表机构的时候显得更加有说服力。

案例导入中的"鲁甸803地震社会工作服务中心"设在鲁甸县，设立信息宣传组、协调服务组和督导培训组，主要职能有：组织与协调职能、资源链接与整合职能、督导与培训职能、宣传与交流职能、理论研究及成果转化职能[2]。在整个服务过程中，鲁甸803地震社会工

---

1 蒋珏璟. 礼仪在我国行政管理中的应用[J]. 经营管理者，2015(26)：306.
2 邹爱群. 灾后救助中过渡安置初期的社会工作行政介入过程研究[D]. 云南大学，2015.

作服务中心具体完成了组织与协调 15 次，包括与当地政府协调全国各地社工支援队伍进驻灾区安置点开展服务、协调活动场地及保安、协调服务组织与居民关系等，保证了五支民政部派出的社工支援队都能够顺利地在安置区展开工作，协助完成捐款两次、一对一督导 5 次、组织培训 3 次、交流会 2 次，微信、微博电视及报纸采访若干次等。社会工作行政礼仪伴随鲁甸 803 地震社会工作服务中心开展工作的始终，比如开展一次大型活动，需要申请场地、接待来宾、宴请来宾等，中间无一处不体现着社会工作行政礼仪的特点。当机构需要承办一次会议、接待几名考察的官员时，社会工作行政礼仪的重要性就体现了出来。

【思考题】

1. 社会工作行政礼仪是什么？与我们在生活中说的礼仪有什么区别？
2. 在哪些情况下我们会使用到社会工作行政礼仪？

讲题二　社会工作公文礼仪

公文写作中也需要用到礼仪吗？是的。公文写作中不仅需要用到礼仪，有时候还会非常讲究。公文写作作为一种特殊的人与人之间沟通的方式，正式的礼仪有利于突出文章的效果，更有助于达到人们的写作目的。现实生活中有些人在书写公文时不注重礼仪，结果造成自己和收公文的双方关系僵化，适得其反。公文虽然"姓公"，但是写、用、读的对象都是人。公文写作中的礼仪是人们平时待人接物、为人处世的表达，社会工作行政中的公文不仅是代表一个人，更是代表了一个机构的形象。在工作中，社工时常会与公文打交道。有时候我们举办会议需要给平级机构写申请场地的函；有时候我们需要给有关机关单位写一些上行的请示、报告等；更多时候我们需要能够准确快速地解读一些上级文件，并向其他人解释。

一、公文礼仪的概念及分类

公文，有广义和狭义之分。"狭义的公文，指具有法律效力和规范风格的公文。"[1]"广义的公文，指的是党政机关、社会团体、军队、企事业单位及一部分个人在公务活动中所形成的，有特定体式、内容完备、具有现行效用的文书材料。""公文语言是用之于公务活动的具有明确交际目的、交际内容、交际对象和固定的书面语言系统。"[2]公文语言不同于其他语体的语言，它的发文者往往是机关、团体、单位，主要表现发文机关的意图，而不是写作者个人的意志。公文礼仪，即代表国家行政机关和企事业单位在写作和处理公务文书时，所必须遵循的有关标准规范和惯例。不同种类的公文，在实际工作中，具有不同的范围和对象，起到不同的作用。其中包括上行文礼仪、平行文礼仪和下行文礼仪。

上行文是指党政机关或社会团体中的下级组织向上级机关汇报工作，反映情况，提出意见或者建议，答复上级机关询问的公文[3]。上行文一般应按照隶属关系进行请示和报告。如无特殊情况，不得越级行文，以免正常的领导关系被打乱。如因紧急情况必须越级请示时，应当同时抄送越过的上级机关。

平行文是向同级机关或不相隶属的机关、单位递送的文件，又叫函。公函具有较完整的公文格式，用于商洽、询问和答复工作中重要的问题。函又分为问函和复函两种。问函的主要目的是商洽工作、询问事项、提出请求等主动给其他机关发出的函。这种函内容一般比较

1　袁辉，郭其智. 公文语言学纲要[M]. 陕西人民教育出版社，1998：4.

2　袁辉，郭其智. 公文语言学纲要[M]. 陕西人民教育出版社，1998：7.

3　魏万霞. 公文的礼仪及结构格式[J]. 农业科技与信息，2008(4).

集中，一事一函，要将来函的原因、咨询的问题、请求的事项写清楚，方便对方应答。复函又称为被动回复函，写作时要注意针对来函作明确答复，不论是哪一种函，都要求语言得体有分寸，不得随意使用命令、指示性语言。

下行文是指党政机关或社会团体组织中的上级领导机关向其下属组织所发的文件，包括命令、令、决定、公告、通告、通知、通报、批复、意见等。[1] 撰写下行文时要注意尊重下级。下行文在写作时要为受文单位着想，让阅读者阅读方便、执行者能理解，如标题要明确标准；发文字号和成文时间要准确；叙述事实要把时间、地点、人物、数据、事例和背景交代清楚；如果是通报就要求实事求是，精确无误，防止给下级机关造成麻烦，对于下级机关的来文请示，应按政策规章和实际情况及时准确地做出批复，在写作下行文的时候最好使用条文结构，逐条标示明确，以方便下级机关在执行时逐条贯彻落实。

社会工作行政工作中，很重要的一部分就是将社会政策转变为实际的社会工作，并将在落实政策的过程中出现的问题及时反馈给政策的出台者。公文写作在社会工作行政里面的运用无处不在，在实际的社工工作中，不仅要求社工要读懂公文，更要求能够熟练运用各种句式写出各种符合要求的公文。在社会工作行政工作中，公文写作非常重要。目前机构的社会工作者多重视个案、小组和社区工作，对于社会工作行政涉及不多。对于那些刚刚开始社会工作行政工作的社工来说，生花妙笔，写出规范公文并非易事。工作经验和社会阅历的不足，是社工在公文写作中的不足之处，而思维活跃、善于运用新媒体是其公文写作的长处。如何写出一篇优秀的公文呢？首先要注重培养敏锐的政治洞察力，现在的社工都比较年轻，对微信公众号、QQ群、微博等媒体的使用得心应手，这就为其了解政情民意、搜集公文写作材料提供了极大的便利。其次，要重视文风问题，文风就是作者写作风格、思维风格和语言风格的综合反映。最后，要遵守写作规范，在社会工作行政中，公文体现的是机构的意志，公文的作者需按一定规范写作。

二、公文的句式与格式

（一）公文的句式

公文是由句子构成的，文中的每一个句子都有其各自的句式特征。这些句法特征在公文写作中具有不同的功能，结合不同的公文风格或语调、语气等，起着重要的作用[2]。作为一种正式的沟通方式，公文在书写的时候对句式的要求比较高。

1. 语法规范，合乎逻辑

和其他文章一样，一篇合格有效的公文首先都是要遵循语法规范，在语法上没有错误。在句式的规范上，写作时使用的句子必须要符合现代汉语的语法规则，句子结构成分完整，

---

1 魏万霞. 公文的礼仪及结构格式[J]. 农业科技与信息，2008(4).

2 周尤睿. 论公文写作中句式的选择与运用[D]. 四川师范大学，2014.

不会引起歧义，这也是公文写作中"文从字顺"的必然要求[1]。

2. 用语简明精准，意思表达清楚

公文写作要求准确地表达写作意图。一个主题的表达，在句式的选择上不仅可以表达完整的意思，还要求用句简洁精炼，避免句子出现混乱的含义。如果不这样做，就容易出现形式主义和官僚主义，如果一篇公文都是假话、空话、套话，会影响公文正常作用的发挥。

3. 严肃得体，适合语境

得体就是指把语言说得恰到好处，恰如其分。[2] 在写作公文时，使用句子也讲究得体，就是运用句子组成一篇文章时，达到一种全篇的平衡感。在不同的语境中对公文句式的得体有着不同的需要，选择用得体的句子，可以更好地传递信息、表达主旨。语境一般既指文中上下文的联系，也指公文这种特殊的文体特有的大概的语境。在写作中，上下文，前后的句子在句式、写作语气等方面都需要保持一致，前后要连贯通顺。比如在上行文和下行文中就可以使用不同的句式，以到达不同的目的和表达不同的主旨。

（二）公文的格式

1. 文头格式

标准的公文文头应该包括发文机关、份号、秘密等级、保密期限、紧急程度、发文字号、横线间隔和签发人。

发文机关又称文头或版头，是发文机关的重要标志，由发文机关的全称或规范化简称加"文件"组成。每个行政机关或社会团体、企事业单位正式发文通常都有各自专用的版头，其作用在于表明公文的作者归属，显示正式公文的权威性、庄重性、严肃性，同时表明公文的性质或行文方向。如果几个机构联合发文，需将最主要的机构放在最前面。

份号是指对同一件定稿印刷的若干份公文依次编写的顺序代码。其作用在于为分发、清退、查找公文提供依据，便于对公文进行统计管理。

秘密等级指公文保密等级的标识符号。分别用汉字标明"绝密""机密""秘密"三种，其作用在于表明该公文内容涉及国家秘密的程度与传递处理要求，确定机密件与普通件应分开收文与处理，确保秘密公文的安全。

紧急程度指对公文送达和办理时间要求的标识符号。紧急公文应当按紧急程度分别标明"特急""急件"。

保密期限是指机密级文件，应根据公文的内容和传阅范围，公文的保密年限，历史的发展而确定。保密期限用"☆"隔离，如保密"☆"一年。发文字号包括机关代字、年份、序号三个部分组成，这三个部分又称为三要素。

---

1 周尤睿. 论公文写作中句式的选择与运用[D]. 四川师范大学，2014.

2 周尤睿. 论公文写作中句式的选择与运用[D]. 四川师范大学，2014.

间隔横线是文头部分和正文的分界线，也是公文整体标志。行政公文的间隔横线是一条红色直线，党内文件，在红色横线中心套红五角星。

签发人是代表机关最后复查并批准公文发出的领导人姓名，其作用在于表明机关发文的具体责任者，督导各级领导认真履行职责，提高公文质量，并为直接联系工作，迅速查询有关问题提供方便。

2. 行文格式

行文格式包括标题、主送机关、正文、附件说明、成文日期、印章、附注和附件。

公文标题，应准确简要地概括公文的主要内容，一般由三个部分组成，即发文机关、事由和文件种类。标题中除法规规章名称加书名号外，一般不用标点符号，公文标题位于间隔横线下方居中位置。

主送机关指公文的主要受理机关，应当使用全称或规范化的简称，通常一份公文只能发送一个机关，且一般不要报送领导者个人，主送机关于标题靠左顶格书写。

正文是公文的中心部分，也是公文结构的核心部分，其作用在于阐述公文的内容，表达发文意图，使受文者对公文所表达的信息获得具体明确的认识。

附件说明指在公文正文后作出的附件标记，用以注明附件的序号、标题等。其作用为便于查阅和保护附件。附件说明，一般标注于正文左下方。

成文日期指形成公文的确切时间，也就是以负责人签发的日期为准；联合行文，以最后签发机关负责人的签发日期为准；经会议讨论通过的公文以会议通过日期为准。成文时间要求用汉字写全具体年月日。

印章是一个机关权力的象征。在行政公文中，凡以机关名义制发的公文除会议纪要外均需加盖印章。印章是公文生效的凭据，无加盖印章的行政公文是无效公文。联合上报非法规性文件，由主办机关加盖印章；联合下发的公文，联合发文机关都应当加盖印章。印章还是鉴定公文真伪的重要标志。印章加盖要端正，居日期之中。

附注一般是对公文的发放范围、使用时需注意的事项加以说明。

附件指附属于公文正件的其他公文或材料，分为两类，一类为与正件具有同等效力的附件，其作用在于进一步补充和完善公文正件的内容；另一类为公文正件中声明仅供参考而不具备现实执行效用的附件，其作用在于为受文者正确解释和执行公文正件提供参考数据。

3. 文尾格式

文尾格式包括主题词、抄送机关、印发机关、印发日期。

主题词是用于揭示公文内容，便于公文检索查询的规范化词。公文主题词通常由公文制发机关的最高行政主管机关负责制定和发布。

抄送机关是指主送机关外需要执行或知晓公文的其他机关，应当使用全称或规范化的简称。

印发机关是指公文的印制主管部门，一般应是各机关的办公厅（室）或文秘部门。有的发文机关没有专门的办公厅（室）或文秘部门，也可标识发文机关。

印发日期是为了准确反映公文的生成时效，一般来说，公文在领导签发之后，也就是生效时间之后，往往要经过打印、校对、复核等环节，说明界定生效时间与印发时间的区别。通过了解生效时间与印发时间的时间差，既可以使发文机关掌握制发公文的效率，也可以使收文机关掌握公文的传递时间，均有利于公文的办理。

三、公文语言运用的原则

（一）合作原则

1967年，美国语言学家格赖斯在哈佛大学做的三次讲座中的第二讲《逻辑与会话》中提出了"合作原则"。他认为，为了达到目的，在语言交际中，有一种双方都要遵守的原则叫作"合作原则"。我们想要相互了解并且在语言交流中相互配合，使交际可以顺利进行，就需要遵守合作原则。想要在交际中正确地使用公文，使得合作能够成功，希望交际对象很好地配合和合作，就需要遵守交际的合作原则。

1. 把握公文的"量"[1]

公文交际语言要注意量的准则，公文语言要围绕主旨而写作，避免与主旨无关的内容。

2. 把握公文的"质"

公文交际语言要遵守质的准则，在公文的交际语言中，需要真实准确。公文的交际语言不同于日常交际语言、诗歌、小说等，公文的交际语言要求更为严谨，必须真实有效。

3. 把握公文写作的"方式"

在写作中要求清楚明白地说出所表达的主旨，避免歧义，简炼并且井井有条。[2] 在日常使用中，我们为了有特色地表达，会运用一些繁复的语言，但是在公文写作中，要求使用简单准确的语言。公文语言要清楚明白，不仅有利于受文者理解，而且有利于更好地开展工作。

（二）得体原则

《现代汉语词典》中解释得体为："（言语、行动）得当；恰当；恰如其分。"想要语言得体，首先，要区分语言的对象；其次，要求灵活应变；再次，要注意场合，切合语境；最后，要明确目的，有的放矢。要想交际顺利进行，交际语言就要做到得体。[3] 公文礼仪要求写公文的人首先要考虑在写作过程中站在什么角度、采用什么态度、用什么语气来写一篇公文。其次，要考虑接受公文的人群，公文语言作为交流的工具，为取得最佳效果，需要先了解受文单位和受文群体的具体状况，要考虑收文方的角色定位，从而使公文做到准确无误，更好地表达写公文的人的主旨。比如，在写公文的时候，面对的是广大人民群众还是技术人才或政

---

1 索振羽. 语用学教程[M]. 北京：北京大学出版社，2000：55.

2 索振羽. 语用学教程[M]. 北京：北京大学出版社，2000：56.

3 周尤睿. 论公文写作中句式的选择与运用[D]. 四川师范大学，2014.

府机构人员，他们的知识水平不同、思想观念不同，在运用公文语言时就必须考虑到他们是否能够读懂、理解。如果对非专业技术人才使用很多专业术语，那么就会妨碍交际的顺利进行。最后，要考虑公文的行文方向，根据机构之间的关系来确定是上行文、平行文还是下行文，语气要得当，用语要妥帖。

1. 把握角色

人与人的关系是复杂多样的，同一个人在不同的交际环境中所处的位置也是不一样的。角色不同，内容、方式也就不同。比如一个女人，在孩子的面前是母亲，在丈夫面前是妻子，在父母面前是女儿，如果是在学校工作，在学生前面就是老师。公文写作者和接收者都必须清楚自己所扮演的角色。在进行运用公文交际的过程中，公文语言和礼仪需要符合自己在这次交际中所代表的角色。

例如：《国务院关于同意财政部发行主权外债的批复》（国函〔2001〕42号）："财政部：你部……，现批复如下……国务院批准你部……授权你部……"[1]《国务院关于表彰全国劳动模范和先进工作者的决定》（国发〔2000〕7号）："各省、自治区、直辖市人民政府，国务院各部委、各直属机构：……国务院决定……国务院号召……"[2]从这两个例子可以看出，写公文的人角色不同，在发文时所使用的语言是不一样的。

2. 语言得体

在日常交流中，我们认同有礼貌的语言是得体的语言。人人都喜欢和有礼貌的人进行交流。比如两个人在交际时，双方原本是平等的同事关系，但是随着一方出现不礼貌的语言，或者另一方使用命令的语言叫对方做事，就会导致不愉快的交际，使双方很难达到交流的目的。在公文写作中也是这样。

3. 表达灵活

在日常的交流中，我们希望语言表达要灵活，这样才能使交际顺利进行。公文语言虽然要求严肃、庄重、朴实、简明，但是有时为了更好地表达写作者的观点，实现公文写作的目的，也要做到灵活地运用公文语言。

（三）审美原则

"我们的天性中必定有一种审美和爱美的最根本最普遍的倾向。"创造美、接受美是每个人的心理需要。[3]不管是日常口头用语，还是书信往来，人们都期望能使用优美的语言来表达，以达到吸引对方的目的，公文写作也是这样。一篇公文一般由秘密等级和保密期限、紧急程度、发文机关标识、发文字号、签发人、标题、主送机关、正文、附件说明、成文日期、印章、附注、附件、主题词、抄送机关、印发机关和印发日期等部分组成。严谨的格式能够让

---

1 中华人民共和国国务院公报，2001年第18号.

2 中华人民共和国国务院公报，2000年第19号.

3 乔治. 桑塔耶纳. 美感[M]. 中国社会科学出版社，1982：1.

读者一目了然，有助于实现交际任务。公文的语言也要符合大众的审美，才能让对方有兴趣读下去。公文礼仪要求公文简洁朴素实在，但并不是不要求语言的优美。我们要求公文语言要在简洁、朴实的前提下，充分发挥优美的特点，吸引读者，以实现更流畅的交际的目的。公文语言与其他语言相比有着自己特别的美，它没有华丽的辞藻、没有浮夸的修饰，但却有着另一种美。有时候我们在公文写作中运用感叹句表达"气势美"，可以达到鼓动煽动的效果；有时候也可以用"大体上""一部分""一定程度上""或多或少""大大地""较好的""若干""不很多"等模糊的词语来体现公文语言的"模糊美"。我们经常在公文中见到这样模糊的表达，也是达到公文写作目的的一种手段。

公文案例：

关于加强社会工作专业岗位开发与人才激励保障的意见

各省、自治区、直辖市民政厅（局）、综治办、教育厅（教委）、公安厅（局）、司法厅（局）、财政厅（局）、人力资源社会保障厅（局）、卫生计生委，总工会、团委、妇联、残联；新疆生产建设兵团民政局、综治办、教育局、公安局、司法局、财务局、人力资源社会保障局、卫生局、人口计生委，工会、团委、妇联、残联：

为加快推进社会工作专业人才队伍建设，不断提高社会工作专业化职业化水平，根据《国家中长期人才发展规划纲要（2010—2020 年）》（中发〔2010〕6 号）、《关于深化司法体制和社会体制改革的意见》（中办发〔2014〕24 号）和《关于加强社会工作专业人才队伍建设的意见》（中组发〔2011〕25 号）要求，现就加强社会工作专业岗位开发与人才激励保障提出如下意见：

一、加强社会工作专业岗位开发与人才激励保障的重要意义和总体要求

加强社会工作专业人才队伍建设，促进专业社会工作发展，是创新社会治理、激发社会活力的内在要求，是完善现代社会服务体系、满足人民群众个性化多样化服务需求的制度安排，是推进国家治理体系和治理能力现代化的重要内容。党的十六届六中全会提出建设宏大的社会工作人才队伍以来，我国专业社会工作得到快速发展，在服务人民群众、化解社会矛盾、融洽社会关系、促进社会和谐、巩固党的执政基础等方面发挥了重要作用。但总体看，我国专业社会工作仍处在起步阶段，基础还比较薄弱，专业化职业化水平还不高，尤其是专业岗位不规范、数量较少，社会工作专业人才薪酬待遇水平较低，成为制约社会工作专业人才队伍壮大和专业社会工作发展的重要瓶颈。

......

（三）强化督查落实。民政部会同中央综治办、教育部、公安部、司法部、财政部、人力资源社会保障部、国家卫生计生委等部门以及全国总工会、共青团中央、全国妇联、中国残联等群团组织将联合组成督查组，对各地落实社会工作专业岗位开发与人才激励保障政策情况进行督促检查，研究解决政策实施中的突出问题。各地相关部门要对本地区贯彻落实社会

工作专业岗位开发与人才激励保障政策的情况进行督查，确保各项政策要求落实到位，确保社会工作专业人才有广阔的职业发展空间，其薪酬待遇水平与职业地位得到明显提高。

民政部　中央综治办　教育部

公安部　司法部　财政部

人力资源社会保障部　国家卫生计生委　全国总工会

共青团中央　全国妇联　中国残联

2016 年 10 月 14 日

【思考题】

假设你是×××机构的一名社工，负责机构的行政工作。

1. 拟一则关于学习《关于加强社会工作专业岗位开发与人才激励保障的意见》的通知，参会人员为机构督导及全体社工。

2. 分组学习《关于加强社会工作专业岗位开发与人才激励保障的意见》的四个部分，写出梗概并做一个 PPT 说明其内容。（面对的对象为社区居民）

3. 你所工作的机构承办了一次大型的关于社区工作实践的研讨会，写一封邀请函邀请×大学 H 教授前往参加。

讲题三　社会工作拜访礼仪

在社会工作行政的工作中，社工经常需要外出拜访，拜访的对象也是各式各样，有政府官员、机构社工、督导、社区的工作人员或社区的居民等。怎样拜访才会更好地达到自己的目的呢？需要注意些什么礼仪才能使被拜访者身心愉悦呢？

首先是准备工作。你必须明确拜访的目的，向受访者说明。其次，有必要的话需要根据拜访的目的准备好相关资料。最后，着装方面要符合礼节，突显自己的特点，展示自己良好的精神面貌；交谈的主要内容也要事先做好准备。

接下来我们从以下几个方面具体讲社会工作行政中拜访的礼仪。

一、进门礼仪

拜访他人时，进门之前要先敲门或按门铃。敲门的声音不能过于大，轻敲两三下即可；按门铃的时间不宜过长，响两三声就可以了。等有人应声允许进入或主人出来迎接时方可进入。与主人见面，应该要主动向主人问好。如果双方是第一次见面，应该主动做一个简短的自我介绍。对与主人同在一个房间的其他人，应主动问候，不能视而不见。如有礼物，应当寻找合适的时候送给主人，不应该在临走时再说。进门之后，将自己的随身物品放在主人指定地方，不宜随意乱放。如果需要换鞋，应该将自己的鞋放好。入座时，应该坐在主人指定的地方，不要随意乱坐。如果拜访对象是长者或者身份比较高的人，应等主人坐下或者示意来访者坐下后再入座，不要抢在主人前坐下。如果主人开门后未邀请进入室内，就不要强行进入室内。在进入室内之后，主人如果没邀请你入座，则表示主人并没有打算留客，自己来的不是时候。遇到这种情况，应该简短说明来意后表示离开，切记不要随意向室内张望窥视。

二、称呼礼仪

称呼是说话时用来表示彼此关系的名称，它是最普通、最广泛、最基本的交往答拜礼仪之一。使用得体、合适的称呼是一次良好社交活动的开始，是开始社会工作行政工作拜访的第一步。那么，我们在社会工作行政中应该从哪些方面来把握"称呼"的礼仪呢？

（一）把握称呼的运用场合的区分

（1）私人场所，通常是朋友、亲戚和熟人，称呼应该遵循亲切、自然、精准和适当的原则。

（2）公务场合，往往是严肃和正式的，所以公务场合或正式场合的称呼应具有严肃和庄重的感觉。主要有职务称呼如院长、书记等；职称或者学历称呼如博士、教授等，这两种都表达了对被称呼者的尊敬。还有职业称呼比如老师、护士等。除了以上三种之外，对于不熟悉工作的对象或者服务行业从业人员，可以泛称为"先生""女士"等，对于熟悉的同事之间，也可以直接称呼姓名[1]。

（3）社交场合。在社交场合，我们怎么称呼可以依情景而定，比如"先生""女士"这类的泛称，通常只区分性别，不显示地位、职业等，一般可用于任何社交场合。虽然在一般社交场合，我们不以职位、职务等称呼他人，但有时候对有些身份、地位较高的人可以例外。例如，王室成员称呼他的头衔，宗教人士称呼其在教会中的职务等。

（二）称呼时要考虑其文化背景和传统习俗

比如周恩来总理在欢迎尼克松总统的宴会上致祝酒词时，运用了如下称呼：总统先生、尼克松夫人、女士们、先生们、同志们、朋友们。这样的顺序是什么原因呢？因为尼克松总统是主宾，应该在最前面。而第二层称"女士们"则是遵循西方人"女士优先"的原则，这个是十分恰当合适的。如果当时面对的是朝鲜客人，根据朝鲜的文化习惯，就应该把"先生们"放在"女士们"前面。[2]

（三）称呼还会受个人喜恶、情绪、感情等因素的影响

比如，一个颁奖仪式中，漂亮的女主持人给获奖的人颁奖时，年轻的女学生对主持人说："谢谢阿姨。"女主持人虽然还是保持了笑容，但是心中肯定有些不悦，就半开玩笑地说了一句："我看上去有这么老吗？"由此可见，这一句"阿姨"并不被女主持人欢迎，甚至引起了她的不愉快，我们把称呼喻为人际关系的晴雨表一点也不为过，正确的称呼有利于良好人际关系的建立。

（四）讲话中称呼语的位置

讲话中称呼语的运用比较灵活，但位置相对固定。一般使用在四个地方[3]：

（1）开场时的称呼应该表现出礼仪和礼貌，这是最常见的一种称呼位置。在讲话的开头用作开场白使用，其书面格式是顶格书写后面用冒号以起到统领全篇、提示下文的作用。例如在信件的开头我们会写："尊敬的："，在会议的开始我们也会说："尊敬的××领导"。

（2）在文中的称呼，有引起重视或者表示过渡的作用。在文章中，使用称呼的地方可以表示强调或语义转换、区分层次等意思。比如习近平总书记在2014年12月13日"南京大屠杀死难者国家公祭仪式"上的讲话，其开篇称呼语为顶格的"同胞们！同志们！朋友们！"这样的格式，在正文中又出现三处，既是强调，也是分层，表示将展开新一层意思的阐述。[4]

---

1 陈艳华. 称呼的运用礼仪[J]. 财会月刊，2001(19)：24.

2 陈艳华. 称呼的运用礼仪[J]. 财会月刊，2001(19)：24.

3 李展. 讲话中的称呼语[J]. 秘书，2015(5)：31-32.

4 李展. 讲话中的称呼语[J]. 秘书，2015(5)：31-32.

（3）用于结尾处的称呼，通常提示讲话快要结束。这种称呼语有时与文中称呼语的作用相似，表示呼告和强调，有时也作为提醒，引出结语段。比如李克强在 2014 年 12 月 5 日在上海合作组织成员国政府首脑理事会第十三次会议上的讲话，其结尾段为："各位同事，上海合作组织已经成为亚欧大陆桥上一支重要的和平发展合作的力量，各成员国应秉承共同责任和使命，同心协力，脚踏实地，为维护地区安全稳定、促进共同繁荣发展做出更大贡献。中国支持俄罗斯在 2015 年担任上合组织主席国的各项工作。中国作为上合组织成员国政府首脑理事会第十四次会议的东道国，愿邀请各国领导人明年到中国出席会议。"[1]

（4）在文章中如果涉及特殊意义，需要提到某个人而对他进行称呼，这种称呼一般在话语中就没有特殊意义。

（五）称呼中的禁忌

在称呼他人时我们还需要注意几种有失敬意的情况。

（1）错误的称呼。时常可以见到的错误称呼是误会或者误读。为了避免这种情况的发生，可以先对不认识的字做提前的准备；如果临时遇到，就要谦虚请教，如果已经读错，需要及时道歉。

（2）使用不常见的称呼。有些称呼，在某些地方具有特殊的含义，比如重庆人喜欢称呼年轻男性为"崽儿"，但其他地方的人听"崽儿"就可能会有一些误解。

（3）使用不恰当的称呼。对出租车司机我们可以称呼为"师傅"，但如果用这个来称呼所有人，可能会让对方产生自己被贬低的感觉。

（4）使用庸俗的称呼。有一部分称呼在正式场合不宜使用，比如"弟兄""哥们儿""妞儿"等一类的称呼。

（5）称呼对方外号。对于关系一般的称呼对象，切忌自作主张给对方起外号，更不能用道听途说来的外号去称呼。

总的来说，作为社会工作行政工作人员，在工作中需要熟练地运用称呼的礼仪，这会使我们的工作事半功倍。

三、问候礼仪

问候是言语交际中最普遍的现象之一，有着独特的礼仪特点，这在我们日常的问候语中就体现得淋漓尽致。全国各地的人们见面打招呼要根据时空、场合、交际对象[2]来问候对方。但是大家都不约而同地使用一句"吃了吗"表达各种场景下的问候。这句话在中国各地都非常流行，当你被问候"吃了吗"的时候，问候人不一定是真的关心你真吃饭了没有，有时是

---

1 李展. 讲话中的称呼语[J]. 秘书，2015(5): 31-32.
2 徐强. 现代汉语问候语研究[D]. 华侨大学，2012.

为了开启一段对话，甚至有时候只是避免没有话题的尴尬。但是"吃了吗？"也是要根据具体场合、具体时间来使用的。故而在社会工作行政中，问候礼仪也是十分重要的。

（一）问候用语

在与人交往认识之初，双方第一次见面时可以直接相互用"你好"进行问候。熟人之间可以问候"忙吗?"，如果时间允许，也可以加上几句寒暄"你今天看上去气色不错"。当问候的对象人数较多时，正式场合一般用"大家好"开头，轻松的场合也可以用幽默的语言问候，比如每年春节联欢晚会上，主持人会使用正式的"大家好"作为问候语，而冯巩在小品里则会使用"想死你们了"作为问候语。

（二）问候时的顺序

当我们需要在正式的社会工作行政场合进行问候时，应该按"尊者优先被问候"的原则。顺序是下级向上级、主人向客人、我方向来宾、公务人员向社会公众、年龄小的向年龄长的先问候。当面对问候多人时，可以笼统地加以问候，也可以逐一加以问候，比如在颁奖典礼上，获奖嘉宾可以先统一笼统问候，在发言结束时逐一问候个别对象，已达到加强感情的作用。当向集体问候时，应该从职位高者开始，也可以由近及远依次而行[1]。

（三）致意的礼仪

在日常交往中，我们时常会用到致意这一种不出声的问候礼节，特别是最初相识或只有一面之交的人之间，有时时间的因素也是我们使用致意的原因之一。致意时应当注意顺序，下级先向上级致意、年轻者先向年长者致意、主人先向客人致意。在致意的过程中，我们需要带着敬意。常见的致意礼仪包括点头礼、举手礼、脱帽礼、起立礼、注目礼等。[2]

（1）点头。点头问候适用于会议、会谈等不方便双方进行单独交谈的场合。点头时可以头部向下轻轻一点并且过程中面带笑容。注意不要反复点头不止，也不要点头幅度过大。点头问候的时候应该是一对一的，不应该点一次目光从多个人脸上扫过。

（2）举手。同样适用于会议、会谈、大型晚会等不方便交谈的场合，有时我们面对的场面较大，点头的动作可能无法引起对方的注意，就可以使用举手问候。举手问候也可以对多人同时进行。举手问候的要点为右臂抬起，手掌高于胸部即可，掌心朝外，五指并齐，拇指分开，左右摆动。切记在举手问候时不应该动作过大，表情夸张。

（3）脱帽问候。戴帽子的人进入室内正式的办公场所或者行政场所应该取下帽子，特别是男士和有帽檐的帽子，在升国旗、演奏国歌时更应脱帽。脱帽礼可与鞠躬、握手、拱手礼并用。在部分轻松的场合，也可以运用脱帽问候营造愉快幽默的气氛。

（4）起立。在较正式场合，上级领导、年龄长者等到来或离去时，在场的人应该起立致意并鼓掌以示欢迎，待位尊的人落座后或离开时，方才坐下。注意行站立礼时，不可以双手插兜，不可吊儿郎当，亦不可发出奇怪的声响。

四、交谈与馈赠礼仪

（一）交谈

我国素有礼仪之邦的美称，语言谈吐讲究礼节应该是每个社会工作者必备的素质。在人际交往中，正确地使用交谈的礼仪，不仅会使你的交谈对象感受到语言的艺术，更会使你的个人形象锦上添花。[1]俗话说得好，"酒逢知己千杯少，话不投机半句多""良言一句三冬暖，恶语伤人六月寒""舌为利害本，口为祸福门"，这些句子大家都耳熟能详。[2]在交往的过程中，双方都需要有正确诚恳的交往礼仪，才能态度认真、清清楚楚地表达自己的观点和看法，从而为良好的人际关系奠定基础，也使社会工作行政能够顺利地做下去。

交谈的礼仪主要是要注意以下几点：

1. 交谈的态度

交谈的态度指的是你在与别人交谈的过程中的行为、动作和表情，以及由此而体现出来的个人修养和对待交谈对象及交谈事务的看法。在社会工作专业领域，社工不仅需要与上级打交道，还需要与社会底层的人们交流，交谈的态度甚至比内容更为重要。

（1）注意语言的使用。在交谈的时候，应当尽量选择交谈对象能够理解的语言，特别是在与服务对象沟通时，尽量避免三人交谈时使用只有其中两人能理解的语言，这会让第三人感到极其不尊重和被孤立感。

（2）注意表情和动作。在自己讲话时，要注意恭敬有礼。在对方讲话时，则要专心致志，认真倾听。不论是自己说还是在听，都不能表现得心不在焉、敷衍了事，或是态度夸张、表情做作。要特别留意的是自己的眼神和手势，这往往会出卖你内心的想法。交谈时不要东张西望，双眼不宜一直盯着对方，也不要故意躲闪对方眼神，肢体动作不要张牙舞爪过于夸张，也不要对对方指手画脚，随意触摸。[3]

（3）注意讲话的语气。在交谈当中，可以尽量多使用一些谦词、敬语和礼貌用语，但是要注意不要表现过于刻意，显得不真实。在交谈中既不要表现得盛气凌人、居高临下，又不要表现出一味地讨好对方。

2. 合理选择交谈内容

进行交谈时，最重要的就是交谈的内容。交谈分为正式的场合和非正式的场合。正式的

---

1 黄静. 交谈礼仪与语言艺术[J]. 飞天，2011(14)：108-109.
2 黄静. 交谈礼仪与语言艺术[J]. 飞天，2011(14)：108-109.
3 苏叶兰，詹莎. 论商务礼仪中的交谈与馈赠礼仪[J]. 企业经济，2009(7)：87-89.

场合应当字字斟酌，小心用词。在非正式场合，也不能太过随便，还是需要多思考。在社会工作行政工作中，为了达到与人沟通交谈的目的，在交谈开始时我们可以选择以下三种交谈内容：

（1）表示敬意的内容。每个人都有相应的社会背景和成长经历，在谈话的内容上，我们可以选择谈话对象熟悉的内容、优良的传统、独特的习俗、杰出的文化、突出的成就等，对方会觉得这次谈话愉快而有意义。

（2）欢快轻松的内容。在非正式场合跟别人闲聊时，我们往往不需要选择过于深奥、枯燥、沉闷的内容，以防令人不悦，反而使你没有办法融入谈话中。在非正式场合，刻意谈论一些令人感到欢快的内容作为交谈的开始，例如，韩剧、体育、时尚、电影、烹饪等。有时，可采用天气开启一段谈话。

（3）交谈对象擅长的内容。在交谈开始时，直接向交谈对象进行讨教，不仅可以找到对方感兴趣的话题，而且还可以借机向对方表达自己的诚意。[1]但要注意你所讨教的内容确实是对方所擅长的，不然会出现"马屁拍到马腿上"的尴尬场景。

（二）馈赠

互送礼品是我国一项传统文化，也是人与人之间感情的交流，能使交往的双方架起一个互通的桥梁。但是，送礼时的热情要适度，有时过分热情反倒适得其反。在对外送礼的时候，要防止礼物过多、过于贵重，使别人不敢轻易接受。防止体积过大，让对方无法携带。简单来说，赠送的礼仪主要包含礼品的挑选、馈赠的方法、礼品的接受这几方面的内容。[2]

1. 挑选礼物

在挑选礼品之前，应该对收礼之人进行一个简单的调查，做到因人而异，投其所好。此外，还要注意对方有没有宗教信仰，了解一下基本的忌讳，如对回民不要送酒、猪肉产品。对印度朋友不要送牛皮制品、牛肉等。

2. 赠送礼物的时机

首先，注意礼物的包装。这个可以因人而异，送礼时优先考虑收礼物的人喜欢什么样的包装。其次，把握时机。根据双方关系不同，具体所处的时间、地点以及送礼目的不同，送礼的具体时机自然也应该随之变化。在会议上，如果你想向主人赠送礼物，应该选择在其起身的时候赠送。在向交往对象道喜、道贺时，就应当选择在双方见面之初。观看文艺演出时，可以为参演的人员准备一些礼物或者花束，并且在演出结束后登台当面赠送。为专门的重要客人准备的礼品，应当在抵达后尽早赠送给对方。

---

1 苏叶兰，詹莎. 论商务礼仪中的交谈与馈赠礼仪[J]. 企业经济，2009(7)：87-89.
2 苏叶兰，詹莎. 论商务礼仪中的交谈与馈赠礼仪[J]. 企业经济，2009(7)：87-89.

3. 接受礼物

（1）欣然地接受。当他人向自己赠送礼物时，应当落落大方地接受，没有必要在公共场合推来推去，过分地进行客套会显得做作且不近人情。接受礼品时，应当立即站起来，面带微笑，双手接过，然后可以视情况而定要不要与对方握手，并且向对方道谢。用左手接礼品，接的时候面无表情，接受后不向送礼人致意，都是失礼的表现。

（2）如果当面开启需要伴随赞赏。西方国家中，在接受礼品时，人们通常习惯于当面立即拆开礼品，然后认真地对礼品进行使用把玩，在这个过程中需要对礼物报以赞赏，接受礼品之后如果不当场启封，或是将礼品放在一旁，都会被视为失礼的事。中国一般没有这样的要求，但随着国际化的加深，很多年轻人也会这样。

（3）事后应该道谢。中国人不习惯当面拆开礼物，所以送礼的人不知道收礼的人对礼物是什么态度，在接受了礼物之后，最好在短时间写信或打电话给送礼人，向对方致谢。如果是他人代为送礼，道谢更是必不可少。在以后与收礼物的人相见时，如果时机合适，可以再次当面向对方表示谢意。最好的情况是你告诉对方他送的礼物你不仅喜欢而且实用，这会让对方感觉自己被重视。

五、道别礼仪

在生活和工作中，我们时常需要与人道别，从下班放学的"再见"到下次见面遥遥无期的"再见"都是有可能发生的。道别的不同主要取决于道别双方的关系以及具体的场合。在社会工作行政工作中，我们道别的对象有社区居民、案主、社区工作的人员、机构人员和部分政府人员。对于不同的对象有不同的道别方法。在正式场合，我们需要起身正式跟对象道别，可以伴随简短的一次握手，几句适当的话语如：路上注意安全、期待下次见面等。在对方离开后可以估算时间，大概对方到了之后可以打电话或者使用其他办法问候是否安全到达。在非正式的场合，道别可以随意一些，可以伴随摆手等动作，对于年纪比较小的或者岁数较大的道别对象，如社区老人或青少年，可以轻拍其肩膀。

但是，不管是怎样的情况，有一点是必须遵循的，那就是一定不要突然地说再见，可以在道别之前先做一些铺垫，或者提前说好道别的时间，在道别之前可以使用一些温和的过度言语，使对方有思想准备。

【思考题】

1. 你是一名机构的社工，居民向你反映了几个关于社区环境整改的问题，你需要就这些问题拜访一下社区的主任，请问这个过程中你应该怎么做？应该注意些什么？

2. 你所在的机构希望租用某活动中心的会议场地，中心负责人约你到中心面谈，你应该做好哪些拜访的准备？

讲题四　社会工作会议礼仪

会议是指三个人以上，为了研究问题、交流信息、获取知识、统一思想等目的而在特定时间聚集在特定地点、按照一定规则所进行的发言、讲解、讨论、交流等行为，从而集思广益、达成一定结论的活动。社工机构会有机会承办一些各种规模的会议，作为一名社工，被机构派出去参加会议、进行培训的机会也很多，这就要求我们社会工作行政人员不仅需要有良好的"听众"礼貌，还需要有独立策划一场会议的能力。

一、会议组织接待及服务的礼仪

会议的准备关系着会议的成功与否，一点疏忽大意都可能造成礼仪的欠缺。在准备阶段要注意的一些礼仪细节需要围绕会议的目的、主题和作用。[1] 会议的组织与服务应考虑得周到细致，在一些大型的会议筹备阶段，可以将会议的准备专门分设一个小组。[2]

（一）会议的准备

1. 议题

社会工作机构举行的会议议题应由领导者根据当前形势发展和工作需要而确定，一般有一到两个重点即可。会议的名称应直接表明会议的议题。会议的主题决定会议的各项方案，包括会议的会议内容、指导思想、任务要求、会议地点、出席人员、会议期限、日程安排、会议领导、注意事项等。

2. 会议时间

会议时间不仅仅是指的会议召开的时间，还包括会议的日程、会议的安排等。会议的时间安排应以相关部门根据上级指示精神和本单位实际情况提出召开各类会议的计划为依据。[3] 大型会议一般会期不要超过 2 天，各种专题研讨会一般为 2 小时左右，社工机构里的总结会通常短至 1 小时左右，日常的例会要求短小精悍，以半小时左右较为合理。开会时间最好避免在漫长的假期、一个星期的开头和结尾。根据人类生物钟的规律，会议最好安排在上午 9 点至 11 点或者下午 2 点到 4 点。大型会议应该在提前一周左右通知，小型会议可以在两天前，尽量避免临时通知，重要会议可在开会前进一步确认。

---

1 张茹. 会议筹备礼仪[J]. 东方企业文化，2014(5)：271.

2 张茹. 会面礼仪在公务活动中的应用[J]. 企业导报，2014(5)：188-190.

3 艾合坦木江. 高效会议管理技巧[J]. 大经贸，2005(9)：76-77.

3. 规模

关于会议的规模包括总人数、场地、重要嘉宾中的出席者和列席者、与会者的职务和级别等，重要嘉宾注意定制座位牌和名册，可以为到会者制定签到册或者签到处，或者制作全体与会者都可佩戴工作牌。[1]大型会议可以设置分会场和休息室，并为与会者准备茶点。

4. 议程

在会议中按照时间先后排序的详细会议步骤叫作会议的议程。不仅会议的主办者需要详细了解会议的过程，会议的主持者也需要了解详细的步骤。在会议的过程中，议题应该以重要程度从上往下排列，重要的排最前面，在开会的过程中每一项议程应有明确的时间限制。

5. 资料

开会之前主办者应该精心准备会议上所使用的资料并编汇成册，开会之前发给与会者。会议手册中应该包括开幕词、闭幕词、主要领导讲话稿、会议内容相关文件、工作报告、会议决议文稿、会议纪要、会议相关报道、会议流程表、与会者通讯录等。

（二）会场的筹备包括场地的选择和会场的布置

1. 会场环境

选择开会的场地应考虑多方面的因素。场地位置的选择应该多方面考虑，既不要太过于远，让与会者不方便到达，又不宜太过于靠近办公地点，以免受到打扰。但是我们在机构中经常会紧急召开一些会议或者是一些日常的例会，可以选择就在办公地点。空间的大小需要足够容纳与会者及会议所需器材，也需要保持充分的照明及通风，会议场地中的家具使用舒适度应该适中，不宜太舒适。如果没有特定要求，会议场地可以选择明度合适的蓝色、红色和绿色。使用红色为主色调，会显得会议隆重而喜庆，绿色有助于提升会议的质量和与会者的舒适程度，蓝色有助于拓宽思维、畅所欲言。

会议用品的准备包括：会议背景、LED 屏幕、文具、纸张、手册与座位牌、多媒体与板书设备、签到处与签到本、音响设备、摄影摄像等。所有的设备都应该在会前一天逐一准备并调试，并在会议开始前半小时再一次检查确认。签到处应设在方便与会者有次序进入会议场地的地方，可以以签到、领取资料、提供帮助的顺序在入口处排列。横幅常为红底白字，字与字之间宽度需适中。座位牌是主办方在设有主席台的大型会议、座谈会、茶话会等为就座人员标明座位位置及引导就座时使用的。会议横幅、主席台后面的 LED 屏幕、多媒体设备、座位牌等一定要保证准确无误。茶水可以在开会前五分钟用热水稍微泡开，与会者到场后加温水到八分即可，可以准备一些不易脏手的点心和水果，在会议休息时供与会者食用。

2. 座位安排

（1）大中型会议的位次礼仪。参加人数较多的大、中型会议，可以采用大型会议室，这

---

1 张茹. 会议筹备礼仪[J]. 东方企业文化，2014(5)：271.

种会议室类似教室。这种会议室适于召开各种总结表彰会、代表大会，也适合举办讲座、培训等。这种会议室的布置采用主席台和群众席上下面对面的形式。坐在主席台上的一般是身份较高的领导人或是重要来宾，其座位的安排需要仔细。一般来讲要遵循中央高于两侧，左侧高于右侧，前排高于后排的原则。[1]如主席台人数为奇数时，身份最高的1号来宾在正中央就座；2号来宾在其左，3号来宾在其右，一左一右，依次排序；如主席台人数为偶数时，1、2号来宾共同居中就座，左侧的位置高于右侧，则1号来宾应在2号来宾的左侧。[2]有时在主席台上还会设一个发言席供发言人讲话，发言席一般设于主席台的右前方或正前方。具体的座位安排我们在后面的章节会讲到。

与会者的座位一般是按单位、部门、行业等分类，也可以以姓名首字母开头排列，如果不是第一次开会，也可以以平时常用的安排安排座位。安排时，应以面对主席台为基准，统一选择前后或者左右排列，不宜前后左右混合排列。

（2）小型会议与会者不多，可以选择小型会议室，全体与会者围桌而坐。即使是这样排座也要遵照一定的礼仪原则：一是依景设座原则。依景设座是指会议主席背靠会议室主要背景墙（如壁画、讲台等）就座，其他与会者在其两侧按一左一右的顺序就座。二是面门设座原则。即会议主席在面对会议室正门的位置就座，其他与会者在其两侧按一左一右的顺序就座。三是自由择座原则。在举行内部的一些小型会议时，由于与会者人数较少，且身份、地位相当，他们往往更愿意自由选择座位。[3]

3. 会议的后勤服务

会议的后勤服务是一项重要而细致的工作。一场会议的服务工作做得怎么样与与会人员能否精力满满、情绪高涨地参加会议关系甚大。在会议开始数日前就应该开始着手开始做会议准备，大型的会议还应该成立专门的后勤组人员，做好充分而全面的会议准备。

为了做好引领和服务的工作，会议的接待人员应该在会议前接受一定的礼仪培训。[4]可以佩戴一定的标志，着装需要统一，主要考虑端庄和行动方便，通过培训应该熟练掌握介绍、引导、握手、致意、托拿递送等会面礼仪。

会场的服务人员应在会议之前到场，会议开始之前及时引导与会人员签到、入场、就座；会前可以将会议资料放在位置上，也可在与会者签到时分发；会议服务人员还应该处变不惊，及时制止会议中的混乱；保证会场的光线、温度、茶水、卫生、糕点等。

---

1 王又昀. 常见会议的位次礼仪[J]. 办公室业务，2011(12): 61-63.

2 王又昀. 常见会议的位次礼仪[J]. 办公室业务，2011(12): 61-63.

3 王又昀. 常见会议的位次礼仪[J]. 办公室业务，2011(12): 61-63.

4 张茹. 会议筹备礼仪[J]. 东方企业文化，2014(5): 271.

二、参会者礼仪

平时我们学习、讨论得更多的是如何筹备好一场会议；但是作为社会工作机构的社工，甚至是生活中的更大一部分人，我们大多都是以与会者的身份参与到会议中去的，常见的会议有日常例会、总结会、工作布置会等[1]。

参与会议的礼仪也是比较多，会议的各个方面都有涉及。听众是会议的聆听者，一般并非主角，但是如果参加会议的人不配合，会议也很难达到目的。可见作为与会者也是需要注重礼仪的学习的。

（一）仪表

无论会议的大小，与会者都应该衣着整洁，普遍要求是：穿着打扮要落落大方、美观得体，可以选择职业套装，但也需要考虑是否与自己的年龄相当；仪容仪表要整洁干净，举止高雅，不要缩手缩脚，矫揉造作、哗众取宠。如果收到要求参加正式的会议，要穿正装，男生要求深色西装，要贴身穿衬衣，打领带，穿深色袜子，女生着长裤长裙皆可。参加非正式的会议时，可以不那么拘束，可以穿休闲装、运动鞋。

切记不能太随便，禁止穿拖鞋入场，禁止大声喧哗，遇到熟人也不要旁若无人地热烈聊天，坐姿都要端正，切忌抖腿。

（二）遵守会议纪律

正式的会议，一般都会提前向与会者宣布会议纪律，有部分会议没有成文的规定，事实上会议纪律已经是人们约定俗成的了。一般情况下，参会人员应该准时到场，保持安静，不得逃会。

1. 按时到会

为了保证会议的顺利进行，每一位与会者都应该按时到场参加会议。接到通知后，参会者应该按照通知上说定的具体时间准时出席会议，应至少提前 10 分钟进入会场，便于签到、寻位、领取材料等。如果已经迟到了，可以提前给主办方告知，且悄然进入会场，不要扰乱会议秩序。

2. 保持安静

全体与会者都应自觉维护会场秩序，在会议过程中保持安静，不影响发言人的讲话与听众的倾听。在发言人或主持人讲话时，不允许起哄或是制造噪音。不应在会议上使用手机，这也是对讲话者的尊重。如果与发言者意见不一，应该用合适的方法告知，禁止直接打断对方或者大声予以斥责、议论，拍打桌椅等。在会议上鼓掌主要是为了表示欢迎和赞同，要注意时机。在开会之时，不应当随意走动或者与周围的人小声说话，更不应大声喧哗或接听电

1 胡红霞. 浅谈会议中的个人礼议[J]. 秘书之友，2010(1)：42-44.

话，不要带与会议无关的人进入会场。

3. 不得逃会

参加会议，要做到善始善终。如遇紧急事件需要离开，应当事先请假，必要时，还须向主持人并表示歉意，在会议中不辞而别是一件极不礼貌的事情，不仅自己失礼，也是失敬于对方的。

（三）认真倾听发言

对与会者来说，倾听是了解这次会议的主要内容的直接方式。要在会议中有效地倾听，需要注意以下两点：

1. 会前准备

参加会议前，应做好必要的准备工作，其一，要充分休息，否则在开会时疲劳困乏，大打瞌睡，必定影响听讲。其二，要处理好其他工作，免得在开会时被工作打扰。其三，如果会场不提供，需要自备相关用具，如纸、笔、录音机等。其四，要认真阅读会议材料，全面了解会议情况，掌握会议主题。

2. 做好记录

参加会议时，要尽可能地对他人的讲话、发言进行记录，但不建议全部都写，应当选择重点，予以笔录，这对于深入领会和准确传达会议精神帮助很大。

（四）正确就座

会议座位安排一般有两种方法，一是按指定区域就座，二是自由就座。进入会场后，在没有会务工作人员引导的情况下，选择座位时应注意以下几点：

（1）进入会场需要迅速分上座、下座，按自己的身份、地位合理就座。如果没有明显标识，面对正门的位置为上座，靠门边的座位为下座。但要注意的是领导对面的位置属于次上座。

（2）很多同学在学校上课时，就习惯坐在教室的最后，开会时切忌这样，在会场中间留下空白也是失礼的行为。很多社工的培训是通过一些活动来进行的，在活动中间也需要积极地表现自己，不要让整个会议冷场。

（3）如果以客人的身份参加会议的，特别是一些小型的会议，要注意区分主人和客人，做到客随主便。不需要起身为领导添茶，也不要主动分发会议材料，更不要评价会议准备工作的好坏，应尽可能服从安排即可。

（五）参加会议应注意的其他事项

1. 是否要讲话

在参加会议时，可能会要求你发表一些意见或者做一些总结，应注意以下几点：

发言应讲究顺序和秩序[1]，注意级别，不能打断别人的发言而争抢发言，应让领导先讲。

---

1 胡红霞. 浅谈会议中的个人礼仪[J]. 秘书之友，2010(1)：42-44.

轮到你发言时，要勇于表现自己，不要扭扭捏捏。如果确定要发言，应认真思考，组织好语言；逻辑要清晰，发言要简短，观点要明确。当需要你评价某人或某项工作时，应以正面表扬为主，切忌进行人身攻击。发言的时候一定要放低姿态，语气诚恳。在发言时，可以少用"我"字，切忌过分的自我肯定。发言结束时，要道一声"谢谢大家"。与他人有分歧时，应以理服人，态度平和，听从主持人的安排，不能只顾自己。如果有人有提问，应礼貌作答，对不能回答的问题，应机智而礼貌地说明理由；对批评意见应认真听取，即使提问者批评是错误的，也不要得理不饶人。

2. 能否上洗手间

一般在会议中建议不要上洗手间，特别是在会议室较大，参加人数较多，座位窄小比较拥挤的情况下。其次，主要领导作致辞、总结时，最好不要走动，以示尊重。最后，如实在需要上厕所，应该抓住发言空隙，轻声起座离开，切忌发出大声的椅子搬动声音和高跟鞋的响声，影响会议的秩序。

3. 能否吃东西

有些会议如座谈会会准备茶点和水果，以起到装饰和调节气氛的作用。一般来说，应注意：首先，尽量选择不会弄脏手的水果，如香蕉、橘子等。其次，领导讲话时不能吃东西。最后，有时可以礼节性地吃点，且吃时不能发出声音，不能把手和文件弄脏。

三、主持人礼仪

一场会议能否完成"使命"，与会议的主持人有一定关系。社会工作行政中的会议住处人与小组工作中的小组带领人既有相同的部分，又是截然不同。无论大小社会工作行政会议对主持人的应变能力和主持水平都有着一定的要求，主持人的综合能力也是一场会议成功与否的重要影响因素。比如在会议中突然有参会者提出了不同的意见和建议，主持人是直接忽视还是直接拒绝与会者提出的想法？还是快速分析当时情况，灵活处理？优秀的主持者要本着确保会议成功的宗旨，处理好会议期间发生的突发事件[1]。一般在正式的会议如商务会议、国际会议以及我们常常在电视中看到的高层次的政务会议，应选择职位较高且有一定声望的人来担任会议主持人，这并不是一定的，但是我们已经约定俗成，这样做的主要目的还是为了彰显对会议的重视程度。在非正式的会议中，可以选一些有一定影响和经验的人来担任会议的主持人，比如电影演员、知名人士等。在社会工作行政中，我们有时候需要主持会议，比如工作的总结会、督导会、项目筹备会等，一般按照会议流程即可，遇到突发情况要懂得随机应变、灵活处理。

---

1 汪连天. 职场礼仪心得（之十五） 会议礼仪[J]. 工友，2010(3): 58-59.

【思考题】

1. 你所工作的机构开展了一次关于小组工作的讲座，你需要当主持人，请写一篇开场白，包括机构介绍、讲座主题及主讲人介绍。

2. 分小组模拟在社区工作经验分享会上作为一次热身活动的主持人。

讲题五　社会工作接待礼仪

　　日常接待是社会工作行政的重要组成部分。行政人员的来客接待工作质量，直接反映了机构的内在作风和外在形象。行政人员接待的无论是上级领导还是普通的机构服务对象，社工都应该真挚热情地欢迎。在接待工作中，我们既不能低声下气，也不可态度傲慢，应在条件许可的范围内让客人有宾至如归的感觉。接待过程中，应做到从全局考虑，从大局出发，提高工作效率。当意外情况出现时，行政人员可以灵活处理。

　　社会工作行政接待工作是社会工作机构面向外界的一扇窗口，是机构文化的重要组成部分，是一个机构与外界联系的纽带。为了使机构的每一次接待工作都能够做到一样的优秀，我们需要从制度上规范接待工作。严格的规章制度是做好接待工作的基础。将接待工作制度化、规范化，使接待有章可循，实现规范有序和连续性，避免工作中的随意性。分工明确、职责清楚，便于操作，从而增强行政人员责任心，避免不负责和互相推诿，杜绝不必要的资源浪费和管理漏洞。

一、接待准备的礼仪

　　做好接待的准备工作，一是了解来宾的情况确定接待规格，并根据来宾的职务确定陪同接待的领导，然后作出相应的安排，包括住宿、就餐、陪同人员、车辆、日程安排等，之后需要做出相应的策划并呈给领导批阅，在领导同意后可以做成手册并分发给来宾，让客人了解大体的行程安排，做到心中有数。二是物质准备工作。接待室、贵宾室、会议室等要提前打扫干净，摆放整齐，桌面清洁，没有水渍、污渍。另外，茶具、茶叶要准备齐全，办公用品要提前准备好，以备不时之需。三是知识和能力的准备。要对来宾特点、各部门设置及领导分工情况做大致的了解，同时，要有较完备的关于机构、地区的概况资料，除此之外还可以适当了解当地宾馆、名胜、古迹、游览路线等，保证满足来宾的需要，使其满意而归。

二、接待过程中的礼仪

　　在接待过程中，社工机构应该形成良好的接待程序，并把这些程序规范化，以保证在每一次接待中都能够做到完美。在机构的各类接待工作中，通过不断地摸索和实践，我们逐步形成了迎接、陪同、送行的全过程接待服务思路。

　　（一）迎接的礼仪

　　迎接礼仪是办公室日常接待的重要工作。[1]真诚热情和必不可少的礼仪常识组成了正确的

1　顾元宜.办公室日常接待礼仪[J].办公室业务，2012(22)：46.

接待礼仪。如果来宾是有约而且常来，行政人员可亲切地与其握手后礼貌地将其引到事先安排好的会谈地点。对首次到访的来宾，不管有约无约，我们都应诚恳地进行自我介绍，然后礼貌地询问来宾身份，并与其握手致意，必要时与来宾交换名片。为了表示尊重、热情、友好，接待人员可以提前到达预先约定的地点或本机构的大门口办公楼下恭候来宾，当来宾走近时，应面带微笑，挥手招呼致意，用表情和动作传达"我们在此已经恭候多时了，欢迎您的光临"之意。必要时还要可以安排送花。送花时，一般宜选择代表友谊、喜悦、欢迎、花语的花卉，如玫瑰、兰花、紫罗兰等。如果是接待外宾，送花时一定要尊重来宾所在国对花的禁忌风俗。

有时，行政人员必须陪同或代表本机构领导到机场、车站等地迎接来宾。这相对于办公室日常接待来说程序更为复杂些，礼仪礼节要求也更为讲究。迎宾时，应提前到达迎接地点，来宾到达后，应上前热情地招呼、问候，然后视情况而定。可以首先自我介绍，也可以相互介绍，也可以互换名片，如果与来宾是初次见面，接待人员可事先准备好写好的接站牌以免认错人。

（二）引导

在引导来宾时，具体到顺序问题上主要会遇到下列五种情况。其一，主客并排行走。在这样的情况下，引导者应主动在外侧行走，请客人行走于内侧。若三人并排行走，通常中间的身份最高，内侧的身份居次，外侧的身份最低。其二，主客排队行进时。在不方便并排行走时，一定要自觉遵守交通规则，单行行进。在单行行走时，引导者应该走在前面，以便由前者为后面的客人带路。其三，出入房间和门口。在出入门口时，引导者应该主动为来宾开关门。这种时候，引导者可先行一步，打开房间门，等客人首先通过，随之再轻轻关上房门，赶上来宾。其四，出入电梯。出入电梯时，引导者须先入后出，以操纵电梯。其五，出入轿车。如果主人客人不在一辆车上时，一般应为引导者乘坐的车在前，客人乘坐的车居后；主客同车时，则大都讲究引导者后登车、先下车，客人先登车，后下车。[1]

在引导客人时，除了与客人进行正常的交谈之外，往往还会对客人进行必要的介绍或提醒，主要涉及如下五种情况。其一，提示客人应该前往什么地方。引导客人进入会客室、休息室前，应向对方主动说明此系何处。其二，提醒客人要见的是什么人。引导客人前去见某人，但是双方却从未见面，可以提前告知客人，"我们现在前去王主任的办公室"，或者"李主任正在会客室恭候您"。其三，提示客人注意行走的方向。引导客人上下楼梯、出入电梯、进出房间时，可以提醒客人："请这边走"。其四，提示客人乘坐的车辆。引导客人乘坐车辆时，务必要告知对方："请各位上某某号车"。其五，提醒客人主人安全。引导客人经过危险地方时，必须叮嘱一下对方："请留神"。进行引导的同时，可以辅以必要的手势。

1 顾元宜.办公室日常接待礼仪[J].办公室业务，2012(22)：46.

（三）接待的具体过程

（1）主动招呼。当有人来访时，应该放下工作，面带微笑，起身相迎，并招呼客人就座。如果你手头工作非常紧急，可以在起立让座后，请客人稍等。如无法在短时间内完成现在的工作，可以介绍其他同事接待。接待人员切忌对客人的来访熟视无睹，也不应只顾埋头工作；或是只接待某些自己熟悉的、自认为重要的客人。如果需要同时接待几位来访者，应做到一视同仁，不应冷落其中的任何一位客人，接待的顺序应按客人到达的先后次序。

（2）及时介绍。当客人坐定后，就应询问客人的来意。如"请问您是……"。客人在被询问后，一般会马上递上名片做自我介绍，并说明来意。

（3）热情周到。客人坐定后，接待人员应为客人送上茶、咖啡等饮料。可以询问客人的喜好，如"我们这有咖啡和茶，请问您需要哪一种？"

（4）专心致志。接待工作中，与客人交谈一定要做到洗耳恭听，一心一意地对待客人，要精神集中，对客人的话语表现出浓厚的兴趣。接待客人时，忌讳在客人面前摆架子、爱答不理、无精打采，或者看书、看报、打电话，也忌讳不停地看表、起身，把客人冷落一旁。

（四）接待结束后的礼仪

中国有句古话："迎人迎三步，送人送七步。"可见送客礼节是十分的重要。作为一位社会工作者必须认识到，接待工作顺利完成后送客比接待更重要，这是为了留给对方美好的回忆，以期待来访者能再度光临。因此，送客又被称为接待工作的延续。在接待结束之后，社工需要进行送客。大家千万不要以为送客是一件小事，也许你的一个不经意的不周全的小动作、小细节，会给客人带来不悦，甚至带来伤害，所以我们必须要注意送客的基本礼仪。

当接待结束后，来访的客人表示要走时，可以表示希望其多坐一会儿。不过，也要尊重他们的意愿，不能强行挽留，以免耽误他们的工作、生活或学习的安排。

对于重要的客人如领导、上级，应该在之前就询问客人希望回去的时间及交通工具并帮其把回去的票买好，在接待结束时候应该派车送至机场、火车站及汽车站。

对于不需要送至车站的客人，主人应该在门口恭送客人离去。特别注意不能够在客人离去后立马关门离开，更不可当着客人的面关门。如果客人需要等电梯，主人可以陪着客人上电梯，在客人乘电梯离开后再回家。

如果客人是上门拜访并带有礼物，主人可以向客人回赠一些小礼物，也可以让客人临走时带上主人做的一些小零食、小工艺品作为伴手礼。

【思考题】

××大学的教授近期会到你工作的机构进行一个为期 3 天的座谈会，期间会议时间是每天的早上 9 点到下午 4 点，请你为教授安排一次既可以顺利参加座谈会又可以感受重庆风土人情的行程。

讲题六　社会工作宴请礼仪

随着社会的发展，宴请变得越来越普遍，自然而然就形成了餐桌礼仪。宴请礼仪从早期的口头约束发展到现在的餐桌礼仪，虽然没有明确的法律法规的约束，但是已经渗透到我们的每日三餐。社会工作行政涉及许多关于社工项目的工作，宴请是必不可少的。但是在中餐和西餐中，在实际中我们更多地进行的是中餐的宴请。

一、西餐的宴请礼仪

（一）西餐餐桌礼仪

西餐一般使用长桌。（见图9.6.1）在同一桌上，越靠近主人的位置越尊贵。在正式宴会上顺序是：男女主人坐在桌子的两头，客人需要男女错开坐在桌子两侧，男主宾和女主宾分别坐在女主人和男主人的右边。如果客人中没有主宾，女主人可把客人中年龄最大的女士安排在男主人右边。在非正式宴会上，遵循女士优先的原则。如果两位同性进餐，靠墙的位置应让给其中的年长者。此外，男士应当主动为女士移动椅子让女生先坐。

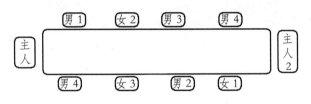

图 9.6.1　西餐餐桌座次

（二）西餐餐具的摆放和使用方法

1. 餐具摆放和使用原则（见图9.6.2）

餐具摆放时托盘居中，左叉右刀，刀尖向上，刀口向内，盘前横着放置汤勺，主食靠左，餐具靠右。酒杯的数量与酒的种类应该相等，摆法是从左到右，依次摆烈性酒杯、葡萄酒杯、香槟酒杯、啤酒杯。西餐中餐巾放在盘子里，当盘中有食物，餐巾就放在盘子旁边。餐具的使用应由外而内，一般用右手拿汤匙和杯子，用餐具把食物送到嘴里，而不要把盘碗端起来。

2. 餐具的使用方法

（1）刀叉的使用原则：使用刀叉进餐时，刀用来切割食物，叉用来送食物入口。使用刀时，刀刃不可向外。进餐中需要暂时放下刀叉时，应摆成"八"字形，分别放置餐盘边上，刀刃朝向自己，表示还要继续吃；用餐结束后，将叉子的背面向上，刀刃向内与叉子并拢，平放于餐盘上，表示用餐结束。谈话时有肢体语言或传菜时，应将刀叉放下，不要手拿刀叉在空中挥动。用完刀叉后，应将其横放于餐盘中央，而不是盘边或餐桌上；放置方式为刀口朝着自己，叉口朝左，以便于取走时的安全性。

（2）勺子的使用原则：通常，勺子可以分为两种，一种是汤匙，个头比较大，被摆放在右侧最外端，与刀并齐摆放；一种是甜品匙，个头比较小，被横摆在吃甜品所用的刀叉正上方。当用汤匙时，需右手拿汤匙，喝完汤之后，应该把汤匙放在餐盘对面的一方。要注意汤匙绝对不能直接用来舀取任何主食或者菜肴，已经开始使用的汤匙不能放回原处。

（3）酒杯的使用原则：在西餐中，吃不同的菜需要搭配不同的酒，通常不同的酒杯用来喝不同的酒。在每位用餐者右边餐刀的上方，会摆着三四只酒水杯。可一次由外侧向内侧使用，一般香槟酒杯、红葡萄酒杯、白葡萄酒杯以及水杯是不可缺少的。

图 9.6.2　西餐餐具的摆设

（三）上菜顺序

西餐菜单上有几大分类，其分别是开胃品、汤、沙拉、海鲜、肉类、点心等。除了食量特别大的外，其实不必从菜单上的单品菜内配出全餐，只要开胃菜和主菜各一道，再加一份甜点就够了。

（四）西餐的形式

自助餐。自助餐可以是午餐也可以是晚餐，一般由凉菜和热菜组成，也包括酒水和茶点。食物和餐具都放在桌上，供客人使用。来宴请不同人数的宾客。自助餐解决了额外服务产生的费用争端问题，也很好地避开了主人安排座位的困扰。菜式多种多样，客人有足够的选择余地，主人也不需要担心菜单是否符合他们的胃口，让客人尽情地享受。

鸡尾酒会。一般只提供小部分食物，招待品以酒水为主。客人在过程中可以随意走动。举办的时间一般是下午 5 点到晚上 7 点。这种场合下，最好手里备着餐巾，以便随时擦手。随时准备伸出右手和别人握手、交谈。吃完后不要忘了用纸巾擦嘴、擦手，纸巾在使用后注意不要乱丢。

晚宴。晚宴分成隆重的正式宴会和非正式的宴会。正式的宴会基本上都安排在晚上 8 点以后举行。举行这种宴会，表示主人对这次宴会非常重视，或者是有某种事情可以庆祝。正式的晚宴一般要排好座次，并在请柬上注明对着装的要求。非正式的适用于亲朋好友之间。如果你受到邀请，要仔细阅读你的邀请函，按照主人的要求前往。

（五）西餐的其他注意事项

餐具很多是西餐一个重要的特点，席间会有各种大小杯子、盘子、银器、小瓶子、装饰等。餐巾叠放在啤酒杯里或放在食盘里。面包盘放在左边，上面的黄油刀横摆在盘里，刀刃一定要向着自己。比较正式的餐会中，餐巾是布做的也会被折得很漂亮，还系上小缎带。注意，餐巾是用来擦手的不是用来擦脸和满是油的嘴的。不要忘了放上一些餐桌的装饰物，花瓶或者蜡烛之类的，都可以增添浪漫的气氛。[1]热水、热茶等，应该放在瓷杯里，冷水和冰块放在玻璃杯里。就座时注意，手肘不要放在桌面上，不要跷腿，跷着腿坐这样的习惯其实对女性身体伤害是很大的。餐台上摆好的餐具和装饰品不要随意摆弄。女主人拿起餐巾时，表示开始用餐，把餐巾铺在双腿上，如果餐巾很大就对折放腿上，盖住膝盖以上的双腿部分。

二、中餐的宴请礼仪

餐桌礼仪早在西周时期已形成一套比较完善的体制，经曾任鲁国祭酒的孔子所称赞、推崇的餐桌礼仪成为历朝历代表现文化之都、礼仪之邦、文明古国的重要见证。在社会工作行政中，我们常常会使用中餐宴请，这不仅有助于机构达成目的，也有助于增进机构工作人员之间的感情。不管是在对外的宴请还是机构内部的聚餐，都需要具备一定的礼仪知识。

（一）邀请礼仪

邀请分为正式邀请与非正式分邀请。正式的邀约，一般采用书面形式或者是正式地给被邀请对象打电话。非正式的邀约，口头形式就可以了。邀请他人共同进餐一般是两种目的：联络感情或者商谈事宜。在邀请时，要统计好人数，准备适当的菜肴，要照顾客人的习惯，比如有什么忌讳或忌口的。被邀请者答应了别人的邀约，就一定要按时赴约，最好不宜临时变卦。除非实在有紧急事件以至于不能去参加，也要视情况及时给予对方回应，以便对方早做安排。

（二）座次礼仪

中国人大多偏爱圆桌，这个跟我们的传统文化有关，在沿海地区有些商人甚至只在圆形的顶灯下宴请。圆桌不但可以坐更多的人，而且大家和睦地围在一起，是面对面的交流，有利于感情的深入和事情的商谈。中国人讲究谦逊待人，主人在宴请的过程中要承担起照顾客

---

1 赵彦. 中西方餐桌礼仪在跨文化交际中的运用[D]. 河南大学，2013.

人的责任，在外就餐时主要把上菜的位置留出来，不要让客人坐在上菜的位置，尤其是主宾。超过一桌的宴请通常是两桌横排或两桌竖排的形式。当两桌横排时，面对正门右边的桌子是主桌；当两桌竖排时，离正门最远的那张桌子是主桌。由三桌或三桌以上的宴请桌所组成的宴请除了注意"门面定位""以右为尊""以远为上"等规则外，还应兼顾其他各桌离主桌的远近。通常，距离主桌越近，桌次越高；距离主桌越远，桌次越低。

座次的重要性在宴请中也是十分突出，根据主人邀请的关系，我们将来宾分为"陪同"和"主宾"。如果场景有特殊因素，可以视情况而定。若宴请的人较多，可参照以下的规则：

（1）主人位置：主人的位置是请客方的第一顺位，是整个宴席的主控人，也是请客的最高职位者，或陪酒的最尊贵的人。位置是在正冲门口的一面。主要作用基本就是庄主，把握本次宴请的时间、喝酒程度等。当客人来到时候，主人要起立迎接。

（2）第二主人的位置：这个位置是请客一方的第二顺位，是陪客者里面第二位尊贵的人。位置在主人的对面，即背对门口。这个位置更多的是招呼客人喝酒，还要在适当的时候帮主人挡酒，作为第二主人，酒量一定要好，懂得察言观色，注意提醒主人遗漏的细节。

（3）重要来宾位置：主宾是客人一方的第一顺位，是客人里面职位最高者或地位最为尊贵者坐的地方。位置在主人的右手边，是主人重点照顾的对象。主宾对于主人一定是最重要的，主宾应安心做好自己的客人本分，该笑的时候需要露出笑容，表现最好稳重妥帖，做好和主人之间的互动，感谢主人的盛情，不能让主人下不来台，如果喝不了太多就让第二主宾来帮忙。

（4）第二宾客位置：是客人一方的第二顺位。位置在主人的左手方，与主宾一起，和主宾呼应主人的兴致。这个位置是很重要的，对应其身份，要适当地帮主宾挡酒，以免失态。（见图9.6.3）

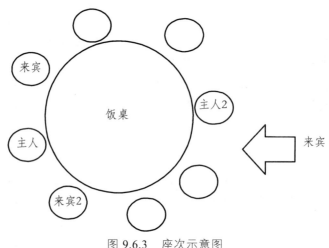

图9.6.3　座次示意图

综上所述，整个位置是按照"重要来宾"位置的确认而定的。那么如何确认"主要宾客"

的位置？在餐厅里，我们可以根据餐巾的折叠来判断，主要宾客的餐巾折叠是最高的，或者他的位置的餐巾颜色跟其他位置的不同。如果没有餐巾作为参照依据，可以默认面对门的位置为尊。

（三）中餐餐具的摆放和使用方法（见图 9.6.4）

（1）筷子。筷子在中餐中有不可替代的地位。用餐前筷子一定要整齐地放在饭碗的右侧，用餐后也需要将筷子摆放在右边的筷子架上。不论筷子上是否残留着食物，都不要去舔食；和人交谈时，要放下筷子；不要把筷子竖直插放在食物上面；筷子是用来吃饭的，切记不要用筷子指指点点。

（2）盘子。盘子主要用来盛食物，根据所盛食物的多少和形状不同而大小形状各异。一般在饭店，右手边会有一个略小的盘子为食碟。使用时，一次不要取过多的菜肴，不要把多种菜肴放在一起，以防它们相互串味。不吃的残渣、骨、刺应放在食碟的前端，放的时候不能直接从嘴里吐在食碟上，要用筷子夹出慢慢地放到碟子旁边。

（3）勺子。勺子主要是用来喝汤的，有时也可以用来取汤状的菜。用勺子取食物时，不宜过满，溢出来容易弄脏衣服和手。用勺子取食物后，不要在半空中放置，如果取用的食物太烫，可以先放到自己的碗里等凉了再吃，千万不要用嘴去吹勺子，也不要把勺子塞进嘴里反复吮吸。

图 9.6.4　中餐餐具的摆设

（4）餐巾。在用餐前，餐厅会为每位用餐者上一块湿毛巾，它只是用来擦手的，擦手后，由服务员拿走。有时候，在正式宴会结束前，会上一块湿毛巾，它是用来擦嘴的，不能擦脸、抹汗。

（5）水杯。水杯主要用来盛放饮料，一般放在碟子的左上方。不要用它来盛酒，一般盛酒的是专门的杯子。另外，喝进嘴里的东西不能再吐回水杯里。

（四）进餐礼仪

宴席开始时，主人应当举杯致开场词，大家共同举杯，与相邻较近的人碰杯。[1] 碰杯时，如果对方是长辈或者客人时，我们应该把杯子放得较低一点，以显示对对方的尊重。当餐桌上的客人很多，你无法和相对较远的客人碰杯时，可以将杯子放在桌子上轻轻一碰以示干杯，注意不要用力过猛。

进餐时，请长者、客人先动筷子。如果在吃饭的过程中要给客人或长辈布菜，应该使用公筷，也可以把离客人或长辈较远的菜肴转到他们跟前。一般在餐厅吃饭时，菜都会一个一个端上来，如果同桌有领导、老人、客人的话，每当上来一个新菜时就请他们先动筷子，或者轮流请他们先动筷子，以表示对他们的重视。

我们夹菜的量每次少一点，尽量选择离自己比较近的菜，有些餐馆的桌子可以转动，转的时候主要要等到没有人夹菜时才可以转。吃饭时不要出声音，用餐的动作要斯文。夹菜或者添饭时，不要碰到邻座，不要把盘里的菜撒到桌子上去，不要把汤撒到桌上，也不要将菜汤滴到桌子上。嘴角沾到饭粒，要用餐纸轻轻抹去，不要用舌头去舔。当口中有食物时，最好不要与别人交谈。吃饭时开玩笑要有节制，以免口中食物喷出来，或者呛入气管，当确实需要与人谈话时，应将嘴里食物咽下后说话。喝汤时也不能弄出声响，喝汤用汤匙小口地喝，不要将碗端起来直接喝，更不能把汤放在桌子上低头去就着碗喝汤，如果汤很热，应等凉了以后再喝，不要一边吹一边喝。咀嚼食物时要闭着嘴，细嚼慢咽，这不仅有利于消化，也是餐桌上的基本礼仪要求。要注意不能在夹起饭菜时，伸长脖子，张开大嘴，伸着舌头用嘴去接菜；一次不要放入太多的食物进口。进餐时尽量避免打嗝，也不要出现其他怪声音，如果真的出现打喷嚏等不由自主的声响时，就要说一声 "请原谅"之类的话，以表示歉意。

（五）离席的礼仪

前面提到在中餐中，我们都喜欢坐在一起，上菜也会一道一道地上，我们在与客人一起进餐时，几乎每一道菜都是与人分享的，所以最好不要中途离场，如果急需离开，尽量等菜上完之后坐一会再离开。在离开时，须对同桌人和主人说明为什么离开，表示深深的歉意，并请同桌人继续宴会，不要因为你的离开而扫兴。切记不要无声无息地离开宴请现场，这是对来宾和主人极其无礼的行为。

当宴请结束之后，主人应该先对自己在席上照顾不周的地方表示歉意，并表示希望下次还有机会邀请大家吃饭。之后应该等客人全部离开之后再离开，客人离开的顺序应该以客人的身份、地位而定，或者遵循长者为尊的原则。在以前我们总觉得吃不完打包是很丢脸的行为，但随着"光盘"概念的深入人心，越来越多的人在宴席结束之后选择将剩菜打包带走，这不仅不是丢脸的行为，也是我们中华民族的良好美德。如果情景不允许打包，我们可以在

---

1 赵彦．中西方餐桌礼仪在跨文化交际中的运用[D]．河南大学，2013．

点之前就做好判断，不够了再加也是可以的。

【思考题】

你工作的机构承接了一次国际社会工作交流会议，机构主任让你安排会后的晚宴，有来自英国、美国和我国香港地区的优秀社工，你该怎么做？

讲题七 社会工作者办公氛围的营造

一、办公室的布置

办公空间是社工机构甚至是各行各业从业人员最重要的活动空间，办公室的设计不仅要追求实用性和美观性相统一，还要以使用者为本，充分考虑工作人员在办公空间办公时的心理和生理的感受，做到真正为工作人员着想。[1] 当然，这需要合理的设计和巧妙的布置才能达到理想的效果。机构社工平时的工作杂而细致，一个良好的办公环境是工作得以顺利开展的保证。这里我们讨论机构中常见的办公室的布置。

（一）"格子间"状的办公室

"格子间"是指在同一间空间里，用隔板隔出两个以上的相对独立的办公区域的办公室，社工机构社工办公室一般采用这样的形式。"格子间"既是对空间的合理利用，又保证了每一位社工的独立自主空间。格子间一般采用毛玻璃或者其他材质的半隔断将每个人的工作区域隔开。但是格子间的缺点也是显而易见，办公室办公人员太多，就会显得嘈杂拥挤，想打造宽敞明亮感的话，也可以采用透明的玻璃隔断，但是这样私密性就会差一些。最好是将这间大办公室选在向阳面并安装落地窗，保证办公室的采光。

每一位社工都可以自己装饰自己的格子间，可以在办公桌上摆放绿色小盆栽，也可以贴上一些工作中的照片。在四个格子间走廊的十字地方可以摆放中等的室内盆栽，每隔开两排位置，中间可以设计一个摆放盆栽又可以收纳办公用品的隔断。多摆放几盆室内绿色盆栽，这样室内环境比较温馨。[2] 办公室的墙上应该贴有机构的标语、标志、精神等，还可以贴上一些活动安排表、社工一览表等，既体现出机构的专业性，又增加温馨的气氛。（见图 9.7.1）

图 9.7.1 "格子间"办公室

---

1 李赫. 论办公室室内设计中的以人为本[J]. 美术教育研究，2015(13)：70-71.

2 李赫. 论办公室室内设计中的以人为本[J]. 美术教育研究，2015(13)：70-71.

（二）独立的小办公室

一些社会工作机构里是拥有独立的小型办公室的，对于独立的小办公室的布置，我们需要注意以下几点：

1. 合理利用办公空间

在办公室面积比较小的情况下，可以将非承重墙打掉，造出比较宽敞的空间。小型办公室不宜装饰过满，颜色也不宜太过明艳，会显得办公室更小，可以适当留白，可以以白墙为底贴少量花纹装饰，也可以以机构标语、精神为装饰，衬托出专业的气氛。在办公家具的选择上，多购置收纳式家具，使空间具有更强收纳功能。少用大型的文件柜、会议台等大型办公家具，以使空间的划分单纯化。如果办公室太小的话，巧妙利用办公室角落，多运用盒子的收纳性，将盒子贴上一致的包装纸，可灵活摆放在办公室的各个角落。

2. 办公室沙发的摆放

沙发是一个办公室占地面积较大的家具，如果办公室空间太小，使用一个两个单人沙发，注意风格需要一致，如果条件允许，可使用双人沙发。也可以将单人沙发换成单人躺椅，但不要太过于随便，也不宜使用摇椅。（见图9.7.2）

图 9.7.2 独立办公室

3. 摆放绿色植物要合适

一盆绿色的植物可以迅速营造出好的办公环境，使办公人员心情愉快，但是办公室盆栽不宜过多。植物的配备上，首先考虑是否对人体有害，其次考虑植物的装饰性，整体要与办公室甚至社工机构的风格相当。如果办公室空间允许，可以将中型植物放于办公室墙角，这样既美观又不影响人们行动；如果空间实在太小，可以选择多几处绿色小盆栽以营造一种生机盎然的感觉。

二、会议室的布置

随着社工队伍的壮大，会议室已经成了每一个社工机构的标配，对内会在会议室里开总结会、督导会、分享会等，对外会在会议室里接待各路到访的来宾、开展各类会议。会议室的设计是否合理直接影响了开会效果。好的会议室设计除了让会议能够顺利召开，还需要给参与者一种参与感，让与会者感到自己融入了会议的气氛，以达到良好的沟通交流目的。在正式会议召开之前，建议行政社工提前布置会场，应该综合考虑会议室的大小、会议的规模、会议的性质内容等，合理地做出会议室的布置。

（一）与会人数在 30 以下。以方圈式的绕桌而坐最好，这样可方便每一个人跟其他的人进行多项沟通。如图 9.7.3 所示，与会者围坐在一起，有助于进行多方向的沟通与交流。

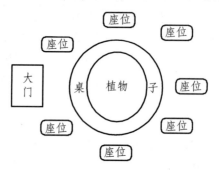

图 9.7.3　30 人以下会议座次示意图

（二）人数在 40 以上且以传达精神为主的会议，以教室式安排较为理想。如图 9.7.4 所示，主持人和重要领导坐在主席台上，与会人员在下面，有助于会议精神的传达。

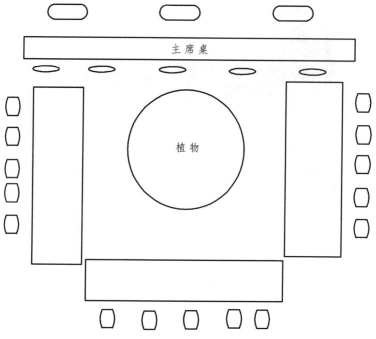

图 9.7.4　40 人以上会议座次示意图

（三）会议现场具体座位布置

开会的时候座位的布置是体现对参会者的尊重，十分重要。会议座位的安排基本的原则是：居中为上，先左后右，面门为上。（见图9.7.5）

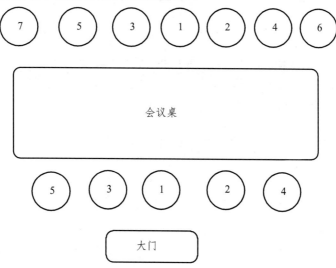

图 9.7.5 一般会议具体座位示意图

1. 单向座位会议室安排

当领导人数为单数时，在安排单向座位会议室时要注意最重要的 1 号领导应该居中，2 号领导在 1 领导左手位置，3 号领导在 1 号领导右手位置；按照左大右小的原则轮次排列。当人数为双数时，1、2 号领导同时居中，3 号领导在 1 号领导左手位置，4 号领导在 2 号领导右手位置。按左大右小原则轮次排列。（见图9.7.6）

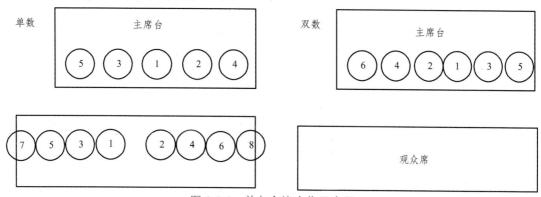

图 9.7.6 单向会议座位示意图

2. 双向座位安排

在会议中，会遇到双向座位的情况。布置场地是在单向座位的基础上注意"面门为上"原则，即对门口的一排座位为主位。双向座位适用于座谈会、向上级汇报或会见来宾等。（见

图 9.7.7）

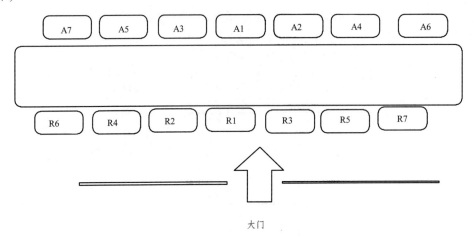

图 9.7.7　双向会议座位示意图

3．三向座位安排

三向座位适用于大型政府会议、由 1 名职务最高的领导主持召开的会议，例如书记、局长主持召开的会议。我们在社会工作行政中，参加这类会议的机会很多，需要自己去筹备、策划的却很少。（见图 9.7.8）

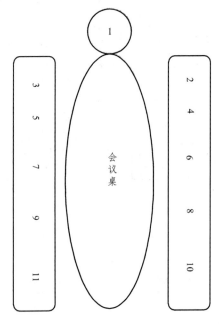

图 9.7.8　三向会议座位示意图

三、接待室的布置

接待室是社会工作机构的窗口，一方面需要接待案主、居民等，另一方面接待室适用于接待政府工作人员、企业代表及其他社工机构和单位等。随着社工行业的欣欣向荣，越来越多的机构将这两种接待室分开。社会工作机构的接待室的布置应当朴实精致，美观舒适，给来访者留下一个良好的印象。在布置的过程中，既要考虑经济适用，又要兼顾大方美观，还要注重体现社会工作的机构的专业性，首先要明确社工机构接待工作对环境的要求，其次是合理布局和适当美化。

接待室的设置，重点在于为社工和接触者提供一个近距离接触、深入了解的理想场地，它与办公、展示等区域的布置要求上还是有较大区别。一般而言，要综合考虑空间大小、家具摆设、机构文化等因素，使整体环境与接待的主题和气氛相吻合。社会工作接待室的大小是与机构规模相对应的，有些机构面积较大，有独立开辟接待室，而有些社工机构处于创业期，所有机构员工不分上下都在一大间办公室集体办公，就只能利用隔板、有机玻璃隔出一个相对独立的半封闭空间作为接待区。不论是何种情况，都需要室内光线明亮、整洁安静，饮料点心准备齐全。只有这样，来访者才能在愉悦的气氛中进行洽谈。（见图 9.7.9）

图 9.7.9　接待室的布置（一）

接待室主要色彩的选择与搭配，关系到整个接待是否成功和是否达到目的，必须认真把握。[1] 暖色调的墙面和地面可使室内产生一种热情、温馨的氛围，而冷色调的墙面和地面则让人感觉清新爽目；白色、灰色等浅色显得简约，黑色、红色、黄色等深色则显得厚重。接待室天花板可以采用白色，墙壁用浅色，地板的颜色可深些，沙发、柜子等家具款式应统一，不宜出现过于个性化的家具，搭配应自然柔和。灯具应选择样式大方、光照明亮的，窗帘应选择颜色柔和且便于保洁的材料，这样可以使人心情愉快，增强思维能力，提高会谈效率。

在现代生活环境中，空气污染不可避免，可以在房间四个角落摆放盆栽，如柠檬、金桔、

---

1 王晓彬. 谈企业接待室的环境布置[J]. 秘书之友，2010(3): 21-22.

兰花等，不仅能点缀环境，而且可以调节室内空气，给接待室带来一线生机。接待室的地面应时常打扫，沙发桌椅应经常擦拭，定期去除墙角、门缝的灰尘；家具摆设等应时常擦拭，每天要开窗通风；在来访客人离开后应立即清理现场，喝水用过的杯子要及时清洗，用过的一次性杯子要扔掉，烟灰缸要清洗，保证在下一个访客到来前仍是一个清洁整齐的环境。

接待室的所需设备：

沙发。接待室的沙发应该有两个，两个沙发可成 60°到 90°摆放。

茶几。社工行政接待室可以在两个沙发中间摆放一个茶几，茶几上可以摆放一些茶杯茶壶等，最好不要摆放烟灰缸，也可放置一些不会高过视线的盆栽植物。

装饰品。接待室可以适当的布置一些装饰品。比如可以在茶几上排放一些简单的工艺品，需注意颜色要与整体风格相统一，也可以在墙上挂一些装饰性的画、书法作品等，还可以在墙上贴一些标语显示机构的精神文化。（见图 9.7.10）

图 9.7.10　接待室的布置（二）

绿化。在接待室放置植物可以选择一些无毒无害的绿色植物，但要注意绿化装饰应色淡香微，浓重的颜色和香气容易分散人的注意力，刺激人的嗅觉。

【思考题】

请画出你理想中的社会工作接待室，并说出这样布置的理由。

【本章小结】

1. 在社交中形成的、对和谐人际关系的构建有促进作用的行为规范和准则一般称作"礼仪"。礼仪应用在社会工作行政中，通常称为社会工作行政礼仪，是指社会工作者在对社会工作机构实行科学有效管理时需要遵循的、得到社会认可的行为规范。做社会工作行政工作的社工在工作中时常会用到社会工作行政礼仪，社会工作行政礼仪是机构的门面，具有礼仪的共通性、专业的特殊性和"礼""仪"相结合的特点。

2. 社会工作行政礼仪包括公文礼仪、接待礼仪、会议礼仪、宴请礼仪、拜访礼仪和工作地点的布置六大板块的内容。这些内容与社工日常行政工作是密不可分的。同学们学习的时候应该注意与实践相结合，通过理论学习指导实践，并在实践中不断地巩固知识。

【 推荐阅读 】

1. 金正昆:《社交礼仪》，北京大学出版社 2005 年版。

2. 李荣建:《社交礼仪》，清华大学出版社 2013 年版。

3. 姚虹华，郝建萍:《服务礼仪》，科学出版社 2013 年版。

4. 袁涤非:《现代礼仪》，高等教育出版社 2014 年版。

5. [美]多戈夫等著、隋玉杰译:《社会工作伦理：实务工作指南（第七版），中国人民大学出版社 2005 年版。

6. 罗盘:《心理学与交际之道》，立信会计出版社 2015 年版。

第十章　民俗、宗教与礼仪

【学习（培训）目标】

通过本章学习（培训），你应该：

1. 了解民俗的概念、分类及特征。
2. 掌握不同民族的民俗（习俗礼仪）。
3. 了解宗教和宗教礼仪的概念及特征。
4. 了解世界三大宗教的礼仪知识。
5. 理解民俗、宗教对社会工作的影响。
6. 掌握社会工作者在民族宗教工作中应遵循的价值理念（原则）。

【核心概念】

民俗礼仪　宗教礼仪　价值理念

【本章概览】

本章主要的学习（培训）任务是了解并掌握不同民族和宗教的礼仪。教师通过运用知识讲授、分组讨论、读书指导、案例分析等多种教学方法，对不同民族和世界三大宗教的相关礼仪进行介绍，让学生（学员）了解相关知识，并掌握在社会工作中要遵循的价值理念，在解决实际问题时能够学以致用，帮助国家更好地解决民族宗教问题，促进社会更加稳定团结地发展。

【导入案例】

佛教代表团到我国某城市访问，代表团中的两位客人拜访完当地一位知名人士后乘出租车返回酒店时，酒店服务生主动上前为他们服务。待他们付完车费后，协助拉开车门，并将另一手遮住车门框上檐，为客人护顶，以免客人下车时头部撞到车顶门框。但是客人对他的服务不仅没有表示感谢，反而显得很生气。

【案例思考】

结合所学知识和生活经验尝试分析原因，并思考在服务过程中怎样避免此类事件的发生。

讲题一　民俗与礼仪

社会工作一向高度重视价值和伦理，对于在我国这样一个拥有博大精深文化的多民族统一的国家从事社会工作来讲，了解和掌握具体民俗和宗教文化能够为我们解决民族宗教问题提供一系列的方法和技巧。在此之前我们先来了解相关知识。

一、民俗

民俗一词作为专门学科术语，是对英文"folklore"的意译。这个词是英国学者汤姆斯 1846 年创用的，他将撒克逊语的"folk"（民众、民间）和"lore"（风俗、知识、学问）合成为一个新词，既指民间风俗现象，又指研究这门现象的学问。民间是指民众中间，它的主要组成部分是直接创造物质财富和精神财富的广大中、下层民众，对应于官方，民俗指人民群众在社会生活中世代传承、相沿成习的生活模式，它是一个社会群体在语言、行为和心理上的集体习惯。

关于民俗的共同认识：第一，民俗存在于民众之中，民众既是民俗的承受者和创造者，又是民俗的载体。第二，民俗是被民众传承的一种文化现象。第三，民俗的核心在于传承。

民俗，就是民间的风俗习惯，指一个国家或民族中广大民众在长期的历史生活过程中所创造、享用并传承的物质生活与精神生活文化。它具有教化（教育和潜移默化的影响）、规范（约束和控制人们的意识和行为）、娱乐（产生快乐和愉悦的情绪）、审美（悦耳悦目和悦神悦意）和维系（形成向心力与凝聚力）等社会功能。

根据乌丙安先生的意见，民俗可以分为以下四类：

经济民俗，指人们在创造和消费物质财富过程中所形成的民俗。主要包括生产民俗、商贸民俗、饮食民俗、服饰民俗、居住民俗、交通民俗等。

社会民俗，指人们在特定条件下所结成的社会关系的惯制。它所关涉的是从个人到家庭、家族、乡里、民族、国家乃至国际社会在结合、交往过程中使用并传承的集体行为方式。主要包括家庭乡里民俗、人际交往民俗、人生礼仪民俗、岁时节日民俗等。

信仰民俗，指在物质文化与制度文化基础上形成的有关意识形态方面的民俗。主要包括民间信仰、民间巫术、民间禁忌等。由宗教信仰派生出来的信仰民俗已经融入日常生活的迷信与俗信。

游艺民俗，指民间传统的文化娱乐活动。主要包括口头语言民俗、民间歌舞民俗、游戏竞技民俗等。

根据现有研究，可将民俗的特征总结如下：

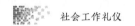

1. 民俗的集体性与模式性

民俗的集体性是指民俗在产生、流传过程中表现出来的基本特征，也是民俗的本质特征。民俗是集体智慧的结晶，集体性体现了民俗的整体意识，也决定了民俗的价值取向，这是民俗的生命力所在。

民俗的模式性也称为类型性，是指民俗的内容和形式方面的彼此相似性。民俗是由民众创造、传承和享用的，因而一般缺少个性，而表现为一种类型、模式，这是极自然的。

2. 民俗的传承性与播布性

民俗的传承性是民俗在时间上的纵向延续过程，它体现了某一民俗的历史发展。例如节日民俗。民俗的播布性是民俗文化在空间上的横向传播过程。

民俗是在纵向的传承和横向的播布结合中发展的，这使民俗文化占有广阔的时间和空间，形成多元文化相互间的碰撞和吸收、涵化和发展，例如圣诞节。

3. 民俗的稳定性与变异性

民俗的稳定性是指民俗一旦产生，就会随着人们的生产和生活方式的稳定而相对地固定下来，成为人们日常生活的一部分，这就是民俗的相对稳定性，例如春节民俗的基本内容。

民俗的变异性是指民俗文化在传承和播布过程中引起内容和形式上的变化。由于民俗是靠集体创造，靠语言和行为传承和播布的，这就决定了民俗总是处在不断变化的状态之中。变异是民俗文化传承和发展的内在动力，例如春节的形式的变化。

4. 民俗的民族性与地方性

民俗的民族性是指民俗是民族的标志，是民族构成的一个要素，每个民族都有它自己特殊的民俗，例如少数民族与汉族的生活习惯不同。

民俗的地方性是指民俗在空间上显示出地理特征和乡土气息。俗话说："十里不同风，百里不同俗"，例如三秦大地的陕南、陕北、关中的饮食习惯不同。

5. 民俗的原始性与神秘性

中国的许多民俗产生的历史比较悠久，虽然经过不断的传承和变异，但仍然有原始民俗的存在，形成了民俗的原始性特点。

人们在进行某些民俗活动时，常带着一种神秘的心理，认为这些民俗具有一种神秘的力量，使民俗具有神秘性的特点。

二、不同民族的民俗礼仪

（一）藏族的民俗礼仪

藏族主要聚居在西藏自治区，以及青海省的海北、黄南、海南、果洛、玉树等藏族自治州和海西蒙古族藏族自治州，甘肃省的甘南藏族自治州和天祝藏族自治县，四川省的阿坝、甘孜两个藏族自治州和木里藏族自治县，云南省的迪庆藏族自治州。主要从事畜牧业，兼营农业。藏族信仰佛教，公元 7 世纪佛教从印度传入西藏，至今已有 1300 多年的历史。公元 13 至 16 世纪中叶，佛教日益盛行，佛事活动频繁，佛教寺庙遍及西藏各地。著名的寺庙有甘丹寺、哲蚌寺、色拉寺、扎什伦布寺和布达拉宫。

藏族有自己的语言和文字。除了举世闻名的《甘珠尔》《丹珠尔》两大佛学丛书外，还有关于韵律、文学、哲理、史地、天文、历算、医药等专著问世。

1. 婚丧习俗

一夫一妻制。婚前男女社交比较自由，婚后由男子继承财产，女子即便招婿也要从属于男方。

西藏人死后有五种葬法，最隆重的是塔葬，然而只有活佛和一些领主死后才能享受塔葬。小孩夭折，或因其他疾病死亡的人，进行水葬。生前做过坏事的人，即用土葬。藏族认为，被埋的人是永远不会转世的。藏族通行天葬（即鸟葬），天葬寄托一种升上"天堂"的幻想。

2. 民族礼仪

接待客人时，无论是行走还是言谈，总是让客人或长者为先，并使用敬语，如在名字后面加个"啦"字，以示尊敬和亲切，忌讳直呼其名。迎送客人，要躬腰屈膝，面带笑容。室内就座，要盘腿端坐，不能双腿伸直，脚底朝人，不能东张西望。接受礼品，要双手去接，赠送礼品，要躬腰双手高举过头。

敬茶、酒、烟时，要双手奉上，手指不能放进碗口。敬酒时，客人须先用无名指蘸一点酒弹向空中，连续三次，以示祭天、地和祖先，接着轻轻呷一口，主人会及时添满，再喝一口再添满，连喝三口，至第四口时，必须一饮而尽。吃饭时要食不满口，咬不出声，喝不出响。喝酥油茶时，主人倒茶，客人要待主人双手捧到面前时，才能接过来喝。禁忌在别人后背吐唾沫，拍手掌。行路遇到寺院、玛尼堆、佛塔等宗教设施，必须从左往右绕行。不得跨越法器、火盆、经筒，经轮不得逆转。忌讳别人用手触摸头顶。

藏民在见面打招呼时，点头吐舌表示亲切问候，受礼者应微笑点头为礼。有客人来拜访，藏民们等候在帐外迎贵客光临。

藏民们见到长者或尊敬的客人，要脱帽躬身 45 度，帽子拿在手上接近地面；见到平辈，头稍低就行，帽子拿在胸前，以示礼貌。男女分坐，并习惯男坐左女坐右。

敬献"哈达"是藏族人对客人最普遍、最隆重的礼节，敬献的哈达越长越宽，表示的礼节也越隆重。对尊者、长辈，献哈达的时候要双手举过头，身体略向前倾，把哈达捧到座前。对平辈，只要把哈达送到对方手里或手腕上就行；对晚辈或下属，就系在他们脖子上。如果不鞠躬或用单手送，都是不礼貌的。接受哈达的人最好做和献哈达的人一样的姿势，并表示谢意。

3. 民族节庆

藏历年是藏族人民一年中最为隆重的传统节日，与汉族的春节大致相同。藏历年是根据藏历推算出来的。藏历元月一日开始，到十五日结束，持续十五天。因为全民信仰佛教，节日活动洋溢着浓厚的宗教气氛，是一个娱神和娱人、庆祝和祈祷兼具的民族节日。藏历是中国藏族人民的传统历法，基本上与夏历相同。它以月球圆缺一个周期为一个月，大小月相间，大月 30 日，小月 29 日。平年 12 个月，全年 354 日；闰年 13 个月（平均每两年半到三年加一闰月），全年 384 日，用以调整月份和季节关系。

萨噶达瓦节，四月十五日是藏族的萨噶达瓦节。关于它有两种说法：一说是纪念释迦牟尼成道的日子；一说是纪念文成公主到达拉萨的日子。这天西藏各地都要举行宗教纪念活动。在云南的藏民有的还要到维西县的达摩山朝拜，有"转葛拉"（绕山）的仪式。

雪顿节是藏族传统节日，起源于公元 11 世纪中叶。每年藏历七月一日举行，为期四五天。雪顿是藏语音译，意思是"酸奶宴"，于是雪顿节便被解释为喝酸奶子的节日。后来逐渐演变成以演藏戏为主，又称"藏戏节"。

（二）维吾尔族的民俗礼仪

维吾尔族以农业为主，种植棉花、小麦、玉米、水稻等农作物。此外还擅长园林艺术。中国最大面积的葡萄生产基地葡萄沟就在离新疆维吾尔自治区首府乌鲁木齐东南 184 千米的吐鲁番盆地。维吾尔族古代信仰过萨满教、摩尼教、景教、祆教和佛教。当前，维吾尔族多数信仰伊斯兰教，多属于逊尼派。

1. 饮食民俗

维吾尔族待客和作客都有讲究。如果来客，要请客人坐在上席，摆上馕、各种糕点、冰糖等，夏天还要摆上一些瓜果，先给客人倒茶水或奶茶。待饭做好后再端上来，如果用抓饭待客，饭前要提一壶水，请客人洗手。吃完饭后，由长者领作"都瓦"。待主人收拾完食具，客人才能离席。吃饭时，客人不可随便拨弄盘中食物，不可随便到锅灶前去，一般不把食物剩在碗中，同时注意不让饭屑落地，如不慎落地，要拾起来放在自己跟前的"饭单"上。共盘吃抓饭时，不将已抓起的饭粒再放进盘中。客人不能东张西望或立起。饭前饭后必须洗手，洗后只能用手帕或布擦干，忌讳顺手甩水，人们普遍认为那样不礼貌。

2. 社会民俗

接待见面，习惯把手按在胸部中央，把身体前倾 30 度或握手，并连声说："您好"。在屋内炕上坐下时，不能双腿伸直，脚底朝人。接受或奉送礼物、茶饭碗时要用双手。维吾尔人至今把盐视为圣物，加以尊敬，求其保佑。这不仅是因为它在生活中不可缺少，更重要的是维吾尔人深信盐具有一种超自然的、与人们的命运处处相关的神力。

3. 民俗禁忌

维吾尔人生活中许多习俗禁忌都与盐有关，如让新结婚的新郎和新娘各吃一块在盐水里蘸过的馕以表示同甘共苦、永结良缘；人们发誓言时常说"以盐为证"等。忌女性在男性面前换衣、梳头、化妆。忌讳将穿在下身的衣服放在头部或高处，如忌讳将袜子、鞋子放在靠近头部的地方。由于受到男尊女卑思想观念的影响，洗衣服时忌讳把男人的衣服和女人的衣服混起来洗，或把男人的衣服放在女人衣服之后洗。陌生人不能随便进入产妇的房间，一般要在产后满 12 天之后再去探望产妇。起居禁忌：如不是迫不得已，住宅大门忌朝西开，睡觉时忌头东脚西，因为西方为伊斯兰教圣地麦加之所在。做礼拜的房子特别是西墙上不能挂人头像。忌讳黄昏敞开房门；忌讳挡门而立、坐在门槛上。太阳落山的时刻忌讳扫地，认为会失财。民间还非常重视起居用品，一般忌跨枕头，忌压坐枕头。

4. 民族节庆

维吾尔族信奉伊斯兰教。传统节日有：肉孜节、古尔邦节、诺鲁孜节等。维吾尔族十分重视传统节日，尤其以过"古尔邦"节最为隆重。届时家家户户都要宰羊、煮肉、赶制各种糕点等。屠宰的牲畜不能出卖，除将羊皮、羊肠送交清真寺和宗教职业者外，剩余的用作自食和招待客人。

过肉孜节时，成年的教徒要封斋 1 个月。封斋期间，只在日出前和日落后进餐，白天绝对禁止任何饮食。

"古尔邦节"属于穆斯林朝觐功课的仪式范围。伊斯兰教历每年十二月上旬，穆斯林去麦加朝觐。朝觐的最后一天——十二月十日，开始举行庆祝活动。这天十点左右，穆斯林沐浴净身后，头戴白帽，来到清真寺，举行节日会礼，其规模与开斋节一样非常隆重，阿訇或教长先讲"瓦尔兹"，然后举行会礼，最后穆斯林互相祝节日。

肉孜节意译为"开斋节"。按伊斯兰教教规，节前一个月开始封斋。即在日出后到日落前不准饮食，期满 30 天开斋，恢复白天吃喝的习惯。开斋节前，各家习惯炸馓子、油香，烤制各种点心，准备节日食品。

节日期间人人都穿新衣服，戴新帽，相互拜节祝贺。节日期间杀羊或骆驼，到清真寺去作聚礼，唱歌跳舞，并举行赛马、刁羊和摔跤等活动。

（三）蒙古族的民俗礼仪

中国的蒙古族主要分布在内蒙古自治区、东北三省、新疆、河北、青海，其余散布于河南、四川、贵州、北京和云南等地。畜牧业是蒙古族人民长期赖以生存发展的主要经济。此外，蒙古族人还从事加工业、农业和工业，现以农耕为主。蒙古族有自己的语言文字。

蒙古族喜爱摔跤运动。蒙古包和勒勒车是他们游牧生活的伴侣。萨满教是蒙古族古老的原始宗教。萨满教崇拜多种自然神灵和祖先神灵。成吉思汗和他的继承者对各种宗教采取了兼容并蓄的政策。蒙古族中流行的宗教有佛教、道教、伊斯兰教、基督教、萨满教等。在明、清两朝的支持和提倡下，藏传佛教在蒙古地区兴盛起来。萨满教在东部地区以祭祀、占卜、治病活动形式不同程度地幸存了下来。还有一部分蒙古族人信仰藏传佛教。

1. 信仰民俗

祭"腾格里"，蒙古语音译，意为"天"，是蒙古族萨满教观念之一，指上层世界，即天上；又指主宰一切自然现象的"先主"；还包含"命运"的意思。祭"腾格里"是蒙古族重要祭典之一。祭天分以传统奶制品上供的"白祭"和以宰羊血祭的"红祭"两种祭法。近代东部盟旗的民间祭天活动，多在七月初七或初八进行。

祭火。蒙古族的牧民、猎民十分崇拜火，这是因为他们的祖先笃信具有自然属性和万物有灵观念的萨满教，认为火是天地分开时产生的，于是对"渥德噶赖汗·额赫"更加崇敬。祭火分年祭、月祭。年祭在阴历腊月二十三举行，在长者的主持下将黄油、白酒、牛羊肉等祭品投入火堆里，感谢火神爷的庇佑，祈祷来年人畜两旺、五谷丰登、吉祥如意。月祭常在每月初一、初二举行。此外还有很多有关火的禁忌反映蒙古人对火的崇敬，如不能向火中泼水，不能用刀、棍在火中乱捣，不能向火中吐痰等。

祭敖包。祭敖包是蒙古人自古流传下来的宗教习俗，在每年水草丰美时节举行。敖包是石堆意思。即在地面开阔、风景优美的山地高处，用石头堆一座圆形实心塔，顶端立系有经文布条或牲畜毛角的长杆。届时，供祭熟牛羊肉，主持人致祷告词，男女老少膜拜祈祷，祈求风调雨顺、人畜平安。祭祀仪式结束后，常举行赛马、射箭、摔跤等竞技活动。敖包祭是蒙古人为纪念发祥地额尔古纳山林地带而形成，表示对自己祖地的眷恋和对祖先的无限崇敬。这一信奉萨满教时最重要的祭扫仪式，现已演变成了一年一度的节日活动。

敬神。蒙古民族的礼宴上有敬神的习俗。据《蒙古风俗鉴》描述，厨师把羊割成九个相等的肉块，"第一块祭天，第二块祭地、第三块供佛、第四块祭鬼、第五块给人、第六块祭山、第七块祭坟墓，第八块祭土地和水神，第九块献给皇帝"。祭天则把肉抛向蒙古包上方；祭地则抛入炉火之中；祭佛置于佛龛前；祭鬼置于包外；祭山则挂之于供奉的神树枝上，祭坟墓即祭本民族祖先；祭土地置于包外，祭水神扔于河泊；最后祭成吉思汗，置于神龛前。这种习俗可以追溯到古老的萨满教，其崇拜多种神祇，尔后蒙古族信仰的喇嘛教又吸收了其古老的民间信仰，把众多的神祇引入了藏传佛教的轨迹。

献哈达。哈达是蒙古族日常行礼中不可缺少的物品。献哈达是蒙古族牧民迎送客人和日常交往中使用的礼节。献哈达时，主人张开双手捧着哈达，吟唱吉祥如意的祝词或赞词，渲染敬重的气氛，同时将哈达的折叠口向着接受哈达的宾客。宾客要站起身面向献哈达者，集中精力听祝词和接受敬酒。接受哈达时，宾客应微向前躬身，献哈达者将哈达挂于宾客颈上。宾客应双手合掌于胸前，向献哈达者表示谢意。

敬茶。到牧民家做客或在旅游点，主人或服务小姐首先会给宾客敬上一碗奶茶。宾客要微欠起身用双手或右手去接，千万不要用左手去接，否则会被认为是不懂礼节。主人或服务小姐斟茶时，宾客若不想要茶，请用碗边轻轻把勺或壶嘴一碰，主人便即刻会明白宾客的用意。客来敬茶是一种高尚的蒙古族传统礼仪。在蒙古历史上不论是富贵之家还是贫穷之家，不论是上层社会还是平民百姓，也不论在交际上或在家里，在旅途，或在其他一切场合，莫不以茶为应酬品。家中有客来，茶是必不可少的款待物。因此，牧民们招待客人，照例是先向贵宾献上一碗奶茶，接着主人又端上来炒米和一大碗一大碗的奶油（蒙古语称交和）、奶豆腐和奶皮子等奶制品。

2. 民族节庆

那达慕大会是蒙古族传统节日。"慕"是蒙语的译音，意为"娱乐、游戏"，以表示丰收的喜悦之情。每年农历六月初四（多在草绿花红、马壮羊肥的阳历七、八月）开始的那达慕，是草原上一年一度的传统盛会。过去那达慕大会期间要进行大规模祭祀活动，喇嘛们要焚香点灯，念经诵佛，祈求神灵保佑，消灾消难。现在，那达慕大会的内容主要有摔跤、赛马、射箭、赛布鲁、套马、下蒙古棋等民族传统项目，有的地方还有田径、拔河、排球、篮球等体育竞赛项目。此外，那达慕大会上还有武术、马球、骑马、射箭、乘马斩劈、马竞走、乘马技巧运动、摩托车等精彩表演。

蒙古族的节日主要是春节和敖包节，除此还有点灯节（祖鲁节）、麦尔节等。蒙古族把送冬迎春的第一天，即春节称为"查干萨日"。蒙古族过春节有自己独特的庆贺方式。蒙古族过春节分"送旧"和"迎新"。送旧是腊月二十三清洁卫生打扫家，到傍晚要"祭火"。腊月二十三以后，就准备过春节。准备有关衣食住各方面的事，如炸油果子，油食花样繁多，尤其供佛之品要讲美观。其次是包饺子。年三十是最热闹的一天，全家换新装，上午要上供祭佛，在佛柜供台上摆上各种奶食、油食，摆成小塔形，上边插上特制的金银花。还用十二个小铜盅倒满白水，一天换一次水，然后点上长明灯。同时，开始写对联（与汉族同，只是写蒙文）。

农历五月十三日是敖包节，这是蒙古民族最普遍的一种祭祀活动。敖包是草原上常见的供人祭祀的山堆，顶上要插柳枝为丛，立竿为柱。"垒石成山""视之为神"，它是山神、地神及游牧民族保护神的化身，是萨满教原始崇拜的典型。祭敖包这天，人们欢天喜地云集在敖包前进行祭祀，先由僧人焚香诵经，人们在献了供品后，自左向右围着敖包掌心向上，边走边叩首需绕三圈，祈神降福。祭完敖包后，还要进行赛马、摔跤、射箭和歌舞等娱乐活动。因此祭敖包不仅是一次宗教活动，也是蒙古族青年男女借此施展才艺、技能、进行情感交流的一次机会。

（四）回族的民俗礼仪

回族约有1/3的人口聚居在宁夏回族自治区，在甘肃、新疆、青海、河北以及河南、云南、山东也有不少聚居区。回族是回回民族的简称。回族在长期历史过程中吸收了汉族、蒙古族、维吾尔族等生活习俗。清真寺是回族穆斯林举行礼拜和宗教活动的场所，有的还负有传播宗教知识、培养宗教职业者的使命，清真寺在回族穆斯林心目中有着重要位置。

按伊斯兰教历，每年十二月十日为古尔邦节。每年的这一天，形成了宰牲献祭的习俗并沿袭至今。另外，伊斯兰教规定，每年教历九月定为斋月。在斋月里要封斋，要求每个穆斯林在黎明前至落日后的时间里，戒饮、戒食、戒房事，其目的是让人们在斋月里认真地反省自己的罪过，使经济条件充裕的富人，亲身体验一下饥饿的痛苦心态。到教历十月一日即斋戒期满，举行庆祝斋功完成的盛会，这一天就是开斋节。开斋节这天，人们早早起床、沐浴、燃香，衣冠整齐地到清真寺作礼拜，聆听教长讲经布道。然后去墓地"走坟"，缅怀"亡人"，以示不忘祖先。

凡供人饮用的水井、泉眼，一律不许牲畜饮水，也不许任何人在附近洗脸或洗衣服。取水前一定要洗手，盛水容器中的剩水不能倒回井里。

回族的日常饮食很注意卫生，凡有条件的地方，饭前、饭后都要用流动的水洗手。走进回族农村清洁整齐的屋内，往往可看见门后房梁上吊着一个水罐，下面有通下水道的浅坑，这里是人们经常沐浴大净的地方。平时洗脸、洗手，则用汤瓶，而不用脸盆。

禁止喝酒和抽烟（特别是草烟），多数回族不抽烟，不饮酒。行为方面，禁止赌博、斗殴、奸淫盗窃、损人利己，遭受侵犯可反攻。

就餐时，长辈要坐正席，晚辈不能同长辈同坐在炕上，须坐在炕沿或地上的凳子上。

回族人把盖碗茶作为待客的佳品，每逢古尔邦节、开斋节或举行婚礼等喜庆活动，家里来了客人时，热情的主人都会给您递上一盅盖碗茶，端上馓子、干果等，让您下茶。敬茶时还有许多礼节，即当着客人的面将碗盖打开，放入茶料，冲水加盖，双手捧送。这样做表示这盅茶是专门为客人泡的，以示尊敬。

回族青年婚前要由男方下聘定亲，并择婚礼日期。定亲叫吃粮茶，结婚要请阿訇赞圣证婚，"赞圣"就是赞美安拉促成了这一对青年的美满婚姻，并由阿訇向新郎、新娘讲授伊斯兰教常识，要求男女双方遵守"依玛尼"（信德），背诵清真言。

"花儿"是西北民歌的一种，据说由元曲演变而来，其旋律高亢豪放、悠扬婉转，富于浓郁的乡土气息和生活情趣，广泛流行于甘肃、青海、宁夏等地区的各民族群众中。回族群众也十分喜欢唱"花儿"。花儿会是"花儿"歌手们竞赛与交流的聚会，更是喜爱"花儿"的各民族群众的狂欢节。

由于回族歌曲常用凤凰、蝴蝶、牡丹、鸽子等雍容华贵的形象和羊羔、青草、甘泉等与本民族生活息息相关的事物起兴，所以舞时手臂动作多变的特点恰似蝴蝶飞舞、凤凰展翅，动作秀而不拘，美而不俗；腿部柔韧地屈伸，似放牧人赶着羊群在云中走，动作起伏稳重，柔中有韧、潇洒自如、头部碎摇和敏捷地摆动、眼神配合巧妙，这些都抒发了宴席中的喜庆欢快之情。

（五）壮族的民俗礼仪

壮族是我国少数民族人口最多的。主要分布在广西壮族自治区以及云南、广东、贵州三省。壮族信仰多神教，崇拜巨石、老树、高山、土地。祖先崇拜占有主要地位。每家正屋都供奉着"天地亲师"的神位。有的还信奉佛教。

如果有客人来访，他们都会热情招待。由主人出面让座递烟，双手奉上茶。有客人在家，不可以大声讲话，进出要从客人身后绕行。和客人共餐，要两腿落地，和肩同宽，不能跷二郎腿。

壮歌久负盛名，定期举办对歌赛歌的"歌圩"盛会；壮族刺绣、竹芒编以及"干栏"建筑艺术等名扬远近。

用餐时须等最年长的老人入席后才能开饭；长辈未动的菜，晚辈不得先吃；给长辈和客人端茶、盛饭，必须双手捧给，而且不能从客人面前递，也不能从背后递给长辈；先吃完的要逐个对长辈、客人说"慢吃"再离席；晚辈不能落在全桌人之后吃饭。

壮族人忌讳农历正月初一这天杀牲；有的地区的青年妇女忌食牛肉和狗肉；妇女生孩子的头三天（有的是头七天）忌讳外人入内；忌讳生孩子尚未满月的妇女到家里串门。登上壮族人家的竹楼，一般都要脱鞋。

尊老爱幼是壮族的传统美德。路遇老人要主动打招呼、让路，在老人面前不跷二郎腿，不说污言秽语，不从老人面前跨来跨去。杀鸡时，鸡头、鸡翅必须敬给老人。

壮族忌讳戴着斗笠和扛着锄头或其他农具的人进入自己家。火塘、灶塘是壮族家庭最神圣的地方，禁止用脚踩踏火塘上的三脚架以及灶台。

壮族青年结婚，忌讳怀孕妇女参加，怀孕妇女尤其不能看新娘。怀孕妇女不能进入产妇家。

（六）满族的民俗礼仪

满族人大部分聚居在东北三省，以辽宁省最多。满族信仰萨满教。祭天、祭神、祭祖先时，以猪和猪头为祭品。宰杀前要往猪耳朵内注酒，如猪的耳朵抖动，则认为神以接受，就可以宰杀了，俗称"领牲"。

满族非常重礼节。平时见面都要行请安礼；如果遇到长辈，要请安后才能说话，以示尊敬。最隆重的礼节是抱见礼，也就是抱腰见面礼。一般亲友相见，不分男女都行这个礼，表示亲昵。

家里一般都有"万字炕"（即一房西、南、北三面都是土炕），西炕最尊贵，用来供奉祖宗，不能随意去坐。挂旗也是满族盛行的一种风俗。旗也叫门笺、窗笺。春节时每家都要在门楣上、窗户上贴上挂旗，有的还贴上对联，增加节日气氛。 过节的时候吃"艾吉格饽"（饺子），农历除夕时，要吃手扒肉等。他们还保留了饽饽、汤子、萨其玛等有民族特殊风味的食品。

满族接待客人，不避内眷，家庭女性成员都可参加对客人的敬酒等活动。给客人上菜必须成双成对，客人一旦接受妇女的敬酒，就必须喝干，否则被认为是不礼貌的。

（七）其他民族的民俗礼仪和禁忌

（1）苗族非常注重礼仪。客人来访，必杀鸡宰鸭盛情款待，若是远道来的贵客，苗族人习惯先请客人饮牛角酒。吃鸡时，鸡头要敬给客人中的长者，鸡腿要赐给年纪最小的客人。有的地方还有分鸡心的习俗，即由家里年纪最大的主人用筷子把鸡心或鸭心夹给客人，但客人不能自己吃掉，必须把鸡心平分给在座的老人。如客人酒量小，不喜欢吃肥肉，可以说明情况，主人不勉强，但不吃饱喝足，则被视为看不起主人。做客的时候不能去夹鸡头吃。客人一般也不能夹鸡肝、鸡杂和鸡腿，鸡肝、鸡杂要敬老年妇女，鸡腿则是留给小孩的。忌跨小孩头顶，否则孩子长不高。忌妇女与长辈同坐一条长凳，不能坐苗家祖先神位的地方，火炕上三脚架不能用脚踩；不许在家或夜间吹口哨；不能拍了灰吃火烤的糍粑；嬉闹时不许用带捆苗家人；遇门上悬挂草帽、树枝或婚丧祭日，不要进屋；路遇新婚夫妇，不要从中间穿过等。

（2）朝鲜族是一个能歌善舞的民族。每逢节假日和喜庆日，朝鲜族群众就会载歌载舞，欢腾雀跃。不论男女老少，不仅都能唱会跳，而且都酷爱传统体育活动。老人在家庭和社会上处处受到尊敬，儿孙晚辈都以照顾体贴祖辈为荣。晚辈不能在长辈面前喝酒、吸烟；吸烟时，年轻人不得向老人借火，更不能接火，否则便被认为是一种不敬的行为；与长者同路时，年轻者必须走在长者后面，若有急事非超前不可，须向长者恭敬地说明理由；途中遇有长者迎面走来，年轻人应恭敬地站立路旁问安并让路；晚辈对长辈说话必须用敬语，平辈之间初次相见也用敬语。常用一种叫"麻格里"的家酿米酒来招待客人。餐桌上，匙箸、饭汤的摆法都有固定的位置。如匙箸应摆在用餐者的右侧，饭摆在桌面的左侧，汤碗摆在右侧，带汤的菜肴摆在近处，不带汤的菜肴摆在其次的位置上，调味品摆在中心等。婚丧、佳节期间不杀狗、不食狗肉。

（3）彝族的禁忌：过年三天内忌新鲜蔬菜进屋，否则对祖先是最大的不敬；妇女忌食难产而死的家畜之肉；禁过年七天内推磨，不然会使家境贫困；忌用餐后把汤匙扣于碗盆的边沿上，因这是给死人敬食的方式。忌讳女人跨过男人的衣物，更不能从男子身上、头上跨过。忌讳女客上楼。忌讳妇女送自己的首饰、衣物给别人，否则会影响生育和孩子的顺利成长。

（4）傣族的禁忌：忌讳外人骑马、赶牛、挑担和蓬乱着头发进寨子；进入傣家竹楼，要把鞋脱在门外，而且在屋内走路要轻；不能坐在火塘上方或跨过火塘，不能进入主人内室，不能坐门槛；不能移动火塘上的三脚架，也不能用脚踏火；忌讳在家里吹口哨、剪指甲；不准用衣服当枕头或坐枕头；晒衣服时，上衣要晒在高处，裤子和裙子要晒在低处；进佛寺要脱鞋，忌讳摸小和尚的头、佛像、戈矛、旗幡等一系列佛家圣物。

（5）佤族的禁忌：不能骑马进寨，须在寨门口下马；忌别人摸头和耳朵；忌送人辣椒和鸡蛋；忌任意进入木鼓房；忌讳送给少女装饰品；忌讳客人在家里坐妇女坐的鼓墩或数钞票；若门前放一木杆，说明家里有病人，忌外人进入。女性不准随便乱抓男性的头发，男性不能触女性的脚；忌讳别人摸自己的头和耳朵。

（6）哈萨克族的禁忌：年轻人不准当着老人的面喝酒，不准用手乱摸食物；绝对不准跨越或踏过餐布，不准坐在装有食物的箱子或其他用具上。忌讳当面数主人家的牲畜；不能跨过拴牲畜的绳子，也不能骑马进入羊群；忌讳别人当面赞美自己的孩子，尤其不能说"胖"，认为这样会给孩子带来不幸；忌客人在家门口下马和骑快马到家门口下马。

（7）瑶族的禁忌：忌用脚踏火炉撑架；忌在火炉里烧有字的纸张；进入瑶家忌穿白鞋和戴白帽，因为象征丧事；忌坐门槛；穿草鞋不能上楼；不能坐主妇烧火的凳子；到木排上，忌"伞"，言及"雨伞"时，要说"雨遮"，因"伞"与"散"谐音；遇人伐木时，忌说"吃肉""死"之类不祥之语等。瑶族祭神，忌用狗、蛇、猫、蛙肉。

（8）羌族的禁忌：妇女分娩时在门外挂枷单或背篼，忌外人入内；家有病人时在门上挂红纸条，忌外人来访；不能跨火塘或用脚踩三脚架，也不能在三脚架上烘烤鞋袜衣物；忌坐门槛和楼梯；饭后不把筷子横在碗上，也不能倒扣酒杯。

（9）布依族的禁忌：到布依族人家做客，不得触动神龛和供桌，火塘边的三脚架忌讳踩踏。布依族习惯以酒敬客，客人或多或少都应喝一点。布依族村寨的山神树和大罗汉树，禁止任何人触摸和砍伐。布依族送礼必须送双数。

（10）高山族的禁忌：妇女怀孕后忌用刀斧；妇女用的织布机男人不能随便摸弄。

【思考题】

1. 结合上述内容，简述民俗的特征。
2. 介绍下你身边的民俗。

讲题二 社会工作者在民族宗教工作中应遵守的价值理念

社会工作是一项高度重视价值和伦理的专业和职业。对于社会工作而言，价值理念是这个专业的基础，更是它的灵魂。鉴于此，社会工作者在为不同民族和宗教的对象服务时，其价值理念既要坚持社会工作专业的基本价值理念，又要重视实务，社工实务与社工理论同等重要，甚至有人认为社工实务应高于社工理论。那么，这种强调实务的工作，要求社会工作者在为不同民族和具有宗教信仰的服务对象提供服务时更要注意考虑不同民族的民俗和学习不同宗教的礼仪，唯有如此才能在协调民族关系、解决宗教问题、构建社会主义和谐社会等至关重要的方面做出独特的贡献。

第一，提供适当的服务。社会工作者必须从少数民族群众的个体需要出发提供适当的服务。在为少数民族群体提供服务时，社会工作者可能扮演国家民族政策传递者的角色，即让国家的民族政策真正惠及少数民族群众。除此之外，专业的民族社会工作者首先要评估少数民族群体的需要，充分了解少数民族的文化背景和风俗习惯，在此基础之上，协调相关资源，为个人、家庭或者社区提供相应的服务。这体现了服务对象的主体性和参与性，使专业社会工作者更容易发现服务对象面临的问题和本质所在，从而更有利于找到有效解决问题的方法和途径。

第二，尊重每一个人的尊严和价值。社会工作者应以一种关怀与尊重的态度对待每个人，绝不因为个人的民族身份和文化差异而区别对待。在我们的社会交往和制度中，还存在很多针对少数民族群体的偏见和歧视。对某些少数民族群体的偏见，往往导致在日常生活中对一些少数民族群体进行区别对待，这不仅侵犯了个体的尊严，而且也贬低了个体的价值，从而导致一些不良的社会后果。作为专业的社会工作者，应该尊重少数民族群体成员在风俗习惯、宗教信仰以及行为规范上的差异。同时，要促使少数民族案主有表达自我需求的机会。我国的民族政策明确规定了少数民族应该享受的各种政治、经济、文化和社会权利，但是由于个人或外部环境的原因，很多少数民族成员并没有享受或者实现自己权利。因此，社会工作者的一项任务，就是协助少数民族成员实现自己的各项合法权利，捍卫每一个人的尊严和价值。

第三，维护社会公平正义。公平正义是现代社会的核心价值观之一，是公民社会的精神支柱。多民族国家民族问题的解决，需要一个能保证各民族真正平等的环境和理念，这需要公平正义社会的支撑。虽然法律明确规定各民族在各方面都享有平等权利，但实际上社会中仍存在一些对少数民族群体的歧视和不公平。我国实施了一系列针对少数民族的优待政策，比如"高考加分政策"，但是从整体来看少数民族仍然处于弱势地位。作为社会工作者，要坚持"人在环境中"这个视角，在看待案主的问题时坚持制度取向，即把少数民族个体、家庭或者群体的问题看成是历史和社会的原因，而不是单纯去"责备个人"。社会工作者要与案主一道改变不公平、不公正的资源分配以及相关社会政策。为此，社会工作者可能要对案主进行"增权"工作，使案主对其生活或周边环境有更多的控制力，对社会资源的分配更有影响力；与此同时还应该致力于确保少数民族服务对象能够有获得必要信息、服务、资源、平等的机会，以及在全民族决策上有一定的参与权。

第四，尊重并理解多元文化。文化属性和民族认同是一个民族自我意识的重要体现。作为社会工作者，应该承认文化多样性的现实，在个人自愿的基础上让每一个人都能尽量保持本民族的传统文化。社会工作者要不断获得有关自我的知识，如个人的价值观、同理心、态度、偏见、知识、信念、技巧、生活方式和歧视等，要学会调整并改变个人对一些案主群体的偏见，尊重不同民族的语言、风俗习惯、生活方式、宗教信仰和价值观念等。社会工作者还应不断学习服务群体的文化等方面的知识，并将这些知识不断运用于实务工作中，除此之外，社会工作者还要深刻认识到，社会工作咨询与干预方式的标准程序可能对具有独特文化特征的案主群体产生的影响。在具体的实务中，社会工作者要询问案主意愿选择用何种方式进行工作，而不是想当然地采用多数民族的惯例，或一些少数民族群体的、过于概括性的成见[1]。

【思考题】

1. 谈谈你对上述价值理念的认识。

2. 你认为社会工作者在民族宗教工作中还应具有哪些服务理念？

【本章小结】

在开展民族宗教工作的过程中可以从以下两个方面进行：

1. 了解不同民族和不同宗教的礼仪。

2. 在学习和掌握民族和宗教基本知识的基础上，深刻体会这些文化对于社会工作方法和实务的影响。能够深刻地认识到，随着社会的发展和进步，仅仅使用社会工作的基本方法已不能适应和完全满足人们（特别是少数民族）发展的需要，因此，我们要深入学习和理解礼仪背后的文化，以提供更好的服务，促进社会更加和谐地发展。

【推荐阅读】

1. 王作安：《中国的宗教问题和宗教政策》，宗教文化出版社 2010 年版。

2. 梁国楹：《中国传统文化精要》，人民出版社 2012 年版。

3. 万建中：《中国民俗简明读本》，新华出版社 2013 年版。

---

1 储庆，库少雄. 理解与服务：民族社会工作实务[M]. 北京：中国人民大学出版社，2016：7-9.

4. 国家宗教事务局党组理论学习中心:《中国特色社会主义宗教理论学习读本》,宗教文化出版社 2013 年版。

5. 蔡晓薇,胡芳芳:《民俗风情——中华文化十万个为什么》,中华书局 2013 年版。

6. 王月清,梁徐宁:《如何理解中国文化背景下的中国佛教》,江苏人民出版社 2014 年版。

参考文献

[1] 林春. 礼仪文化与大学生礼仪修养[M]. 北京：中国社会科学出版社，2011.

[2] 李荣建. 礼仪文化教程[M]. 长沙：湖南大学出版社，2013.

[3] 陆明义. 中国传统礼仪文化常识[M]. 郑州：中州古籍出版社，2014.

[4] 平原春. 西方礼仪文化[M]. 昆明：云南人民出版社，2016.

[5] 范冰. 西方社会礼仪与文化[M]. 杭州：浙江大学出版社，2014.

[6] 柯彪. 亚里士多德与《政治学》[M]. 北京：人民出版社，2010.

[7] 弗兰西斯·培根. 培根论说文集[M]. 南京：译林出版社，2012.

[8] 钟敬文. 中国民俗史[M]. 北京：人民出版社，1998.

[9] 李兴国. 社交礼仪[M]. 北京：高等教育出版社，2006.

[10] 尚秉和. 历代社会风俗事物考[M]. 上海：上海文艺出版社，1989.

[11] 马克思，恩格斯. 马克思恩格斯全集：第 4 卷[M]. 北京：人民出版社，1995.

[12] 袁涤非. 现代礼仪[M]. 北京：高等教育出版社，2014.

[13] 王思斌. 社会工作导论[M]. 北京：北京大学出版社，2011.

[14] 马克思，恩格斯. 马克思恩格斯选集：第 1 卷[M]. 北京：人民出版社，1995.

[15] 贾启艾，人际沟通[M]. 南京：东南大学出版社，2006.

[16] 侯钧生. 西方社会学理论教程[M]. 天津：南开大学出版社，2010.

[17] 理查德·韦斯特，林恩. H. 特纳. 传播理论引导：分析与应用[M]. 刘海龙，译. 北京：中国人民大学出版，2007.

[18] 米德. 精神·同一性·社会[M]. 重庆：重庆大学出版社，1994.

[19] [美]乔纳森·H. 特纳. 社会学理论的结构[M]. 邱泽奇，张茂元，等，译. 北京：华夏出版社，2001.

[20] 金正昆. 社交礼仪教程[M]. 北京：中国人民大学出版社，2013.

[21] 王斌. 政务礼仪大全[M]. 哈尔滨：哈尔滨出版社，2005.

[22] 韦克俭. 现代礼仪教程[M]. 北京：清华大学出版社，2005.

[23] 沈从文. 中国古代服饰研究[M]. 上海：上海书店出版社，2011.

[24] 韦荣慧. 云想衣裳：中国民族服饰的风神 [M]. 2 版. 北京：北京大学出版社，2015.

[25] 金正昆. 商务礼仪教程[M]. 北京：中国人民大学出版社，2013.

[26] 金正昆. 礼仪金说[M]. 北京：北京联合出版社，2013.

[27] 万莉，丁立新. 社交礼仪[M]. 广州：华南理工大学出版社，2011.

[28] 贾启艾. 人际沟通[M]. 广州：华南大学出版社，2000.

[29] 库少雄. 社会工作实务[M]. 北京：社会科学文献出版社，2002.

[30] 刘梦. 小组工作[M]. 北京：高等教育出版社，2003.

[31] 许莉娅. 个案工作[M]. 北京：高等教育出版社，2004.

[32] 郑轶. 个案工作实务[M]. 北京：中国轻工业出版社，2014.

[33] 金正昆. 政务礼仪教程[M]. 北京：中国人民大学出版社，2013.

[34] 徐克茹. 商务礼仪标准培训[M]. 北京：中国纺织出版社，2015.

[35] 郎劲松. 新闻发言人实务[M]. 北京：中国传媒大学出版社，2005.

[36] 储庆，库少雄. 理解与服务：民族社会工作实务[M]. 北京：中国人民大学出版社，2016.

[37] 张岩松. 现代商务礼仪[M]. 北京：清华大学出版社、北京交通大学出版社，2009.

[38] 金正昆. 金正昆教你学礼仪[M]. 山西师范大学出版社，2009.

[39] 雷庆，郑显文. 贞观礼制度改革[J]. 松辽学刊（社会科学版），1993(2).

[40] 王福山. 论西方礼仪文明思想的发展[J]. 常州大学学报（社会科学版），2015(4).

[41] 黄晓京. 符号互动理论——库利、米德、布鲁默[J]. 国外社会科学，1984(12).

[42] 张月红. 从《德意志意识形态》的交往理论探析人的全面发展[J]. 百家争鸣，2010(8).

[43] 牛长振，朱中博，张芸. "萨达会"事件析论——以"人情—面子"理论模型为分析依据[J]. 中南大学学报（社会科学版），2009(4).

[44] 王磊. 化妆理念的探究[J]. 艺术百家，2012.

[45] 陈立言. 面部表情及眼神的研究及其意义[J]. 广西民族学院学报，2000(2).

[46] 黎家宜. 对社工入户探访的工作的实务探析[J]. 文化学刊，2015(1).

[47] 廖建平. 王夫之的仪容与君子人格关系[J]. 衡阳师专学报（社会科学版），1997(4).

[48] 王婧. 《论语》中的服饰礼仪浅谈[J]. 文学教育，2008(7).

[49] 陈巍娣. 论服饰作为交互工具的功能和意义[J]. 郑州轻工业学院学报（社会科学版），2010(4).

[50] 陈立言. 面部表情及眼神的研究及其意义[J]. 广西民族学院学报，2000(2).

[51] 李志启. 握手的学问[J]. 中国工程咨询，2009(3).

[52] 金正昆. 商务礼仪简论[J]. 北京工商大学学报（社会科学版），2005(1).

[53] 王又昀. 常见会议的位次礼仪[J]. 办公室业务，2011(12).

[54] 史柏年. 社会工作行政涵义辨析[J]. 社会工作，2013(2).

[55] 闫旻. 浅谈新形势下行政接待工作[J]. 东方企业文化，2013(12).

[56] 陈建勇. 浅谈新形势下高校行政办公室人员的基本素质[J]. 赣南医学院学报，1993(3).

[57] 胡红霞. 浅谈会议中的个人礼仪[J]. 秘书之友，2010(1).

[58] 花雪. 中国式宴请礼仪[J]. 理财，2010(1).

[59] 李东. 企业办公室的设计与装修[J]. 现代交际，2012(1).

[60] 顾元宜. 办公室日常接待礼仪[J]. 办公室业务，2012(22).

[61] 郑同. 送客的礼仪[J]. 大家健康，2015(1).

[62] 汪连天. 职场礼仪心得（之六）商务宴请礼仪[J]. 工友，2009(6).

[63] 吴迪，刘玥. 中西方礼仪文化比较研究[J]. 边疆经济与文化，2013(12).

[64] 魏万霞. 公文的礼仪及结构格式[J]. 农业科技与信息，2008(4).

[65] 刘雪丰. 正确把握社交场合握手礼仪[J]. 办公室业务，2013(2).

[66] 筱炜. 握手的礼仪[J]. 刊授党校，2010(10).

[67] 张桂华. 不可忽视的握手礼仪[J]. 东北之窗，2006(4).

[68] 陆清秋. 过节送礼的注意事项[J]. 大家健康，2016(2).

[69] 田晓冰. 浅析中西方商务会议礼仪的差异[J]. 科技视界，2015(31).

[70] 佳节. 会议礼仪细讲究[J]. 黄河·黄土·黄种人，2008(9).

[71] Lydia Ramsey，朱传路. 会议礼仪[J]. 英语沙龙（时尚版），2010(9).

[72] 公务宴请礼仪[N]. 中国县域经济报，2007-07-16(13).

[73] 曹骏扬. 在"个人本位"与"社会本位"间探索"第三条道路"——论梁漱溟"关系本位"的群己观[D]. 华东师范大学，2005.

[74] 袁媛. 企业办公空间个性化设计研究[D]. 南京林业大学，2010.

[75] 周尤睿. 论公文写作中句式的选择与运用[D]. 四川师范大学，2014.

[76] 邹爱群. 灾后救助中过渡安置初期的社会工作行政介入过程研究[D]. 云南大学，2015.